파이썬Python을 이용한

# 통계학 원론

Principles of Statistics

권세혁 지음

KYOWOO

사랑하는 예지, 레이너와 미현에게

# 머 리 말

기존 통계분석은 관심 모집단으로부터 정보를 얻기 위하여 실험설계, 관측을 통하여 자료를 수집하고 적절한 방법론을 적용하여 모수에 대한 추론을 하거나 숫자, 표와 그래프 등으로 요약하는 과정이었다. 그러므로 최근까지 통계학은 1957년 미국 육군 수학자들이 컴퓨팅 작업을 논하면서 언급한 Garbage in, Garbage out 표현대로 전통적 통계방법 적용이 가능하도록 대용량 데이터로부터 데이터 마트를 만들고 다양한 기법을 적용하여 최적모형을 찾는데 주력하였다.

설계·수집되어 정제된 데이터가 아닌 노이즈를 가진 실시간 대용량 데이터가 자동으로 쌓이고 있는 빅데이터 시대의 통계학 전공자는 데이터 전처리, 데이터 차원축소에 필요한 데이터 인사이트, 변수들과의 다양한 함수관계 도출을 위한 수리적 지식과 머신러닝과 딥러닝 기법 활용에 필요한 코딩 능력도 갖추어야 한다. 이를 위하여 본 저서는 빅데이터 통계분석에 적합하도록 구성하였다. 1장은 통계학 개요, 2장은 함수, 미적분, 행렬대수를 다루었다. 3장과 4장은 확률변수와 통계적 추론 등 수리통계를 기술하였고 5장은 일변량 분석, 6장은 변수들 간의 관계분석 등 통계적 방법론을 설명하였다. 예제 데이터는 빅데이터 예제 데이터를 주로 활용하였고 필요한 통계계산과 분석은 파이썬을 활용하였다.

25년간의 통계강의와 최근 3년간 파이썬 코딩 강의를 결합하여 이 책을 발간하였다. 본 저서의 근간이 되는 강의노트는 저자의 웹페이지(hhtp://wolfpack.hnu.ac.kr)에 올려져 있다. 어려운 과목임에도 열심히 수강하면서 오류를 발견할 수 있는 기회를 준 한남대학교 학생들과 연구실 조교로 있으면서 편집을 도와 준 김도윤 학생에게 감사한다. 이 책이 모든 사람이 통계를 사랑하는 그 날을 앞당기기를 소원한다.

대전 오정골 연구실에서

# Contents

PART 1 서론 ········· 1

1.1 정의 ········· 2
1.2 역사 ········· 4
1.3 통계학 종류 ········· 7
1.4 통계연구 프로세스 ········· 9
1.5 기타 ········· 17

PART 2 기초 수학 ········· 19

2.1 개요 ········· 20
2.2 수학기초 ········· 20
2.3 시리즈 ········· 24
2.4 함수 ········· 28
2.5 특수함수 ········· 35
2.6 부등식 ········· 37
2.7 방정식 ········· 37
2.8 미분 ········· 43
2.9 적분 ········· 53
2.10 행렬 ········· 64

PART 3 확률변수와 분포함수 ········· 81

3.1 확률 ········· 82
3.2 확률변수와 확률분포함수 ········· 89
3.3 이산형 확률변수 ········· 96
3.4 연속형 확률변수 ········· 106
3.5 이변량 확률변수 ········· 115

PART 4 통계적 추론 ······ 123

4.1 확률표본 ······ 124
4.2 추정 ······ 128
4.3 가설검정 ······ 135
4.4 추론 사례 ······ 140

PART 5 일변량 데이터 ······ 143

5.1 개념 ······ 144
5.2 모비율 추론 ······ 147
5.3 모평균 추론 ······ 157
5.4 모평균 차이 추론 ······ 175
5.5 시계열 데이터 ······ 180

PART 6 관계분석 ······ 217

6.1 개요 ······ 218
6.2 상관분석 ······ 219
6.3 회귀분석 ······ 231
6.4 분산분석 ······ 271
6.5 교차분석 ······ 286

찾아보기 ······ 291

PART 01

# 서론


1.1 정의
1.2 역사
1.3 통계학 종류
1.4 통계연구 프로세스
1.5 기타


"
*Details matter, it's worth waiting to get it right.*

*- Steve Jobs*

PART 01

# 서론

## 1.1 정의

[웹스터 사전] 통계학(Statistics)은 숫자 데이터(numbered data)를 수집(collect), 정리(summarize), 분석(analysis), 표현(presentation)에 관련된 일련의 과정에 관한 학문으로 수학의 한 분야이다.

[Kendall and Stuart] 통계학은 모집단(population: 관심의 대상이 되는 집단)의 성질(이를 통계학에서는 변수라 한다)을 세거나 측정하여 얻어진 데이터를 다루는 과학의 한 분야이다.

[Ott] 통계학은 데이터에 관한 학문이다.

[Anonymous] 통계학은 미지에 대한 가이드이다.

[저자] Statistics is Art. 통계는 예술이다. Statistics is mathematics. 통계는 수학이다.

### 1.1.1 ASA(American Statistical Association) 정의

(1) 통계학과 빅데이터 차이

- 통계학은 관심분야의 불학실성을 설명하기 위하여 데이터 수집하고 분석하여 데이터에 내재된 가치를 추출을 하는 과학이다.
- 빅데이터는 실시간 대용량 복잡 데이터를 수집·분석하는 기법으로 이론이나 목적에 기반하여 얻은 데이터가 아니므로 사후 가치 추출기법이다.

(2) 빅데이터는 연구문제를 어떻게 처리하나?

- 빅데이터는 특성 상 다양한 분야 전문가의 협업이 필요하다. 연구문제에 관련된 분야의 전문가는 물론 코딩 전문가, 빅데이터 플랫폼 및 언어 전문가, 그리고 통계 전문가 등이 필요하다.
- 통계 전문가는 왜 필요한가?

- 통계적 개념은 빅데이터로부터 가치의 정보를 추출하는데 필수적이기 때문이다.
- 데이터의 질적 가치와 결측치 존재, 데이터 속성, 매개효과와 인과효과, 예측모형에서의 불확실성의 정량화는 데이터가 대용량일수록 악화된다
- 과학적 통계학은 이러한 문제를 다루는 정교한 기술과 모델을 제공한다
- 통계학자는 과학적 질문을 통계적 질문으로 변환하는 데 도움을 준다. 여기에는 데이터 구조를 파악하는 작업, 데이터를 생성한 모델을 구축, 그리고 모수를 추정 혹은 모형 예측하는 작업이 포함된다.

(3) 통계학은 빅데이터에 어떤 영향을 미치는가?

- 빅데이터는 미리 디자인된(블랙박스와 같이) 저차원적이고 다소 복잡하지 않은 설정에서 처리되므로 데이터 맞춤형 통계적 방법 적용이 필요하다.
- 통계학자는 빅데이터 정보 가치를 높이는 다음의 지식을 갖추고 있다. 편이, 이상치를 찾고 수정, 불확실성 정량화, 실험설계 및 샘플링 설계, 데이터 품질 평가, 결측 데이터 및 비표본 오류의 다른 원인과 같은 문제 처리 복잡한 데이터 구조 분석을 위한 모델 개발, 인과 추론 및 비교 효과를 위한 방법론, 중복적이고 정보가 없는 변수를 제거, 다수의 소스로부터 정보 결합, 효과적인 데이터 시각화 방법

### 1.1.2 가설 및 모델

- 통계적 가설(모형)은 자연과학, 사회현상을 설명하기 위한 연구문제 정의(이론 혹은 경험을 바탕으로 함)이다.
- 연구문제 대상을 모집단으로 규정하고 연구에 필요한 측정항목(변수)을 정의한다.
- 데이터 수집방법을 결정하고 연구문제를 통계적 문제로 전환하여 통계적 가설 혹은 모형을 설정한다.

# 1.2 역사

## 1.2.1 위키피디아

- 인구총조사(census): 바빌로니아(3500 BC), 이집트(2500 BC), 중국(1000 BC)
- 16세기 Gerolamo Cardano 등의 수학자 수학이론 개발을 통하여 통계학을 과학으로 발전

## 1.2.2 기술통계학

- 성경: 구약의 민수기(numbers)에 이스라엘 백성 인구 조사, 광야 생활 전과 후에 각 한 번씩 조사하여 기록하였다.
- 로마 황제 Tullis: 세금 징수를 위하여 5년마다 인구 조사, Caesar가 로마 제국 전역으로 확대하였다.
- AD74 로마 패망 후 영국 스페인(미국/페루지역 포함) 인구센서스조사를 실시하였다.
- 센서스(census, 전수 조사): 어원 censura(tax)
- Statistics(통계학): 어원, status(국가)
- 17C 영국 출생률과 사망률 조사: 영국 통계학자(간호사, 박사) 나이팅게일은 크림 전쟁에 참여한 영국 병사들의 사망원인을 아래와 같이 나타낸 polar diagram[1)]을 개발하였다.

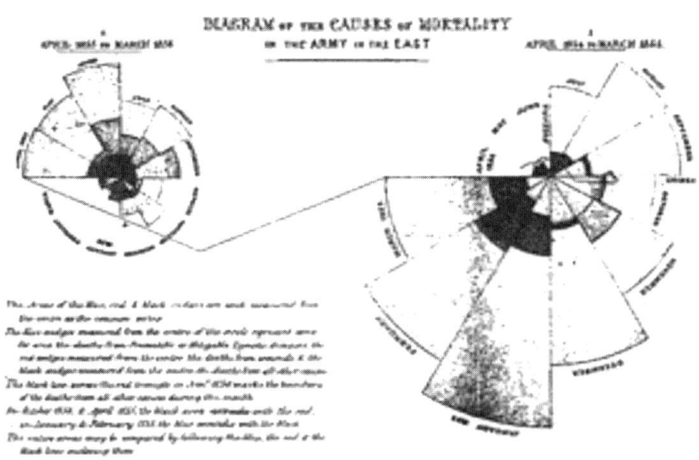


1) https://www.agnesscott.edu/lriddle/women/nightpiechart.htm

- 사회조사는 19세기 후반부터 사회 과학자들에 의해 사용되기 시작하였다.
- Karl Marx는 1880년에 2만 5천명의 프랑스 노동자를 대상으로 그들의 정치적 태도와 성향에 대한 우편 조사를 시행하였다.
- Max Weber는 직접 관찰과 조사 연구를 통하여 노동자들의 심리, 태도, 직업관 등을 연구하였다.
- 20세기에 들어오면서 미국 사회학자들에 의해 사회 조사 방법론 연구가 활발하게 진행되었으며, 미국 통계국(Bureau of Census)은 표본 추출 방법과 자료 수집 방법에 대한 연구에 집중하였고, Gallup과 Roper와 같은 사회여론 조사기관은 방법론을 발전시켰다.

### 1.2.3 추론통계학

- 확률, 게임이론, 수학을 기반으로 발전: Fermat, Pascal(1754): 드멜라라는 친구의 요청으로 2인 게임에서 경기 조합 방법을 계산하기 위하여 파스칼의 삼각형을 제안하였다.

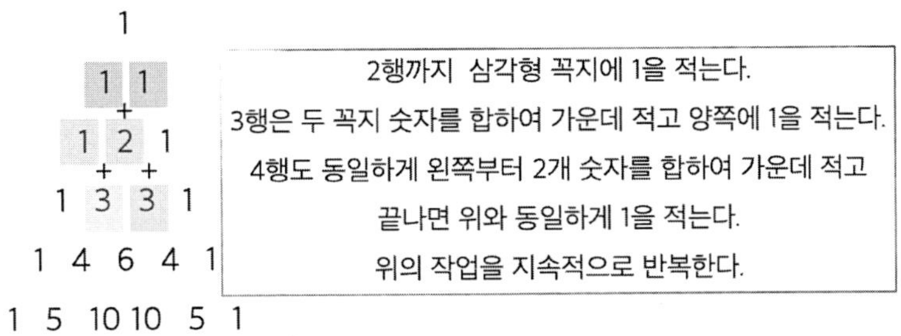


- [이항전개 활용] $(x+y)^4 = x^4 + 4x^3y + 6x^2y^2 + 4xy^3 + y^4$: 5번째 행을 이항전개식의 계수로 사용한다.
- [드멜라 게임] 실력이 동일한 두 테니스 선수(A, B)가 5판 3선승제 게임에서 선수 A가 한 게임을 이기고 우천으로 연기되어 상금을 나눈다면 어떻게 분배해야 공정한가? 선수 B는 3번을 이겨야 하므로 '승승승', '패승승승', '승패승승', '승승패승' 4가지 경우가 발생한다. 5/16이다. 그러므로 선수 A가 이길 확률은 11/16이다. 그러므로 5행 중 3번을 먼저 이겨야 하는 선수 B는 2열의 합, 선수 A는 3열의 합만큼 상금을 분배하면 된다.

- 확률 이론 발전(J. Bernoulli, A. de Moivre, Komogorov): 사회현상에 대한 고찰이나 과학적 사고로 얻어진 논리에 대한 연구와 수학의 접목을 통하여 통계학은 더욱 발전하게 되었다.
- 정규분포 Normal Distribution: (DeMoivere, 1667-1754) 이항실험(동전 던져 앞뒤 나오는 결과 실험)을 무한히 하는 경우 앞면의 횟수에 대한 분포에 대한 수학적 증명으로 정규분포 도출
- Gauss(1777~1855) 행성간 거리 오차에 대한 히스토그램으로부터 정규분포 식을 유도하여 측정오차가 자신이 도출한 분포함수 형태를 따르면 normal, 그렇지 않으면 abnormal이라고 하여 정규분포라고 명명하였다. Laplace(1949-1827)는 오차에 대한 분포로 평균 차이 절대값을 지수로 한 라플라스 분포함수를 도출하였다.
- W.S. Gosset(1908): 독일 양조장 공장장으로 소표본 경우에는 중심극한 정리가 적용되지 않아 표본평균의 분포가 정규분포에 따르지 않음을 발견하고 표본평균에 대한 분포로 t-분포함수를 유도하였다.
- F. Galton(1885): 선형함수관계에 대한 추론인 회귀분석(유전학자, 완두콩과 부모자녀 키의 관계 연구), 유사 속성을 지닌 항목들의 배타적 분류방법인 요인분석(인간의 지적능력을 6개 분야, 고전, 프랑스, 영어, 과학, 수학, 미술 능력의 합으로 측정하려는 연구) 개념을 발표하였고 Karl Pearson과 Spearman은 각각의 방법론에 수리적 접근을 통하여 통계적 방법으로 완성하였다.
- R. A. Fisher: 농업 통계분야 실험계획 데이터의 분석방법으로 분산분석을 연구하여 제안하였다.

# 1.3 통계학 종류

## 1.3.1 기술통계와 추론통계

- 기술 descriptive 통계: 데이터의 정보를 표와 그래프, 숫자 통계량(기술 통계량)으로 요약하거나 표현하는 방법이다. 중세 이후 18C부터 수리적 접근 방법이 통계학에 적용되지 전 국가가 필요로 하고 생산하는 국가통계는 기술통계이다.
- 추론 inferential 통계: 데이터의 기술 통계량을 활용하여 관심 모집단의 특성(모수)에 대한 추론(모수의 값을 하나의 값 혹은 구간 값으로 표현)을 하거나 연구문제의 통계적 가설을 검정하여 진위를 판단하는 방법이다. 빅데이터(이전에는 탐색적 데이터분석)의 경우 분석 결과로부터 얻은 정보(이론)에 대한 가설 검정을 위하여 연구가설 설정, 적합한 데이터 수집, 그리고 추론을 통한 이론의 검증이 필요하게 된다.

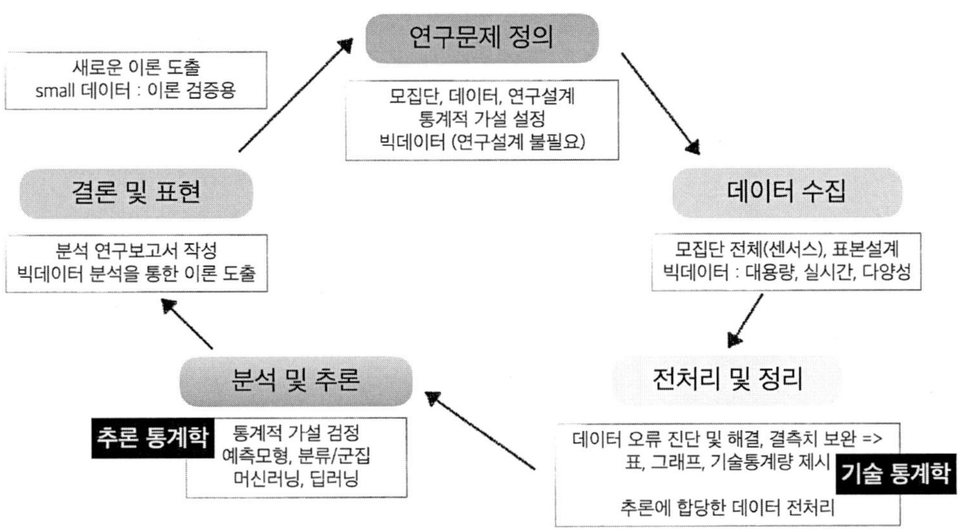


## 1.3.2 확증적 연구 vs. 탐색적 연구

(1) 연역적 방법(deductive reasoning)

- 확증적 Confirmatory 데이터 분석으로 과학철학자 Popper(11955)의 주장, "이론은 직관에 의해서만 얻어 질 수 있다"에 근거한 방법으로 (1) 연구목적에 합당한 연구 통계적 가설을 설정하고 (2) 적절한 데이터 수집 방법을 적용하여 확률표본 데이터

를 수집하고 (3) 통계적 방법을 적용하여 모수의 값을 추론하거나 가설의 진위를 검정하는 통계적 방법이다. 전통적인 통계 방법론(회귀분석, 분산분석)은 연역적 연구 방법에 기초한다.

(2) 귀납적 방법(inductive reasoning)

- 1977년 John W. Tukey 제안한 탐색적 데이터 분석(EDA: Exploratory Data Analysis) 방법으로 (1) 수집된 데이터가 가진 정보를 숫자 요약과 그래프를 이용하여 찾아내거나 (2) 데이터를 보다 유용하게 만들기 위하여 데이터를 재표현(re-expression)하여 정보 획득하는 방법이다. 데이터 마이닝, 요즈음의 빅데이터 기법들은 귀납적 연구방법이다. 귀납적 방법으로부터 얻은 정보에 대한 검증은 연역적 방법으로 진행되어야 한다.

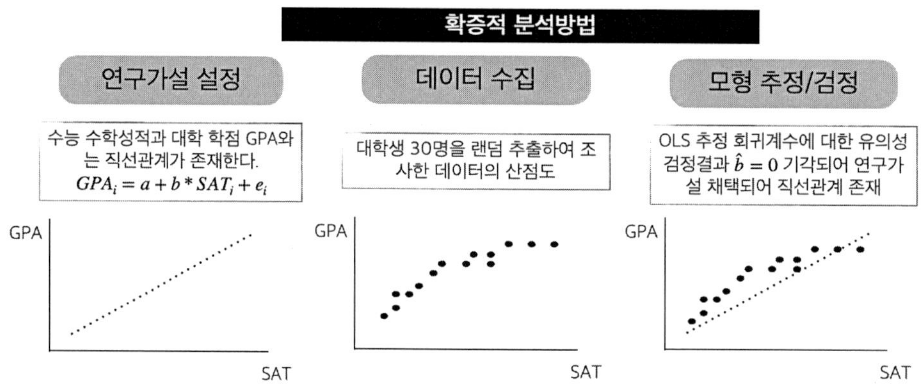


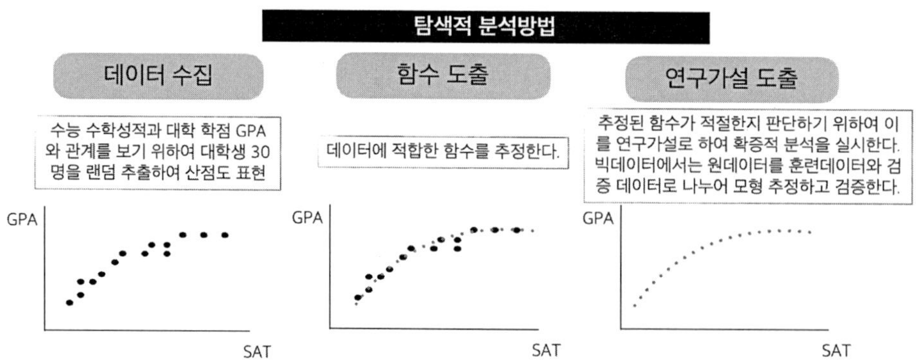

# 1.4 통계연구 프로세스

## 1.4.1 연구문제 정의

(1) 모집단과 표본

- **정의** 모집단 population: 분석 관심의 대상(subject, individual)이 되는 모든 개체(사람, 기업, 국가)의 모임이다. (예 H대학 조사시점 기준 재학생 15,000명)
  - 확률변수: 개체의 관심 특성으로 알파벳 대문자 $X, Y, \dots$ 등으로 나타낸다. (예 H대학 재학생의 과제 준비시간) [기호] $i$-번째 재학생 과제 준비시간, $X_i$
- **정의** 표본 sample: 모집단 일부 개체이다. [기호] $x_i$
  - 확률표본 random sample: 모집단으로부터 확률적으로(모집단 개체가 표본으로 추출될 가능성이 동일 equally likely) 추출된 표본이다. (예 단과대, 성별, 학년별 층 비율을 고려하여 무작위 추출한 H대학생 200명)

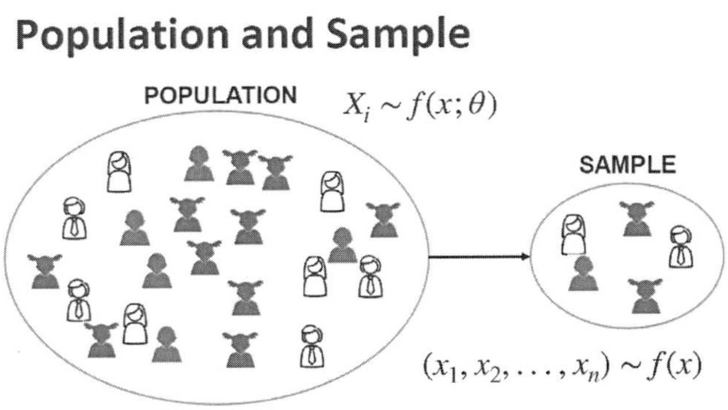


(중앙일보 기사 2017) H대학교 학생들의 과제 발표 준비시간을 알아보고 전국 평균과 비교하여 학업에 대한 열정을 비교해 보고자 한다. – 평균 –

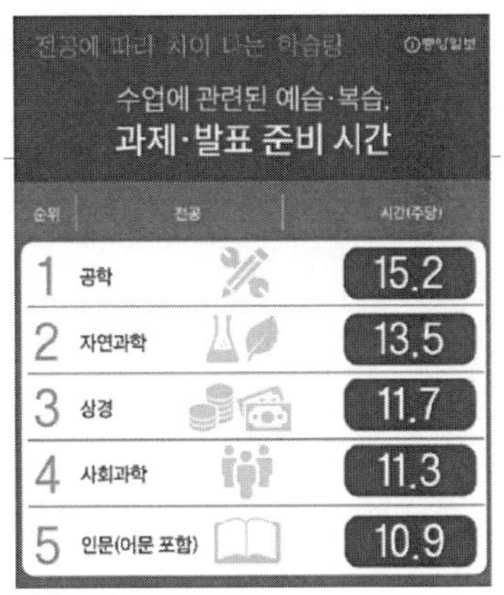


(국건영 2016 발표) 평생 담배 5갑(100개비) 이상 피웠고 현재 담배를 피우는 만19세 이상 성인 남자의 흡연율 40.7%, 여자는 6.4%라고 한다. H대학교 학생들의 흡연율을 알아보고 기독교 대학 재학생들은 전국 평균에 비해 흡연율이 낮은지 알아보고자 한다. – 비율 –

(2) 모수와 통계량

- **정의** 모수 parameter: 연구자가 관심을 갖는 모집단 개체 특성을 요약한 값으로 추정의 대상이고 통계적 가설에 설정되는 값이다.
  (예 H대학생의 흡연율=비율, 평균 과제 준비시간=평균) [기호] $\theta$
- **정의** 통계량 statistic: 확률표본 데이터로부터 계산된 값으로 모수를 추정하거나 모집단 관심 특성을 요약하는데 사용된다.
  (예 H대학생 200명 조사데이터: 표본 흡연율, 최대 준비시간, 평균 준비시간, 준비시간 표준편차)

### 1.4.2 데이터 수집

(1) 데이터 data 정의

- **정의** 데이터는 추론, 정보획득, 계산에 사용되는 실제의 조사, 측정된 값으로 정보를 가진 숫자의 모임이다. (웹스터)
- 데이터의 행렬 구조를 가지며 행은 모집단/표본의 개체, 열은 관심특성인 확률변수로 구성되어 있다. 셀은 해당 개체의 확률변수 관측값 observation이다.
- 통계 소프트웨어를 활용을 편리하게 하기 위해서는 동일 특성(확률변수)은 하나의 열에 입력해야 한다. 예를 들어 과제 준비시간을 학년별로 입력하는 경우 4개 열(1학년, 2학년, 3학년, 4학년)에 각각 발표준비 시간을 입력하는 것보다는 2개 열을 '학년' 확률변수, '준비시간' 확률변수로 정의하고 조사한 개체(학생)의 학년과 준비시간을 각각의 열에 입력하면 된다.
  - 일변량 데이터: 확률변수 $X$을 발표 준비시간으로 정의한 경우
    [모집단] $X_i,\ i=1,2,...,N$ [표본] $x_i,\ i=1,2,\cdots,n$
  - 이변량 데이터: 확률변수 $X$을 흡연여부, $Y$을 발표 준비시간으로 정의하고 동일 개체(대학생)로부터 수집한 경우
    [표본] $(x_i,\ y_i),\ i=1,2,...,n$

(2) 고전적 정의

통계학에서는 확률변수 random variable 사회과학방법론에서는 척도 scale, 빅데이터에서는 feature로 정의된다.

질적 qualitative, 문자형 non-metric(분류형 변수, classified, 범주형 categorical) 변수는 개체를 분류하기 위해 사용된다.

- 명목 nominal: 개체를 구분하거나 분류할 목적으로 사용된다.
  ⓔ 성별, 결혼여부, 직업, 단과대, 거주시도
- 순서 혹은 서열 ordinal: 개체를 순위 순서를 가지며 분류할 목적으로 사용된다.
  ⓔ 성적(A, B, …) 소득수준(상, 중, 하)

양적 Quantative, 숫자형 Metric(측정형 변수, measurable) 변수는 관심 개체의 측정 가능한 특성을 측정한 값이다.

- 구간 혹은 등간 interval: 숫자 0의 절대적 의미가 없어 배율 해석이 불가능하다.
  ⓔ 온도, 리커트 척도, IQ(150 IQ는 100보다 1.5배 지적능력이 높다는 해석은 적절하지 않다.)
- 비율 ratio: 숫자 0의 의미가 있으므로 배율 해석도 가능하다.
  ⓔ 키, 몸무게, 수능점수, 소득(월소득 500만원 200만원에 비해 2.5배 높다)

| | 구간 | 비율 | 순서 | 명목 |
|---|---|---|---|---|
| 빈도표 | ○ | ○ | ○ | ○ |
| 순위 부여 | ○ | ○ | ○ | |
| 최빈값 | ○ | ○ | ○ | ○ |
| 평균 | ○ | ○ | | |
| 중앙값 | ○ | ○ | ○ | |
| 사칙연산 가능 | ○ | ○ | | |
| 0의 개념, 배율 | | ○ | | |

### (3) 시간적 정의

확률변수가 시간적 순서를 갖는지에 대한 분류이다.

- 횡단 변수 cross section: 일정 시점의 조사 데이터를 의미하며 개체 구별 첨자는 $i$를 이용하여 개별 확률변수 관측값은 $x_i$로 표현된다.
- 종단변수 time series: 시간적 순서를 갖는 데이터로 첨자는 $i$ 대신 $t$로 표현하여 개별 확률변수 관측값은 $x_t$로 나타낸다.
  ⓔ 코스피지수, 경제 지표(환율, 수출량), 기업의 연차별 매출액, 연도별/월별 청년 실업율

### (4) 인과관계

원인과 결과의 인과관계(casual relationship)는 통계학에서는 두 변수의 함수관계(통계적 모형)로 표현된다. 통계분석은 설정된 함수관계의 진위여부를 검증하는 것이지 인과관계 모형을 발견하는 것은 아니다. 그러므로 통계적 모형 설정은 과학적 이론이나 필드 경험에 객관적 타당성을 더하여 이루어져야 한다.

- 독립변수, 요인(처리효과), 예측변수, 설명변수, 내생변수: 인과관계의 원인이 되는 변수를 의미하며 기호 $X$로 나타낸다.
- 종속변수, 반응변수, 목표변수, 외생변수: 독립변수에 의해 영향을 받는 변수로 결과 변수를 의미하며 기호 $Y$로 나타낸다.

### (5) 데이터 포멧

- 숫자: 명목형 데이터는 문자(범주)이지만 분석 시 class 변수로 설정하여 숫자처럼 사용한다.
- 문자: 텍스트 마이닝, 자연어 처리, word cloud
- 음성: 오디오 파일 포멧을 데이터로 변환/역변환 가능(convert audio format into data format)

```
dict = pd.read_csv("dictionary.csv", sep = '\t')
dataset = pd.DataFrame(columns = ['Audio', 'Word'])
dataset.Audio = audios
dataset.Word = dict.Romaji
```
[2)]

```
    Audio                                                Word
0   [-2.686136382767934e-11, 1.5804246800144028e-1...   inshou
1   [5.0145061436523974e-09, 1.3923349584388234e-0...   taishou
2   [-2.253151087927563e-08, 2.173326230092698e-08...   genshou
```

- 이미지: 이미지 파일은 $(x, y, z)$ 좌표로 변환 가능, 다음은 헬멧이미지를 Python 코드에 의해 숫자 데이터로 변환한 예이다. (255, 255, 255)는 흰색임.

2) https://stackoverflow.com/questions/54701792/how-to-convert-wav-files-into-a-pandas-dataframe-in-order-to-feed-it-to-a-neura

```
from PIL import Image
import numpy as np
import pandas as pd
imgframe = Image.open('/content/drive/MyDrive/Data_storage/NCSWolfHelmet.jpg')
npframe = np.array(imframe.getdata())
img2df = pd.DataFrame(npframe)
img2df.head
```

| | 0 | 1 | 2 |
|---|---|---|---|
| 0 | 255 | 255 | 255 |
| 1 | 255 | 255 | 255 |
| 2 | 255 | 255 | 255 |
| 3 | 255 | 255 | 255 |
| 4 | 255 | 255 | 255 |
| ... | ... | ... | ... |

### 1.4.3 데이터 정리

(1) 데이터 전처리 pre-process

- 데이터 분석의 단계 중 가장 많은 시간이 소요되고 다소 지루한 단계이다.
- 데이터 전처리는 데이터 셋 확인 → 결측값 처리 → 이상값 처리 - Feature 공학(차원 축소, 주요변수 추출 및 선택) 순으로 진행된다.

[데이터 셋 dataset 확인]

- 변수 확인: 독립(예측)변수, 종속(목표)변수의 정의하고 변수의 유형(정형 혹은 비정형, 숫자 혹은 문자, 범주형 혹은 측정형 등)을 확인한다.

[결측값 missing value]

- 결측값은 모수/모형 추정에 활용되지 않으므로 결측값이 존재하는 경우에는 유효 표본크기도 제시해야 한다.
- 변수간의 관계를 분석하는 경우 열의 변수 중 하나라도 결측값이 있는 경우 행 개체 데이터는 분석에서 제외된다.
- 여론조사나 국가통계 생산 시 표본은 모집단 추정을 위한 가중값을 갖고 있으므로 결측값 대체 imputation 방법으로 대체하여 활용한다.

[이상값 outlier]

- 이상값이란 다른 데이터의 관측값들과 동떨어진 관측값으로 모수/모형 예측 결과를 왜곡할 가능성이 있는 관측값을 의미한다.
- 아래 왼쪽 그림은 하나의 변수(일변량)에서 해당 개체의 관측값이 비정상적으로 커서 발생한 이상값이고 오른쪽 그림은 두 변수의 관계에서 비정상적 위치에 놓여 이상값으로 진단된 개체이다.
- 이상값은 결측값과 동일하게 대체하거나 제외한다.
- 빅데이터에서는 이상값의 역할이 매우 중요하다. 다른 개체와 행동패턴이 다르다는 것이므로 향후 이에 대한 심층분석이 필요하다.

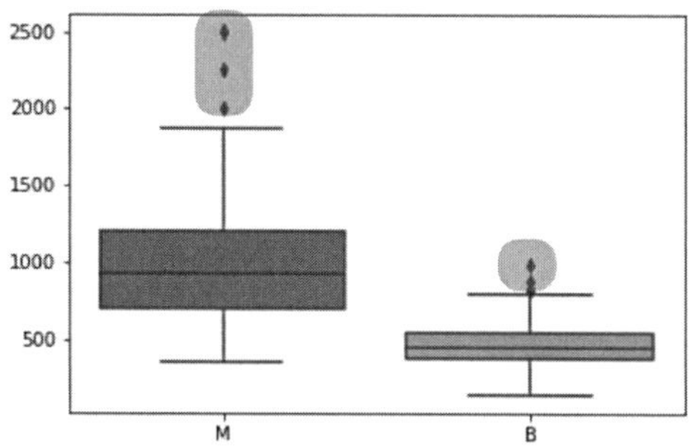


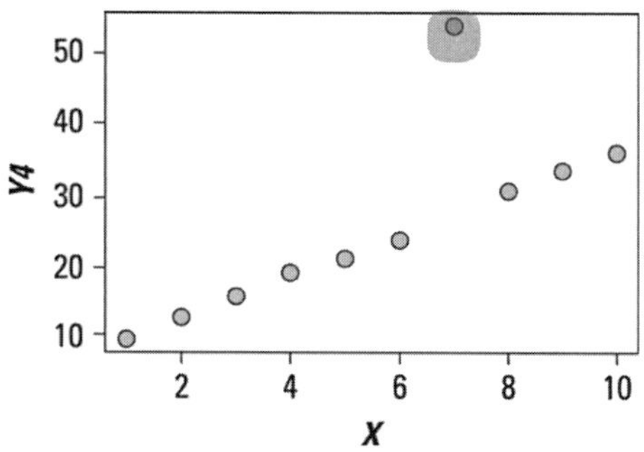


(2) 숫자요약

- (표본)비율: 표본 200명 대학생 중 흡연하는 학생하는 학생이 30명으로 표본 비율은 15%이었다.
- (표본)평균: 표본 200명(남자 120명, 여자 80명) 대학생을 조사한 결과 남학생의 발표 준비시간 평균 10.5시간, 여학생 평균은 12.3시간이었다.
- 표본 대학생 30명을 랜덤 추출하여 수학 수능성적과 대학 GPA 성적을 조사한 후 회귀모형을 추정한 결과 $GPA = 2.4 + 0.2 * SAT$이었다. 추정 회귀계수가 요약 값이 된다.

(3) 그래프 요약

- 막대그래프 (바차트): 범주형 변수의 범주별 빈도/상대빈도의 크기를 막대 크기로 표현한 그래프이다. 최빈값에 대한 정보를 얻는다.

- 히스토그램: 측정형 변수를 데이터 범위를 크기가 동일한 구간(보통 8~12개)으로 나눈 후 구간에 속한 데이터의 빈도를 막대의 높이로 표현한 그래프이다. 데이터의 중앙 위치, 범위, 봉우리(최빈 빈도) 위치 및 개수 등 데이터 분포에 대한 정보를 얻는다.
- 상자 그림: 5개의 기초 통계량(최솟값, 제1사분위값, 중앙값, 제3사분위값, 최대값)을 이용하여 사분위 범위를 상자로 표현하고 최솟값과 최댓값까지를 직선 수염으로 표현하여 데이터의 분포를 표현한다. 그리고 가상선을 이용하여 이상치 진단이 가능한 그래프이다.
- 산점도 scatter plot: 측정형 변수의 관측값을 2차원 그래프에 표현한 그래프로 두 변수의 함수관계, 이상치 혹은 영향치 존재여부를 보여준다.

### 1.4.4 데이터 분석

(1) 추정

- 모수($\theta$) 추정: H대학 전체 학생들의 흡연율을 알고 싶다면 모수는 $\theta=p$, 모비율(모집단 비율)이 된다. 만약 H대학 전체 학생의 평균 발표 준비시간을 알고 싶다면 모수는 $\theta=\mu$, 모평균이 된다.
- 모형 회귀계수 추정: 대학생들의 수학 수능성적이 대학 평균학점 GPA에 영향을 주는지 알아보기 위한 회귀모형 $GPA=a+b^*SAT$에서 모수는 회귀계수 $(a,\ b)$이다.
- 표본 데이터로부터 계산된 통계량이 추정에 사용되면 추정량[3] estimator, 추정값 estimate이라 하고 통계적 가설 검정에 사용되면 이를 검정 통계량(test statistic)이라 한다

(2) 검정

- 상호 배타적인 귀무가설과 대립가설, 2개의 가설로 구성된 통계적 가설은 모수 혹은 모형의 계수 값을 단일 값(귀무가설)이나 범위(대립가설)로 설정되어 있다.
- 대립가설은 귀무가설에 설정된 모수 값을 제외한 모든 가능 값으로 설정한 양측 대립가설과 한 편 구간 범위로 설정된 단측 대립가설로 나뉜다. 양측 혹은 단측 대립가설 설정은 연구문제(주장 내용)에 의해 결정된다.

---

3) 추정량은 추정 계산 공식이며 추정값은 계산된 실제 값이다.

**연구문제** 전국 대학 여학생 흡연율은 7.5%로 조사되었다. H대학은 기독교 정신을 강조한 교양인 양성으로 자체 여학생 흡연율은 전국 대학 평균보다 낮을 것이라 주장하였다. H대학 주장의 진위를 알아보기 위한 통계적 가설은 다음과 같다.
귀무가설: H대학 여학생 흡연율은 7.5%이다. $p = 7.5\%$
(단측) 대립가설: H대학 여학생 흡연율은 7.5% 미만이다. $p < 7.5\%$

**연구문제** 전국 대학 공학계열 학생 과제 준비 평균 시간은 15.2시간으로 조사되었다. H대학 공과계열 학생들의 과제 준비시간이 전국 평균과 같은지 분석하고자 한다.
귀무가설: H대학 공학계열 과제 준비시간 평균은 15.2시간이다. $\mu = 15.2(hr)$
(양측) 대립가설: H대학 공학계열 과제 준비시간 평균은 15.2시간 아니다. $\mu \neq 15.2(hr)$

## 1.5 기타

### 1.5.1 데이터 철학

과학은 이론적 통찰(예 상대성 이론), 새로운 현상의 관찰(Kepler 행성 궤도 관련 법칙)이나 경험을($t$-분포 도출) 통한 새롭고 혁신적인 이론이 만들어지는 경우는 극히 드물고 대부분 관찰, 실험, 분석 등의 반복을 통해 이론이 정립된다. 벼 품종 개량, 새 의약품 개발, 화학 공정 개선 등이 실험 계획에 의한 연구결과가 이에 해당된다.

통계 전문가는 제시된 이론을 통계적 가설이나 통계 모형으로 설정하고 관련 데이터를 수집하여 가설(모형)의 유의성을 검정하거나(확증적 데이터 분석) 수집된 데이터를 탐색하여 가능한 모형이나 이론을 제시하는 역할을(탐색적 데이터 분석) 담당하고 있다. 이처럼 (탐색적)데이터 분석이 타 분야의 새로운 이론 발견에 기여할 수 있으려면 1) 그 분야에 대한 지식 2) 모형과 데이터 3) 그리고 모형과 데이터의 사이클 개념을 올바로 이해해야 한다.

### 1.5.2 모형과 데이터 사이클

과학에서 이론이 제안되고 데이터 분석이 이루어지는 경우보다는 데이터로부터 새로운 이론이나 모형을 도출하는 경우가 많고 탐색적 자료 분석에 의해 제안된 이론이나 모형은 다시 확증적 방법에 의해 유의성이 검증되므로 모형과 데이터는 순환 사이클을 갖는다.

통계적 모형은 과학적 진실이기 보다는 분석 대상이 되는 사실(현황)의 대표적 모형이다. 예를 들어 회귀 모형에서는($Y=\alpha+\beta X+e$) 선형함수(수학모형, $Y=\alpha+\beta X$)가 설명하지 못하는 오차항($e$)이존재하고 이 오차항은 평균 0, 분산 $\sigma^2$인 정규분포를 따른다고 가정한다. 설정된 회귀모형의 유의성은 오차항의 크기에 의존하게 된다.

### 1.5.3 데이터와 확률변수

통계분석의 대상이 되는 데이터는 변수들로 구성되어 있는데 변수의 관측 결과와 숫자를 일대일 매칭 함수를 확률변수(random variable)라 한다. 변수의 관측치가 숫자인 경우는 데이터 값 자체가 확률변수이다.

확률변수가 가질 수 있는 값과 대응하는 확률을 일대일 매칭한 함수를 확률분포함수(probability density function)라 한다. 확률분포함수는 데이터(변수)가 가진 모든 정보를 표현하고 있다. 확률변수의 관측값이 가질 수 있는 가장 큰 값, 작은 값, 중앙 위치, 그리고 어느 구간이 관측 가능성이 가장 높은지 등, 데이터의 모든 정보를 확률분포함수가 가지고 있다.

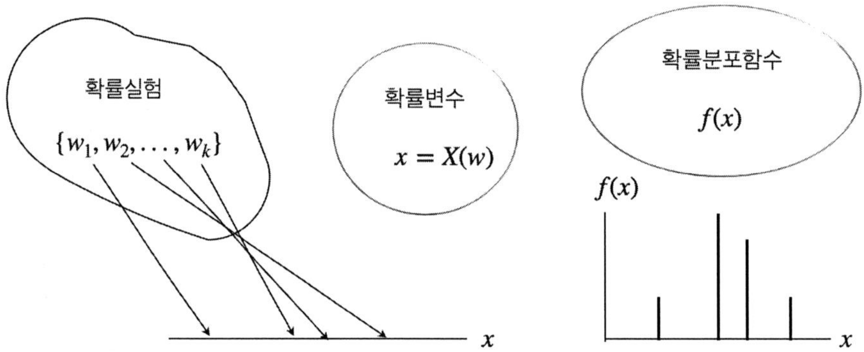

PART 02

# 기초 수학

2.1 개요
2.2 수학기초
2.3 시리즈
2.4 함수
2.5 특수함수
2.6 부등식
2.7 방정식
2.8 미분
2.9 적분
2.10 행렬

"
*Let's go invent tomorrow rather than worrying about what happened yesterday*

- *Steve Jobs*

# PART 02 기초 수학

## 2.1 개요

(1) 수학과 통계학

- 통계방법론에 대한 이해 없이도 통계 소프트웨어 발달로 인하여 통계 비전문가라도 데이터로부터 정보(숫자 요약, 그래프, 분석결과)를 용이하게 얻을 수 있다.
- 그러나 적절한 분석 방법을 사용하고 얻어진 결과를 제대로 해석하려면 통계적 지식이 필요하다.
- 통계학은 숫자의 모임인 데이터로부터 정보를 얻는데 관련된 학문으로 통계적 방법론은 수학적 이론 및 논리적 전개를 기초로 한다.
- 그러므로 수학적 지식은 통계학 이론을 이해하는데 도움이 되며 자료 분석과 결과 해석을 위한 논리적 사고를 갖게 하므로 통계 전공자가 수리적 사고를 가져야 한다.
- 또한 통계학은 천문학, 물리학의 실험 데이터 분석, 수학의 확률 및 분포 이론으로부터 통계적 방법론이 제안되고 발전되었으므로 통계 전공자에게 수학적 지식은 필요하다.
- 수학은 데이터 과학자가 갖추어야 할 창의력, 논리력을 길러준다.

## 2.2 수학기초

### 2.2.1 그리스어 알파벳

- 확률변수에는 영어 알파벳($X$, $Y$)을 사용하나 모수($\theta$), 회귀계수($\alpha, \beta$), 오차($\epsilon$)를 표현할 때는 그리스어 알파벳을 주로 사용한다.

| 소문자 | α | β | γ | δ | ε | ζ | η | θ |
|---|---|---|---|---|---|---|---|---|
| 대문자 | A | B | Γ | Δ | E | Z | H | Θ |
| 발음 | alpha | beta | gamma | delta | epsilon | zeta | eta | theta |

| 소문자 | ι | κ | χ | λ | μ | ν | ξ | ο |
|---|---|---|---|---|---|---|---|---|
| 대문자 | I | K | X | Λ | M | N | Ξ | O |
| 발음 | iota | kappa | chi | lambda | mu | nu | xi(ksi) | omicron |
| 소문자 | π | ρ | σ | τ | υ | φ | ψ | ω |
| 대문자 | Π | P | Σ | T | Y | Φ | Ψ | Ω |
| 발음 | pi | rho | sigma | tau | upsilon | phi | psi | omega |

## 2.2.2 지수와 로그

### (1) 지수 power

$a$, $b$ 실수(real number), $p$, $q$ 양수(positive number), $m$, $n$은 양의 정수(integer)라 할 때 $a^b$를 지수라 정의한다. $a$는 밑수 base, $b$는 지수 exponent라 한다. 지수에 대하여 다음이 성립한다.

(1) $a^0 = 1$ (2) $a^{-p} = \frac{1}{a^p}$ (3) $a^p a^q = a^{p+q}$ (4) $\frac{a^p}{a^q} = a^{p-q}$

(5) $(a^p)^q = a^{pq}$ (6) $(ab)^p = a^p b^p$ (7) $\sqrt[n]{a} = a^{1/n}$ (8) $\sqrt[n]{ab} = \sqrt[n]{a}\sqrt[n]{b}$

연습 ① $2^{16} =$ ② $\sqrt{9*16} =$ ③ $9^{2.5} =$

```
2**16, (9*16)**(1/2), 9**(2.5)
```

```
65536 12.0 243.0
```

### (2) 로그

- 3의 제곱은 9이다. 세제곱은 27이다. 그럼 얼마 제곱을 해야 10일까?
- $3^p = 10$: 양변에 로그를 취하면 $\log_{10}3^p = \log_{10}10 \Rightarrow p = \log_{10}10/\log_{10}3$이다.
- 로그 $\log_a b$: $a$는 밑수, $b$는 승 power라 정의한다.
- 지수와 로그는 역함수 관계이다.
- 밑수가 10인 경우 로그를 상용 common 로그라 한다. $\log_{10}(b) = \log(b)$
- 밑수가 $e$인 경우 자연 natural 로그라 한다. $\log_e(b) = \ln(b)$
- 로그 성질: $a \neq 1, M > 0,\ N > 0, L > 0,\ k$실수

$$(1)\ \log_a 1 = 0$$

$$(2)\ \log_a a = 1$$

$$(3)\ \log_a MN = \log_a M + \log_a N$$

$$(4)\ \log_a \frac{M}{N} = \log_a M - \log_a N$$

$$(5)\ \log_a L^k = k\log_a L$$

- 로그 밑 변환 공식: $a,\ b,\ c > 0, a \neq 1, c \neq 1$일 때

$$(1)\log_a b = \frac{\log_c b}{\log_c a} \qquad (2)\log_a b = \frac{1}{\log_b a},\ b \neq 1$$

연습 ① $\log_2 \frac{3}{2} =$ ② $\log_2 2 + \log_2 4 - \log_2 8$ ③ $\ln 8^{12} =$

```
import numpy as np
np.log2(1.5),np.log10(1.5)/np.log10(2),np.log(8)*12
```

```
(0.5849625007211562, 0.5849625007211562, 24.953298500158027)
```

### 2.2.3 유명한 상수

(1) 원주율 $\pi = 180^\circ$, $\pi = 3.141592653589793\ldots$

```
import numpy as np
np.pi
```

```
3.141592653589793
```

① 아르키메데스: $\pi = \lim_{n \to INF}\left(\frac{P_n}{d}\right)$, $P_n = n$차 정다각형 넓이, $d =$정다각형 내부 원 지름

$n$차 정다각형 넓이 공식: $P_n = \frac{r^2 n\ \sin(\frac{360}{n})}{2}$, $r =$정다각형 내 원 반지름

```
n=1000;r=1/2 #정다각형 지름=1
(r**2*n*np.sin(np.deg2rad(360/n))/2)/(r/2)
```

```
3.141571982779475
```

② 라이프니치: $\pi = 4(1 - 1/3 + 1/5 - 1/7 + ...)$

아르키메데스 근사 공식보다 n이 충분히 커야 원주율 값에 근사한다.

```
n=1000000
pi=0
for k in range(1,n):
  pi=pi+(-1)**(k+1)/(2*k-1)
4*pi
```

```
3.1415936535907742
```

(2) 오일러 상수 $e = 2.71828182845904523536028747135 ...$

```
import numpy as np
np.exp(1)
```

```
2.718281828459045
```

탄젠트 곡선의 기울기에서 유도되는 특정한 실수로 무리수이자 초월수이다. 스위스의 수학자 오일러의 이름을 따 오일러의 수로도 불리며 로그 계산법을 도입한 스코틀랜드의 수학자 존 네이피어를 기려 네이피어 상수라고도 한다. 자연로그 밑의 수이므로 자연상수라고도 한다. $e = \lim_{n \to INF}(1 + \frac{1}{n})^n$, $e^x = \lim_{n \to INF}(1 + \frac{x}{n})^n$

```
n=1000000
(1+1/n)**n
```

```
2.7182804690957534
```

(3) 허수 imaginary number: $i = \sqrt{(-1)}$

```
import numpy as np
complex_num=[-1 + 9j]
np.imag(complex_num)
```

```
array([9.])
```

# 2.3 시리즈

## 2.3.1 순열과 조합

(1) Factorial 계승

자연수 $n$: $n! = n*(n-1)*...*1$

양의 실수 $z$: $z! = \Gamma(z+1) = \int_0^{INF} t^{z-1}e^{-t}dt$

반정수 $(n-\frac{1}{2})$: $(n-\frac{1}{2})! = \sqrt{\pi}\,\Pi_{k=1}^{n}(k-1/2)$

(예: $2.5! = \sqrt{\pi}*(1/2)*(3/2)*(5/2)$)

**연습** 1 ~ 9까지의 숫자로 3자리 숫자를 만들 수 있는 개수?

**해답** $9*9*9 = 729$

(2) 순열 $_nP_r$

서로 다른 $n$(자연수)개 원소를 $r$개 추출하여 순서대로 열거하는 방법 개수

$$_nP_r = \frac{n!}{(n-r)!}$$

**연습** 1 ~ 9까지의 숫자로 서로 다른 3자리 숫자를 만들 수 있는 개수?

**해답** $_9\mathrm{P}_3 = 9*8*7 = 504$

(3) 조합 $_nC_r = \binom{n}{r}$

서로 다른 $n$(자연수)개 원소를 $r$개 추출하여 순서에 상관없이 열거하는 방법 개수 순서는 상관 없으므로 선택한 $r$개 순서대로 나열하는 회수 $r!$ 나누어 주면 된다.

$$_nC_r = \frac{n!}{(n-r)!r!}$$

**연습** 1 ~ 9까지의 숫자로 3개 숫자를 추출할 수 있는 개수?

**해답** $_9\mathrm{C}_3 = 84$

(4) 이항 전개식

정수 $n$: $(a+b)^n = a^n + \binom{n}{1}a^{n-1}b + \binom{n}{2}a^{n-2}b^2 + \cdots + \binom{n}{n-1}ab^{n-1} + b^n$

special cases

$\binom{n}{0} + \binom{n}{1} + \ldots + \binom{n}{n} = 2^n$

$\binom{n}{0} - \binom{n}{1} + \cdots + (-1)^n \binom{n}{n} = 0$

$\binom{n}{1} + \binom{n}{3} + \binom{n}{5} + \ldots = 2^{n-1}$

$\binom{n}{0} + \binom{n}{2} + \binom{n}{4} + \cdots = 2^{n-1}$

**성질** $\binom{n}{r} + \binom{n}{r+1} = \binom{n+1}{r+1}$, $\binom{n}{0} = \binom{n}{n} = 0$

## 2.3.2 산술 시리즈 arithmetic series

$a_k = a_{k-1} + d$(상수 $d$, $k = 1, 2, 3, \cdots, n$) 시퀀스(sequence)의 합을 산술 시리즈라 한다. 산술 시리즈 계산 공식은 $\sum_{k=1}^{n} a_k = \frac{1}{2}n[2a_1 + d(n-1)]$이다.

**예제** (1) $3+7+11+\cdots+99=$ (2) $2+6+10+\cdots+102=$

special cases

- $1+2+3+\cdots+n = \frac{n(n+1)}{2}$
- $1+3+5+\cdots+(2n-1) = n^2$

## 2.3.3 기하 시리즈 geometric series

$a + ar + ar^2 + \cdots + ar^{n-1}$(상수 $r \neq 1$) 시퀀스(sequence)의 합을 기하 시리즈라 한다. 기하 시리즈 계산 공식은 $\sum_{k=0}^{n-1} ar^k = a\left(\frac{1-r^n}{1-r}\right)$이다.

만약 $-1 < r < 1$이면, $\sum_{k=0}^{INF} ar^k = a + ar + ar^2 + ar^3 + ... = \frac{a}{1-r}$

**예제**

(1) $3 + 9 + 27 + 177147 =$ (2) $0.5 + 0.25 + 0.125 + \cdots =$

(3) $1/2 + 1/6 + 1/18 + \cdots =$

special cases

- 만약 $-1 < r < 1$이면, $a + (a+d)r + (a+2d)r^2 + ... = \frac{a}{1-r} + \frac{rd}{(1-r)^2}$

(2) 정수의 합

- $1^2 + 2^2 + 3^2 + \cdots + n^2 = \frac{n(n+1)(2n+1)}{6}$
- $1^2 + 2^2 + 3^2 + \cdots + n^2 = \frac{n(n+1)(2n+1)}{6}$
- $1 - 1/2 + 1/3 - 1/4 + \cdots = \ln(2)$

```
import numpy as np
n=1000000
sum=0
for k in range(1,n):
    sum=sum+(-1)**(k+1)/(k)
sum, np.log(2)
```

```
(0.6931476805602526, 0.6931471805599453)
```

- $1 - 1/3 + 1/5 - 1/7 + \cdots = \frac{\pi}{4}$ (라이프니치 원주율 근사공식)
- $1 + \frac{1}{2^2} + \frac{1}{3^2} + \cdots = \frac{\pi^2}{6}$

### 2.3.4 테일러 시리즈 정의

임의의 상수 $a$에 대하여, 임의의 함수 $f(x)$의 테일러(Taylor) 시리즈는 다음과 같다.

$$f(x) = f(a) + \frac{f'(a)(x-a)}{1!} + \frac{f''(a)(x-a)^2}{2!} + \frac{f'''(a)(x-a)^3}{3!} + \cdots$$

(1) 활용

- $\sqrt{4.1} = 2.024845$의 근사값을 구하는 문제를 생각하자.
- 4의 값은 2임을 쉽게 알 수 있다.
- $f(x) = \sqrt{x}$라 놓고 $a = 4$를 활용하여 테일러 시리즈를 활용하여 근사하자.
- $f(x) = \sqrt{x}$, $f'(x) = \frac{1}{2}x^{-1/2}$, $f''(x) = -\frac{1}{4}x^{-3/2}$ 미분을 이용하시오.
- $f(x)|_{x=4.1} = f(4) + f'(4)(x-4) + f''(4)(x-4)^2/2! + \cdots$

  ➡ $f(x)\,|_{x=4.1} = \sqrt{4} + \frac{1}{4}(4.1-4) - \frac{1}{32}(4.1-4)/2 + \cdots$

  $$\approx 2 + 0.1/4 - 0.01/64 = 2.024843.$$

2차 미분까지만 계산해도 충분히 근사한 값을 얻는다.

## 2.3.5 Maclaurin 시리즈

$a = 0$인 경우, 함수 $f(x)$의 테일러 시리즈의 특별한 형태로 다음과 같이 정의된다.

$$f(x) = f(0) + \frac{f'(0)x}{1!} + \frac{f''(0)x^2}{2!} + \frac{f'''(0)x^3}{3!} + \cdots$$

special cases

- $\frac{1}{1-x} = 1 + x + \frac{x^2}{2!} + \frac{x^3}{3!} + \cdots$
- $\frac{1}{x} = 1 - (x-1) + (x-1)^2 - (x-1)^3 + \ldots$
- $(1+x)^{-2} = 1 - 2x + 3x^2 - 4x^3 + \cdots$
- $e^x = \lim_{n\to\infty}(1 + \frac{x}{n})^n$

Show that $(1+x)^{-1} = 1 - x + x^2 - x^3 + \cdots$

# 2.4 함수

## 2.4.1 기초 알아두기

(1) 데카르트 좌표 Cartesian Coordinate

수직선 $Y-$축, 수평선 $X-$축이 만나는 점을 원점으로 (오른쪽, 위쪽)은 $+$, (왼쪽, 아래쪽)은 $-$ 값으로 점을 이차원 공간에 표현

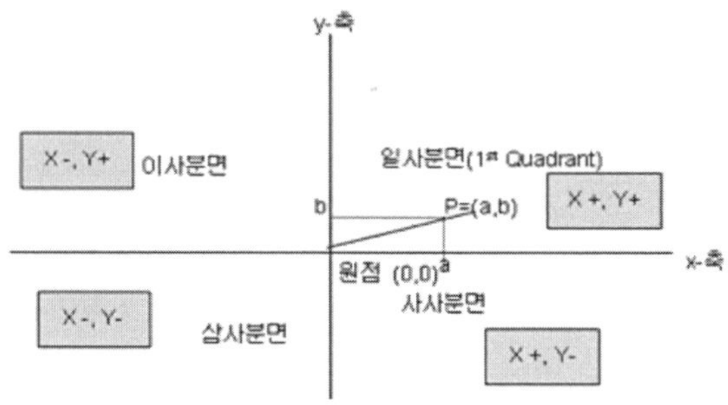


- $x$-축으로 $a$, $y$-축으로 $b$만큼 떨어진 점을 좌표$(a,\ b)$로 표현
- 사분면 Quadrant - 이차원 공간을 4개의 부분으로 나눔

(2) 증가, 기울기

- 증가(increment)는 순 변화를(net change) 의미하며 좌표 $P$로부터 $Q$까지 움직였을 때 좌표의 증가는 $\Delta x = (x_2 - x_1)$, $\Delta x = (y_2 - y_1)$이다.

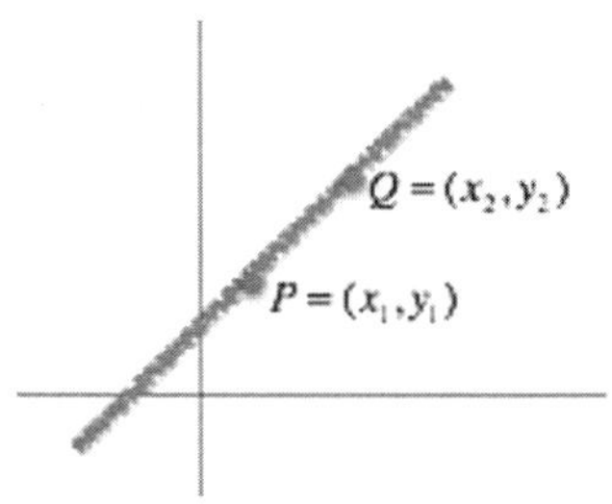


- 수직선이 아닌 직선의 기울기(slope)는

$$m = \frac{rise}{run} = \frac{\Delta y}{\Delta x} = \frac{(y_2 - y_1)}{(x_2 - x_1)}$$

- 직선의 기울기는 직선 좌표에서나 동일하다.
- 수평선의 기울기는 0이고 수직선의 기울기는 정의 불가

(3) 거리 Euclidean Distance

좌표에서 두 점$(P,\ Q)$ 사이의 거리(distance)는 다음과 같이 정의한다.

$$|PQ| = \sqrt{(x_2 - x_1)^2 + (y_2 - y_1)^2}$$

(4) 경사각 angle of inclination

직선의 경사각은 다음과 정의되므로 기울기 $m = \tan(\theta)$이다.

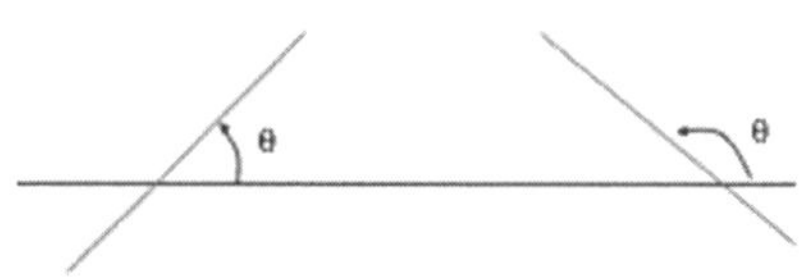

(5) 삼각함수(빗변 hypotenuse, 밑변 adjacent 높이 opposite)

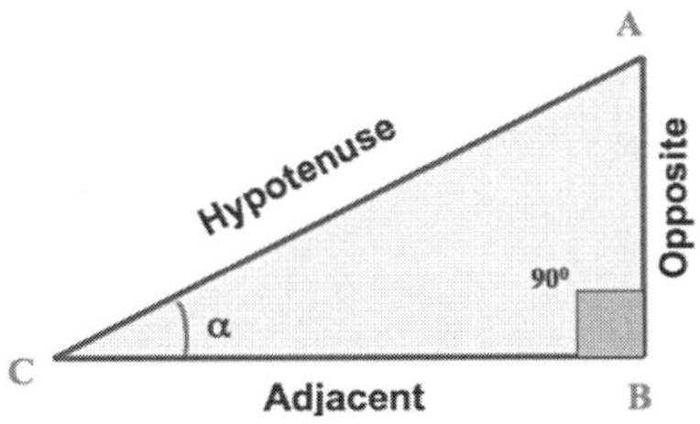


$$\sin\alpha = \frac{AB}{CA} = \frac{opposite}{hypotenuse}$$

$$\cos\alpha = \frac{CB}{CA} = \frac{adjacent}{hypotenuse}$$

$$\tan\alpha = \frac{CB}{CA} = \frac{opposite}{adjacent}$$

(6) 평행과 수직

- 두 직선의 기울기가 동일하면 두 직선은 서로 평행(parallel)
- 두 직선의 기울기의 곱이 $-1$이면 두 직선은 서로 수직(perpendicular)
- 수평선과 수직선은 서로 수직이다.

### 2.4.2 함수 정의

(1) 정의(함수) $f: X \rightarrow Y$

- $x$가 가질 수 있는 값의 집합인 정의역 혹은 영역(domain) 집합으로부터 공역 혹은 치역(range)인 $y$가 가질 수 있는 값의 집합으로의 함수(function)는 정의역 각 원소(값)에 단 하나(single) 공역 원소(값)를 할당하는 규칙을 의미한다.
- $y = f(x)$라 쓰고 "$y$는 $x$의 함수이다($y$ is a function of $x$)"라고 말한다.

**예제** 화씨 온도를(Fahrenheit) 섭씨 온도로(Centigrade) 바꾸는 식? $C = \frac{5}{9}(F-32)$, $C = f(F)$ – 정의역은 $\{F; -\infty < f < \infty\}$으로 $F$(화씨 온도)가 가질 수 있는 온도 값이고 치역은 $C$가 가질 수 있는 온도 값으로 $\{C; -\infty < c < \infty\}$이다.

**예제** 아이 IQ(Y)는 엄마 IQ(X)에 의존할 가능성이 있다. 만약 $y$의 값이 전적으로 $x$에 의해서만 결정된다면 $y$는 $x$의 함수이라(function) 한다– $CIQ = f(MIQ)$. 그러나 아이 IQ는 전적으로 엄마 IQ에만 의존하는 것은 아니므로 이를 다루는 회귀분석에서는 $CIQ = f(MIQ) + e$(통계모형) 관계를 다룬다. 여기서 오차 $e$는 백색잡음(팬턴 없음)인 정규분포를 따른다고 가정한다.

(2) 정의역 domain 공역 range

대부분의 정의역과 공역은 구간(Interval)으로 되어 있으며 가질 수 있는 가능한 모든 값들의 모임이다. 구간의 양 끝 값을 경계 값(boundary point)이라 하고 구간 내의 값은 내부 값(interior point)이라 한다.

- Open interval(열린 구간) - $(a,\ b)$ - 구간의 양 끝 값을 모두 포함하지 않는다.
- Closed interval(닫힌 구간) - $[a,\ b]$ - 구간의 양 끝 값을 모두 포함한다.
- Half-open interval(반 열린 구간) - $[a,\ b)$ - 한쪽 값만 포함한다.

### 2.4.3 직선 함수

직선의 방정식은 직선의 모든 점의 좌표에 의해 만족되고 직선 외의 점 좌표에서는 만족하지 않는다.

- 직선 방정식: $y=a+bx$, 상수 $a$는 절편 intercept, 상수 $b$는 기울기 slope
- 특수 방정식 $x=a$, $(a,\ y)$을 통과하는 수직선(vertical line)이다.
- $y=b:(x,\ b)$를 통과하는 수평선(horizontal line)이다.

(1) 점-기울기 방정식

직선의 기울기가 $m$이고 직선의 한 좌표가 $(x_1,\ y_1)$이면 직선의 방정식 $(y-y_1)=m(x-x_1)$

**예제** 기울기가 $-3/2$이고 직선의 좌표가 $(2,\ 3)$일 때 직선의 방정식은?

$$y-3=-\frac{3}{2}(x-2)\ \Rightarrow\ y=-\frac{3}{2}x+6$$

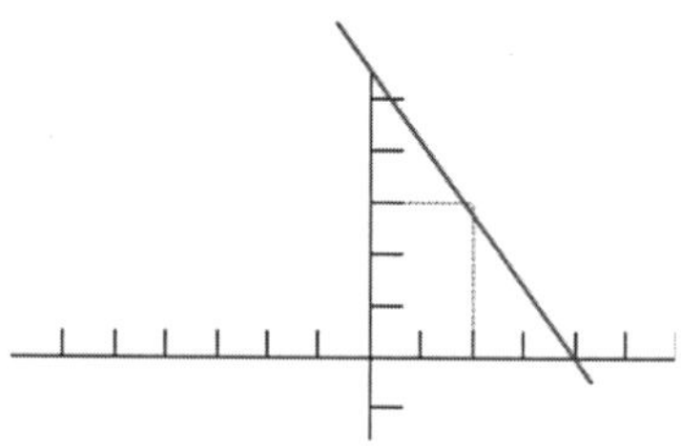

그래프에 직선을 그릴 때 다음 순서를 따르면 편하다.

(1) $x=0$일 때 $y$값을 구한다. $y=6$

(2) $y=0$일 때 $x$값을 구한다. $x=4$

(3) 두 좌표를 이으면 직선이 완성된다.

### (2) 점-점 방정식

**예제** 두 점 $(-2,\ -1)$, $(3,\ 4)$ 지나는 직선의 방정식은?

(1) 우선 두 점을 이용해 기울기를 구한다.

$$m=\frac{-1-4}{-2-3}=1$$

(2) 기울기와 한 점을 이용해 직선을 구한다.

$$y-4=1(x-3)\Rightarrow y=x+1$$

(3) 좌표에 두 점을 찍고 연결하여 직선을 구한다.

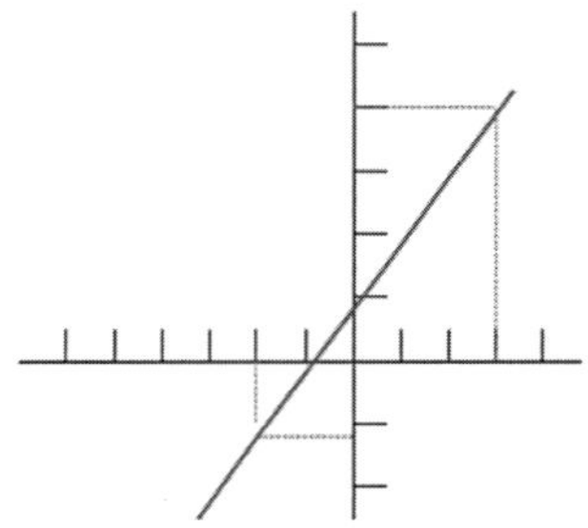

### (3) 기울기-절편 방정식

직선의 기울기가 $m$이고 절편(intercept)을 $a$라 하면 직선 방정식은 $y=a+mx$이다. 절편은 직선이 $y$축과 만나는 점의 $y$축 좌표이다.

**예제** 빛은 직선 따라 들어와 지면에 들어온 각도대로 반사된다고 한다. 반사되는 빛의 경로에 대한 직선 방정식은?

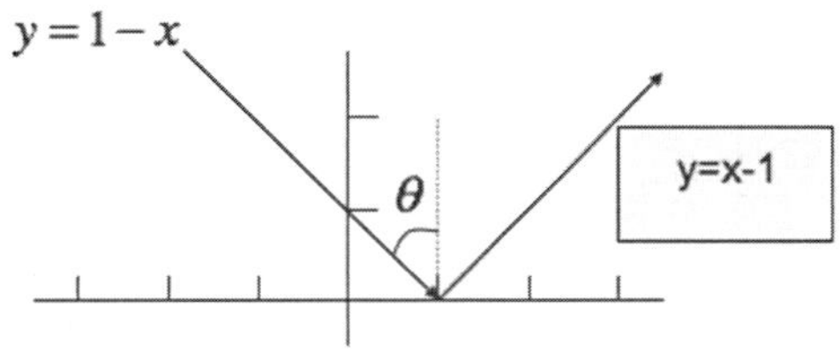


**예제** 경사각이 10%인 도로가 있다. 지상에서 차가 출발하여 5km 올라갔다. 지상으로부터 얼마 높이에 있는가?

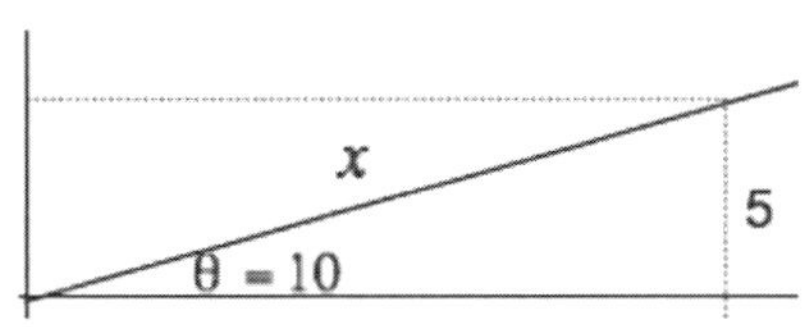


### (4) 수직과 수평

[수평] 두 직선함수, $y=a_1+m_1x$와 $y=a_2+m_2x$에 대하여 $m_1=m_2$이면, 두 직선은 수평(parallel)하다.

[수직] 두 직선함수, $y=a_1+m_1x$와 $y=a_2+m_2x$에 대하여 $m_1m_2=-1$이면, 두 직선은 수직(perpendicular)하다.

```
import matplotlib.pyplot as plt
x=np.linspace(-3,6,100)
y=3*x-1
y2=3*x-2
y3=-1/3*x-2
plt.plot(x,y,'r')
plt.plot(x,y2,'b')
plt.plot(x,y3,'k')
plt.xlabel('x')
plt.ylabel('y')
plt.title('parellel and perpendicular')
plt.ylim(-5,2)
```

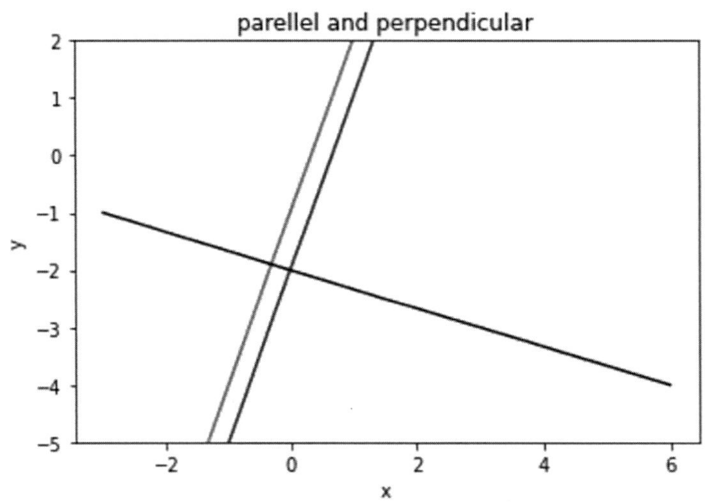


**예제** 두 함수 $x+y=1$, $2x+ky=1$은 수직이라 한다. $k$를 구하시오.

**예제** $x+2y=3$와 $2x-3y=-1$의 교차점(intersection)과 $P=(1.2)$을 지나는 직선 방정식을 구하시오.

### 2.4.4 다항 함수

**정의** 임의의 $x$에 대하여 다음과 같이 표현되는 함수, $P(x)$를 다항 함수(polynomial function)라 한다.

$P(x) = a_n x^n + a_{n-1} x^{n-1} + a_{n-2} x^{n-2} + \cdots + a_0$,. 단, $a_k$ 상수 시퀀스, $n \geq 2$은 자연수

예: $x^3 - 2x$, $x^5 - 1$

### 2.4.5 함수 그래프

함수 $y = f(x)$의 관계를 2차원 공간($x$-축, $y$-축) 좌표에 표현한 것을 그래프라 하는데, 정의역 값을 X-축에 그에 대응하는 값을 Y-축에 나타낸 좌표 점들을 연결하여 놓은 것이다.

**예제** $y = x^2$, $-2 \leq x \leq 2$

- [STEP 1] 계산이 용이한 $x$값 선택하여 $x = (-2, -1, 0, -1, -2)$, $y$값을 $y = (4, 1, 0, 1, 4)$ 구한다.
- [STEP 2] 2차원 공간에 좌표를 표시한다.
- [STEP 3] 좌표를 연결하여 그래프를 그린다.

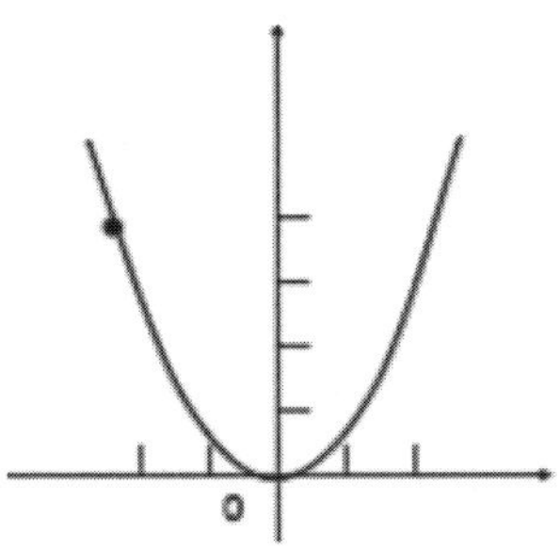


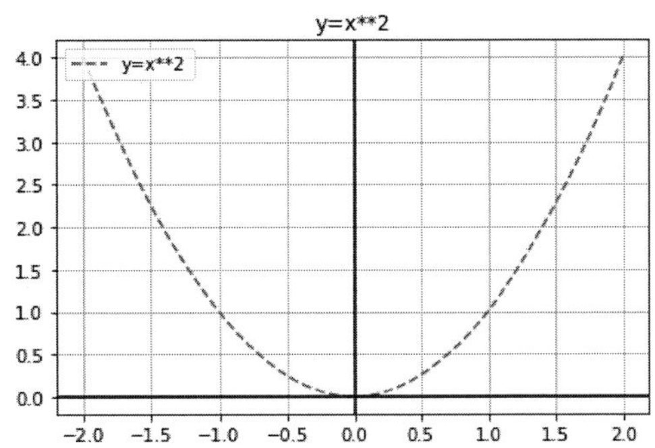


```
import matplotlib.pyplot as plt
x=np.linspace(-2,2,100)
y=x**2
plt.plot(x,y,label="y=x**2",linestyle='dashed')
plt.axhline(0,color='k')
plt.axvline(0,color='k')
plt.title('y=x**2')
```

```
plt.legend(loc='upper left')
plt.grid()
plt.show()
```

**예제** $y = \sqrt{4-x}$

- [STEP 1] 함수의 Domain을 결정해야 한다. Root 안의 값은 0보다 커야 하므로 $4-x \leq 0$, 즉 $4 \leq x$이 함수의 Domain은 이다.
- [STEP 2] 계산이 용이한 $x$값을 선택하여 $y$값을 구한다.
- [STEP 3] 좌표를 연결하여 그래프를 그린다.

## 2.4.6 함수의 합성

**정의** 두 함수 $f: X \to Y$, $g: Y \to Z$라 할 때, 두 함수의 합성 함수는 $g \circ f: X \to Z$이다. $g \circ f(x) = g(f(x))$

- *) $f$의 공역이 $g$의 공역과 일치해야 한다.

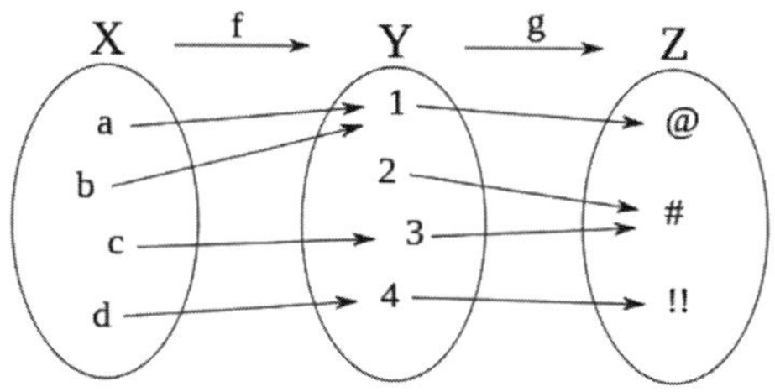


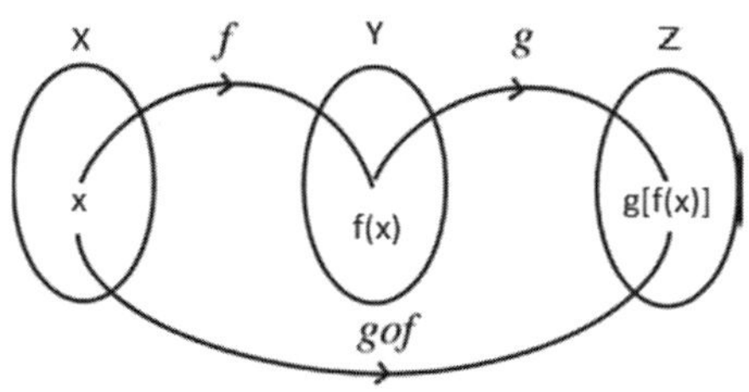


**예제** $f(x) = 2x-1$, $g(x) = \sqrt{x}$

(1) $g \circ f = \sqrt{2x-1}$

(2) $f \circ g = 2\sqrt{x} - 1$

**예제** $f(x) = x+2$, $g(x) = \dfrac{1}{x-2}$인 경우 $g \circ f(x)$의 정의역(domain)을 구하시오.

## 2.5 특수함수

### (1) 역함수 inverse function

**정의** $f^{-1}(y)$, $y$의 역함수

- $y = f(x) = 3(x-1)+1$
- 좌변과 우변을 교환하고 좌변에 $x$만을 남기고 우변을 정리한다.
- $3(x-1)+1 = y \Rightarrow x = (y-1)/3+1 \Rightarrow f^{-1}(y) = x = (y-1)/3+1$: 역함수

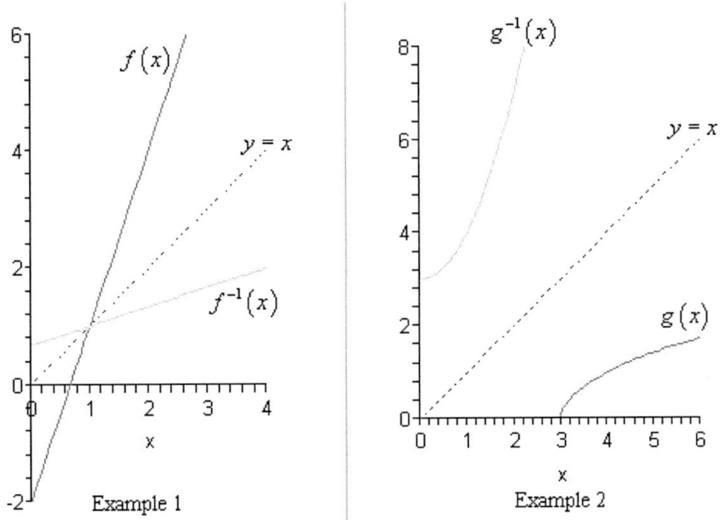

[4]

| 원함수 $f(x)$ | 역함수 $f^{-1}(x)$ | 비고 |
| --- | --- | --- |
| $y = \frac{1}{x}$ | $x = \frac{1}{y}$ | $x, y \neq 0$ |
| $y = x^2$ | $x = \sqrt{y}$ | $x, y > 0$ |
| $y = x^n$ | $x = y^{1/n}$ | |
| $y = e^x$ | $x = \ln(y)$ | $y > 0$ |
| $y = a^x$ | $x = \log_a(y)$ | $y, a > 0$ |

### (2) 우함수(even function)와 기함수(odd)

만약 $f(-x) = f(x)$이면 함수 $f(x)$는 우함수(even function)라 한다 - $y$-축 기준 데칼코마니 만약 $f(-x) = -f(x)$이면 함수 $f(x)$는 기함수(odd function)라 정의 $-y=$

4) 출처: https://tutorial.math.lamar.edu/classes/alg/inversefunctions.aspx

$-x$ 기준 데칼코마니

(참고) 역함수 $y=f(x) \Rightarrow f-1(y)=f^{-1}f(x)=x-y=x$ 기준 데칼코마니

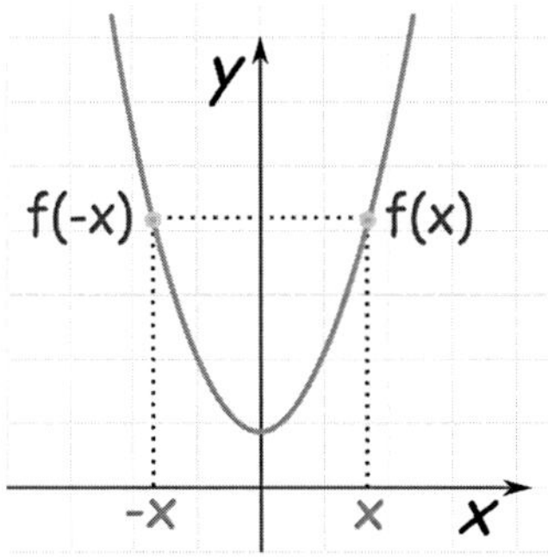


[우함수]

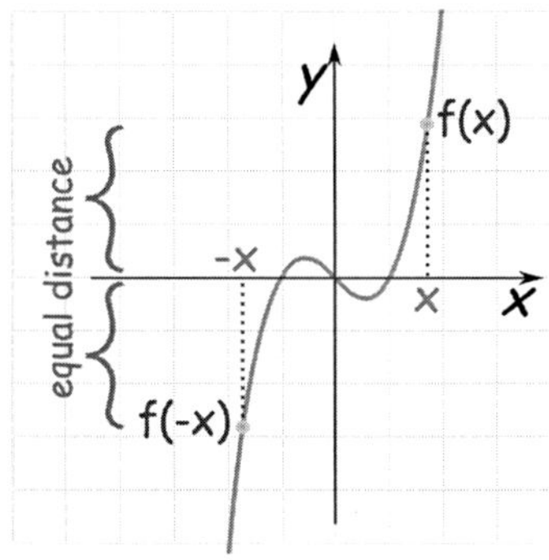


5)

[기함수]

**연습** 다음 함수 형태가 우함수, 기함수, 일반 함수(Neither)인지 밝히시오.

(1) $y=x+x^3$ (2) $y=x+x^2$ (3) $y=\dfrac{x}{x^2-1}$

(4) $y=\dfrac{1}{x-1}$ (5) $y=\dfrac{x^2}{x^2-1}$

**해답** (1) 기함수 (2)일반함수 (3) 기함수 (4) 일반함수 (5) 우함수

(3) 절대값 함수

임의의 실수 $x$의 절대값은 $|x|$로 표현하고 다음과 같이 정의한다.

$$|x|=\begin{cases} x & \text{if } x \geqq 0 \\ -x & \text{if } x < 0 \end{cases}$$

[성질] (1) $|-a|=|a|$, (2) $|ab|=|a||b|$, (3) $|a/b|=\dfrac{|a|}{|b|}$

[절대값과 구간] $-a$는 실수, $D$는 양의 실수라 하면 다음이 성립한다.

(1) $|a| \leq D \Leftrightarrow -D \leq a \leq D$ (2) $|a| \geq D \Leftrightarrow a \leq -D,\ a \geq D$

5) https://www.mathsisfun.com/algebra/functions-odd-even.html

## 2.6 부등식

(1) 삼각 부등식 triagular ineqaulity

정의 $|a+b| \leqq |a|+|b|$ (만약 $a$, $b$의 부호가 같으면 =, 그렇지 않으면 < 성립한다.)

예제 $|2x-3|=7$

$2x-3=\pm 7$은 방정식 $2x-3=7$과 $2x-3=-7$의 해를 구하는 것이다.

연습 다음 부등식을 만족하는 $x$의 구간을 구하시오.

(1) $\left|\dfrac{2x+1}{3}\right| > 1$  (2) $|2x-9| \leqq 3$  (3) $|1-2x| \geqq 2$

해답 (1) $x<-2,\ x>1$

(2) $3 \leqq x \leqq 6$

(3) $x \leqq -1/2,\ x \geqq 3/2$

(2) 정수함수 intger function

$f(x)=\lfloor x \rfloor$ : $x$을 넘지 않는 최대정수

예: $\lfloor 3.1 \rfloor = 3,\ \lfloor -3.1 \rfloor = -4$

연습 $f(x)=\lfloor x \rfloor$ 함수의 그래프를, $-3 \leqq x \leqq 3$ 구간에서 그리시오.

## 2.7 방정식

### 2.7.1 개요

(1) 정의

- 방정식(equation)은 미지수(unknown)가 포함된 식으로 미지수에 특정한 값에 따라 참/거짓이 결정되는 등식으로 정의된다.
- 방정식을 참이 되게 하는 특정 값을 해 solution 또는 근 root이라 한다.
- 방정식의 해는 (1) 없을 수도 있고 $2x^2+x-4$(no solution, 불능), (2) 한정된 개 수일 수도 있고(항등식), (3) 모든 값일 수도 있다(부정 infinite).

### 2.7.2 방정식 종류

(1) 직선 방정식 $y = a + mx$, $m = \dfrac{\Delta y}{\Delta x}$

- $(x,\ y)$는 변수, (절편 intercept $a$, 기울기 slope $m$)은 상수 constant
- 직선 상의 모든 점은 $(x_0,\ y = a + mx_0)$으로 표현된다.

(2) 다항 방정식 Polynomial equation

- $P(x) = a_1 x^n + a_2 x^{n-1} + \cdots$ : $n$이 2보다 큰 정수이거나 소수인 경우 - 비선형 nonlinear 이라고 한다.
- $P(x) = 0$을 구한다.

### 2.7.3 방정식 해 구하기

(1) 일차 방정식: 최고차 항의 차수가 1, $ax + b = 0$, $a \neq 0$

- $(x)$는 변수, $(a,\ b)$은 상수 constant
- 해: $x = -\dfrac{b}{a}$(항상 존재, $a \neq 0$)

(2) 2차 방정식 $ax^2 + bx + c = 0$, $a \neq 0$

- 근의 공식: $x = \dfrac{-b \pm \sqrt{b^2 - 4ac}}{2a}$
- 제곱근 안의 결과가 음인 경우 허수 $i = \sqrt{-1}$
- 해를 가질 조건 - 판별식 $b^2 - 4ac > 0$
- 인수분해 Factoring: $(ax + b)(cx + d) = acx^2 + (ad + bc)x + bd$

---

**예제** $x^2 - 6x + 8 = 0$의 해를 구하시오.

(순서 1) 상수를 곱으로 표현한다, (1, 8), (2, 4)
(순서 2) 두 숫자를 더하거나 빼서 1차항 $x$의 계수(6)를 만들 수 있는지 계산한다.
(순서 3) $(-2) \times (-4) = 8$
(순서 4) $(x-2)(x-4) = 0$

---

**연습** (1) $x^2-3x-4=0$ (2) $x^2+x-4=0$

**해답** (1) $(x+1)(x-4)=0, x=-1,\ 4$

(2) 근의 공식 : $\dfrac{-1\pm\sqrt{1-4*1*(-4)}}{2}$

```
#함수방정식 해
from sympy import *
x=symbols('x')
eq=Eq(x**2+x-4)
N(solve(eq)[0]),N(solve(eq)[1])
```

```
(1.56155281280883, -2.56155281280883)
```

(3) 3차 방정식 $ax^3+bx^2+cx+d=0,\ a\neq 0$

(방법 1) 인수분해를 활용하여 1차식과 이차식으로 분해하여 해를 구한다.

(방법 2)

- 우선 ±1 넣어 방정식이 0을 만족하는지 본다.
- ±(상수 $d$의 약수)/(고차항 계수 a의 약수) 넣어 본다.

**예제** $2x^3+3x^2-x-2=0$ 해를 구하자.

(방법 2) ±1 중 $-1$이 방정식을 만족하므로 위의 방정식을 $(x+1)$항으로 인수분해가 가능하다. $(2x^3+3x^2-x-2)$을 $(x+1)$으로 나누어 보자. (다음 조립제법)

$-2x^3+3x^2-x-2=0$

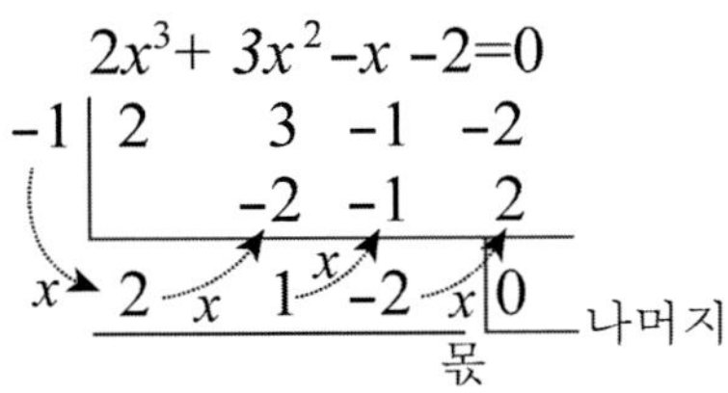


$(x+1)(2x^2+x-2)=0$

해: $(-0.78,\ -1,\ 1.28)$

```
import matplotlib.pyplot as plt
import numpy as np
x=np.linspace(-2,2,100)
y=x**4+x**3-3*x**2-x+2
plt.plot(x,y,linestyle='dashed')
plt.axhline(0,color='k')
plt.axvline(0,color='k')
plt.title('solution')
plt.grid()
plt.show()
```

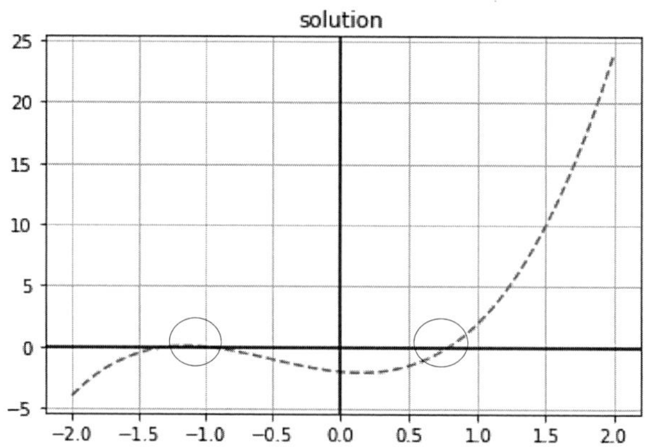


```
from sympy import symbols, Eq, solve
x=symbols('x')
eq=Eq(2*x**3+3*x**2-x-2)
solve(eq)
```

```
[-1, -1/4 + sqrt(17)/4, -sqrt(17)/4 - 1/4]
```

sqrt(17) 등을 계산하여 실수로 표현되게 하려면 N() 함수를 사용하면 된다. solve(eq)[1]는 방정식 해의 두 번째 값(파이썬은 첫 번째를 0부터 설정함)을 의미한다.

```
from sympy import *
N(solve(eq)[1])
```

## 2.7.4 고차 방정식

(1) 인수분해 정리방법

예: $x^4 + x^3 - 3x^2 - x + 2 = 0$

- 우선 $\pm 1$ 넣어 방정식이 0을 만족하는지 본다.
- $\pm \dfrac{\text{상수항 약수}}{\text{최고차항 계수 수}}$을 넣어 0을 만족하는 본다. $\pm 1,\ 2$
- 우선 $\pm 1$ 넣어 방정식이 0을 만족하는지 본다.

| 1 | 1 | 1 | −3 | −1 | 2 |
|---|---|---|---|---|---|
| × |  | 1 | 2 | −1 | −2 |
| −1 | 1 | 2 | −1 | −2 | 0 |
| × |  | −1 | −1 | 2 |  |
|  | 1 | 1 | −2 | 0 |  |

- $(x-1)(x+1)(x^2+x-2) = 0$이 된다.
- 그러므로 최종 방정식은 $(x-1)^2(x+1)(x+2) = 0$이다.

```
import matplotlib.pyplot as plt
import numpy as np
x=np.linspace(-2,2,100)
y=x**4+x**3-3*x**2-x+2
plt.plot(x,y,linestyle='dashed')
plt.axhline(0,color='k')
plt.axvline(0,color='k')
plt.title('solution')
plt.grid()
plt.show()
```

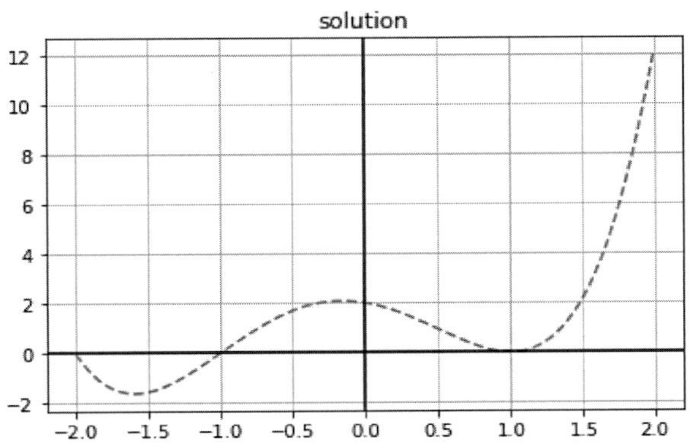

```
from sympy import symbols, Eq, solve
x=symbols('x')
solve(x**4+x**3-3*x**2-x+2,x)
```

```
[-2, -1, 1]
```

(2) Newton-Rahpson(secant) 방법

- 초기 해: $x_0$에서 $f(x_0)$의 접선 직선은 $f'(x_0)=\dfrac{f(x_0)-0}{x_0-x_1}$이다.
- 이를 정리하면 첫 번째 해는 $x_1=x_0-\dfrac{f(x_0)}{f'(x_0)}$이다.
- 동일한 방법으로 $n$ 번째 해는 $x_n=x_{n-1}-\dfrac{f(x_{n-1})}{f'(x_{n-1})}$이다.
- 만약 $f(x_n)\approx 0 \Rightarrow x_n$이 해가 된다.

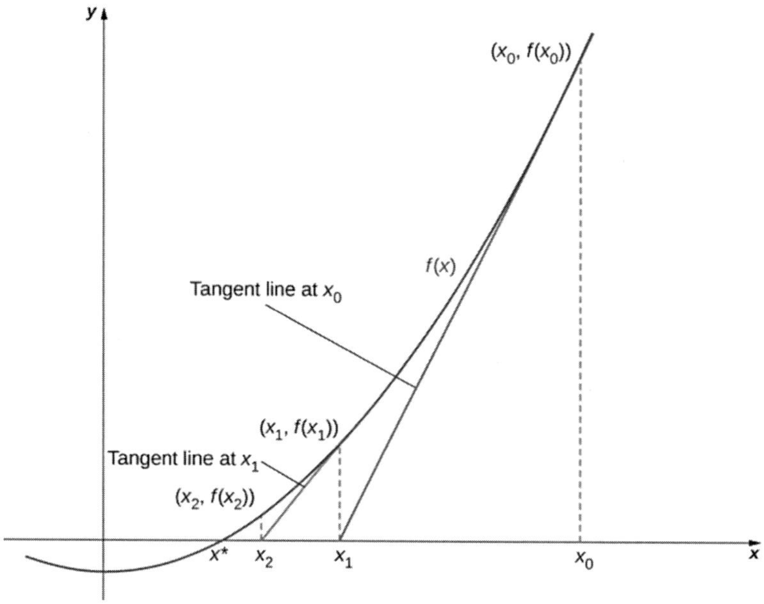


그래프를 보고 해에 가까운 임의의 값을 넣는다. 해가 1 근처에 값이므로 1.5를 초기 해로 넣으면 된다. 그리고 근사 정도는 tol=에 설정할 수 있다. 설정한 값 이내 오차이면 해로 간주한다. 그러므로 실제 해는 1이나 근사 해 1.00000000178을 출력한다. 해가 2개 이상인 경우 동일 작업을 반복하여 −2, −1 해도 얻는다.

```
from scipy import optimize
def f(x):
    return (x**4+x**3-3*x**2-x+2)
optimize.newton(f,0)
```

```
1.0000000017706596
```

## 2.8 미분

### 2.8.1 개념 및 정의

(1) 개념

- 미분은 함수의 임의 점에서 접선의 기울기이다. 예: 순간 변화율, 자동차 속력,
- 미분이 가능한 함수를 미분 가능(differential) 함수라 하고 미분 값을 구하는 과정을 미분(Differentiation)이라 한다. +. 미분 가능하면 연속이지만 연속 함수라고 미분 가능한 것은 아니다.
- 미분 가능한 함수는 다항 함수, 로그 함수, 지수 함수, 삼각 함수, 그리고 미분가능 함수 사칙연산의 함수 등으로 통계학에서 주로 사용하는 함수이다.

(2) 미분 정의

함수 $y=f(x)$의 임의의 한 점에서 미분을 $f'(x)$, $\frac{df}{dx}$, $y'$, $\frac{dy}{dx}$ 표현하고 다음과 같이 정의한다. $y'=\lim_{h\to 0}\frac{f(x+h)-f(x)}{h}$

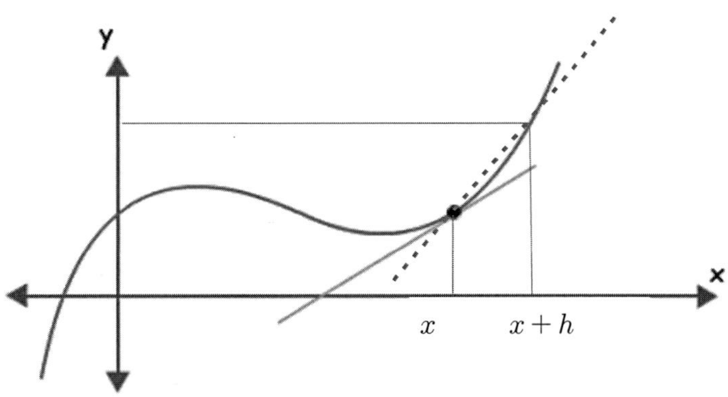

$f(x+h)f(x+h)$

$f(x)$

임의의 한 점$(x_0,\ f(x_0))$에서 미분 값 $f'(x_0)$는 기울기이다.

### 2.8.2 다차 미분

**정의** 1차. 미분함수를 $x$에 대하여 한 번 더 미분한 함수를 2차 미분함수, 계속하여 $k$번 미분하면 $k$차 미분이라 한다.

- 이차 미분: $f'' = (f')'$ 혹은 $\dfrac{d^2y}{dx^2}$
- $k$차 미분: $f^{(k)}(x),\ \dfrac{d^ky}{dx^k}$

### 2.8.3 미분규칙

(1) 규칙1

만약 $c$가 상수이면 $f(x)=c$의 미분은 $f'(x)=0$이다.

(2) 규칙2

만약 $n$이 양의 정수이면 $f(x)=x^n$의 미분은 $f'(x)=nx^{n-1}$

(3) 규칙1, 규칙2 결합

$(a,\ c)$ 상수이면 $f(x)=a+cx^n$의 미분은 $f'(x)=cnx^{n-1}$

(4) 규칙3

규칙2는 $n$이 음의 정수인 경우에도 성립하고 분수인 경우에도 성립한다.

**연습** 미분하시오.

(1) $y=\dfrac{2}{x}$　　(2) $y=\sqrt[3]{x}$　　(3) $y=-\dfrac{4}{x^3}$

**해답** (1) $y'=-\dfrac{2}{x^2}$　　(2) $y'=\dfrac{1}{3}x^{(-2/3)}$　　(3) $y'=-\dfrac{12}{x^3}$

### (5) 연쇄규칙 chain rule

- 만약 $u(x)$가 $x$의 함수이면, $f(x)=(u(x))^n$의 미분은 $f'(x)=n(u(x))^{n-1}u'(x)$이다.
- 즉 바깥 부분 먼저 미분 규칙에 의해 미분하고 안 쪽을 연쇄적으로 미분하여 곱한다.
- 연쇄 법칙을 괄호가 많은 부분은 연속적으로 사용가능하다.
- 이를 Inside-outside 규칙이라 한다.

(예) $\dfrac{d}{dx}\sin(x^2+x)=\cos(x^2+2)(2x+1)$

안　(1)바깥 미분

바깥　(2)안 그대로　(3)안 미분

**연습** 미분하시오.

(1) $y=5(3x^2-x)^2$　　(2) $y=\dfrac{1}{\sqrt[3]{2x^2-1}}$

**해답** (1) $y'=10(3x^2-x)(6x-1)$　　(2) $y'=-(1/3)(2x^2-1)^{-4/3}(4x)$

### (6) 합 미분규칙

만약 $u(x)$, $v(x)$가 $x$의 함수이면, $u(x)+v(x)$의 미분은 $u'+v'=\dfrac{du}{dx}+\dfrac{dv}{dx}$

### (7) 곱 미분규칙

만약 $u(x)$, $v(x)$가 $x$의 함수이면, $u(x)v(x)$의 미분은 $u'v+uv'=\dfrac{du}{dx}v+u\dfrac{dv}{dx}$

### (8) 분수 미분규칙

만약 $u(x)$, $v(x)$가 모두 $x$의 함수이면 $\dfrac{u(x)}{v(x)}$의 미분은 $\dfrac{u'v-uv'}{v^2}$이다.

$$(uv^{-1})' = u'v^{-1} + u(-v^{-2})v' = \frac{u'}{v} - \frac{uv'}{v^2} = \frac{u'v - uv'}{v^2}$$ (동일한 결과를 얻는다)

**연습**

(1) $y = (\sqrt{x} - 2)(3x^2 - x)^2$

(2) $y = \frac{x^3}{2} - \frac{2}{x} + \sqrt[3]{x}$

(3) $y = \frac{\sqrt{x}}{1 + x^2}$

(4) $y = x^2(x + 5 + \frac{1}{x})$

**해답**

(1) $y' = (\frac{1}{2\sqrt{x}})(3x^2 - x)^2 + (\sqrt{x} - 2)2(3x^2 - x)(6x - 1)$

(2) $y' = \frac{3}{2}x^2 + \frac{2}{x^2} + \frac{1}{3x^{2/3}}$

(3) $y' = \frac{1}{2}x^{-1/2}(1 + x^2)^{-1} + \sqrt{x}(-1)(1 + x^2)^{-2}(2x)$

(4) $y' = 2x(x + 5 + \frac{1}{x}) + x^2(1 - \frac{1}{x^2})$

## 2.8.4 특수함수 미분

### (1) 로그함수

$x$의 함수 $u(x)$인 경우 함수 $\log_a^{u(x)}$의 $x$에 대한 미분은

- $(\log_a u(x))' = \log_a e(\frac{1}{u(x)})u'(x)$
- 만약 $u(x) = x$인 경우 $(\log_a u(x))' = \log_a e(\frac{1}{x})$
- 만약 밑(base)이 $a = e$인 경우 $(\ln u(x))' = (\frac{1}{u(x)})u'(x)$
- 그러므로 $\ln(x)' = \frac{1}{x}$이다.

### (2) 지수함수

$x$의 함수 $u(x)$인 경우 함수 $au(x)$의 $x$에 대한 미분은

- $(a^{u(x)})' = \ln(a)u(x)u'(x)$
- 만약 $u(x) = x$인 경우 $(a^x)' = \log_a x$

- 만약 밑(base)이 $a=e$인 경우 $(e^{u(x)})'=e^{u(x)}u'(x)$
- 그러므로 $(e^x)'=e^x$ 이다.

**연습**

(1) $y=2\ln(3x^2-1)$

(2) $y=\ln(1-2x)^3$

(3) $y=\dfrac{e^x}{2x-3}$

(4) $y=(2e^{x^2-\sqrt{x}}+x^3)^2$

**해답**

(1) $y'=2\dfrac{1}{(3x^2-1)}(6x)$

(2) $y'=\dfrac{1}{(1-2x)^3}(3)(1-2x)^2(-2)$

(3) $y'=\dfrac{e^x}{2x-3}+e^x(-1)(2x-3)^{-2}(2)$

(4) $y'=2(2e^{x^2-\sqrt{x}}+x^3)(2e^{x^2-\sqrt{x}}(2x+1/2\sqrt{x})+3x^2)$

## 2.8.5 미분 활용

### (1) 증가/감소 함수

**정의** $x_2>x_1$일 때 $f(x_2)>f(x_2)$이 성립하면 $f(x)$는 증가함수 increasing

**정의** $x_2>x_1$일 때 $f(x_2)\geq f(x_2)$이 성립하면 $f(x)$는 비감소 non-decreasing

**정의** $x_2>x_1$일 때 $f(x_2)<f(x_2)$이 성립하면 $f(x)$는 감소함수 decreasing

**정의** $x_2>x_1$일 때 $f(x_2)\leq f(x_2)$이 성립하면 $f(x)$는 비감소 non-increasing

### (2) 1차 미분 정리

함수 $f(x)$가 일정 구간 안의 모든 점에서 미분 가능하고 구간 내 임의의 점 $c$에서 1차 미분이 0이면(즉 $f'(c)=0$) 함수 $f(x)$는 점$(c,\ f(c))$에서(지역) 최댓값, 최솟값 혹은 변곡점 갖는다.

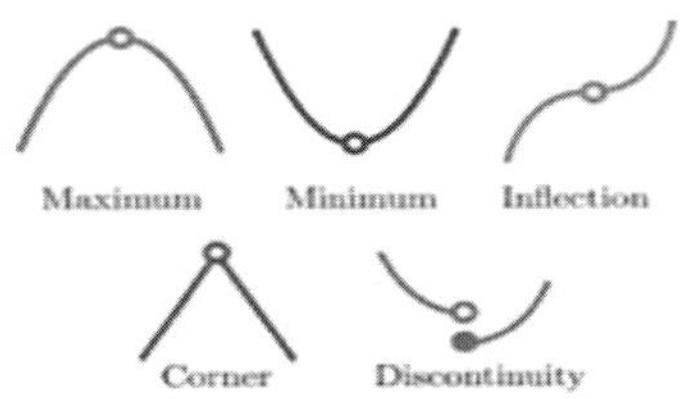


### (3) 1차 미분과 증가 함수 관계 정리

- 함수 $f(x)$에 대해 $f'(x)>0$이면 증가함수이고 $f'(x)<0$이면 감소함수이다.

- 1차 미분 $y'$: 1차 미분이 0인 점에서 최대, 최소 혹은 변곡이 발생한다.
- 2차 미분 $y''$: 1차 미분(기울기)의 변화율이므로 기울기가 감소하면 2차 미분 값은 음이고 기울기가 증가하면 2차 미분 값은 양이다.

### (4) 오목성(Concavity)

만약 $y'$의 기울기가 감소하면 함수 $y=f(x)$는 concave down($y''<0$), 만약 $y'$의 기울기가 증가하면 함수 $y=f(x)$는 concave up($y''>0$)이라 한다. 만약 concavity가 변하는 점이 있으면 이 점을 변곡점(inflection point)이라 한다. 변곡점에서는 $y''=0$이 성립한다.

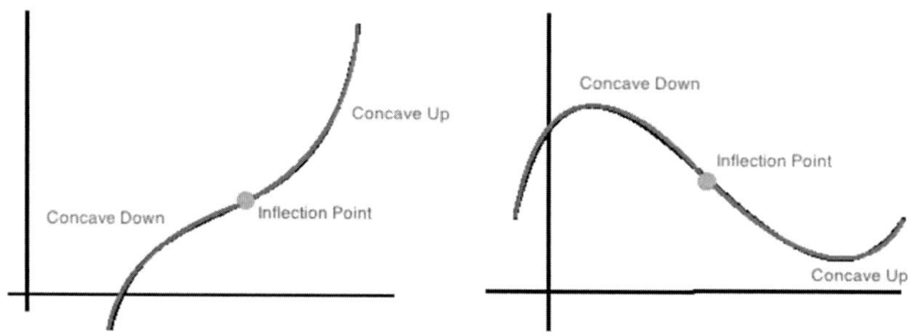

[6]

### (5) 1차 미분과 2차 미분을 이용한 최대, 최소 구하기

- 만약 $f'(c)=0$이고 $f''(c)<0$이면 함수 $f(x)$는 점$(c,\ f(c))$에서(지역) 최댓값 $f(c)$을 갖는다.
- 만약 $f'(c)=0$이고 $f''(c)>0$이면 함수 $f(x)$는 점$(c,\ f(c))$에서(지역) 최솟값 $f(c)$을 갖는다.
- 만약 $f'(c)=0$이고 $f''(c)=0$이면 함수 $f(x)$는 점$(c,\ f(c))$가 변곡점이다.

6) http://mathonline.wikidot.com/concavity-and-inflection-points-of-a-function

**연습** 다음 함수를 그리고 존재한다면(최댓값, 최솟값, 변곡점) 계산

(1) $y=\frac{x^3}{3}-\frac{x^2}{2}-2x+\frac{1}{3}$  (2) $y=\frac{1}{\sqrt{2\pi}}e^{-\frac{(x-3)^2}{2}}$

**해답** (1) $y'=(x-2)(x+1)=0$으로부터 $x=-1,\ 2$를 얻는다.
$y''=2x-1$이므로 $y''(-1)=-3<0,\ y''(2)=3>0$이다.
그러므로 $x=-1$에서 최대값 $y(-1)=1.5,\ x=2$에서 최소값 $y(2)=-3$
(2) 평균이 3인 표준정규분포함수이므로 3에서 최대

(6) 미분 활용 경제학(한계 marginal)

- Law Of Diminishing Marginal Utility 한계효용 체감의 법칙
- 제품을 하나 소비할 때마다 한계 효용(제품으로부터 얻는 가치)은 감소한다.

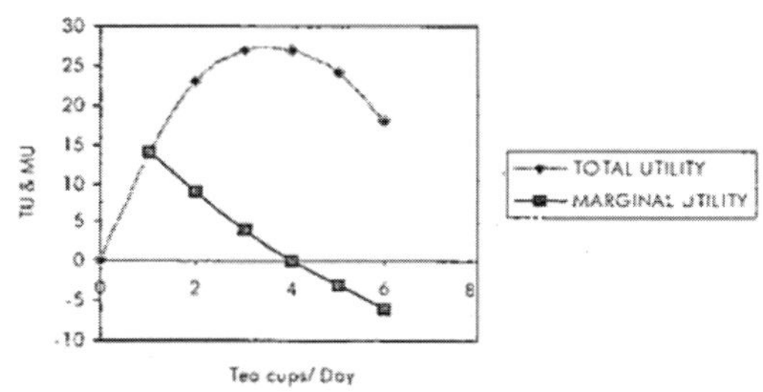


효용(utility)은 소비자가 재화나 서비스를 소비할 때 느끼는 주관적인 만족을 의미한다. 효용함수는(utility function) 재화 혹은 서비스 소비량 $x$와 효용의 관계를 함수형태로 나타낸 것으로 $u(x)$로 나타낸다.

(7) Cobb-Douglas Production function

$Y=f(L,\ K)=AL^{\alpha}K^{\beta}$($L$=노동, $K$=자본), 모수 $A,\ \alpha,\ \beta$

양변에 로그를 취하면 $\ln(Y)=\ln(A)+\alpha\ln(L)+\beta\ln(K)$

모수 $\alpha,\ \beta$ - 한계: (노동, 자본) 한단위($\ln(L)$, $LN(K)$) 증가했을 때 생산량($\ln(Y)$)은 $(\alpha,\ \beta)$ 만큼 증가한다.

(8) 경영학(한계비용)

A회사에서 냉장고를 생산하는데 소요되는 비용 함수를 $c(x)$라 하자. $x$는 제품 생산량이다. 비용이 cost이므로 $f$ 대신 $c$를 사용한 것 뿐이다.

- 제품 생산량을 $q$, 비용함수를 $c(q)=q^3-6q^2+15q$라 하자.

- 현재 하루 10개 생산하고 있는데 1개를 더 만들 때 드는 비용(이를 한계비용)을 구하시오. 즉, $c'(q)|_{10} = 3q^2 - 12q + 15|_{10} = 195$(원)

**예제** 제품 생산량을 $q$, 수익함수를 $r(q) = 2000(100 + 30q - x^2)$라 하자.

(1) 현재 5개 만들고 있는데, 1개 더 만들 때 증가하는 한계수익은?

(2) 최대 수익을 얻으려면 몇 개를 만들어야 할까?

**예제** 정원이 60명인 버스승객 수를 $x$명이라할때 요금은$p(x) = \left(3 - \frac{x}{20}\right)^2$(승객당)받는다. 버스가 최대 수익을 위해서는 승객이 몇 명 탑승해야 하는지 구하시오.

**예제** 자유 낙하의 법칙: 물체가 떨어진 후 시간을 $t$(초)라 할 때 낙하 거리함수는 $s(t) = \frac{1}{2}gt^2$(단위: m), gravity, $g = 9.8(m/\text{sec})$

**예제** 질량 80kg 바위를 로켓처럼 하늘로 수직으로 쏘아 올렸을 때 시간 $t$에 도달하는 수직 거리함수를 $s(t) = 160t - 16t^2$이다.

(1) 가장 높이 올라 갔을 때는 언제인가?

(2) 256 높이에서 바위의 속력과 운동 에너지를 구하시오.

### 2.8.6 통계학 응용 Ordinary Least Square

수학 직선(선형) 모형: $Y = a + bX$, $Y$(output)는 $X$(input)의 함수

통계 회귀 모형: $Y = a + bX + e$, $Y$, $X$ 관측치

모수$(a, b)$ - fixed but unknown

통계 오차 $e$ - 통계방법론에서는 가정 $e \sim N(0, \sigma^2)$

회귀분석이라 함은 $(x, y)$ 관측치(그림의 파란점)을 활용하여 관측점들을 대표하는 적합직선($\hat{Y} = \hat{a} + \hat{b}X$, fitted line)을 구하고, 이를 이용하여 통계적 귀무가설 $H_0 : b = 0$을 검정하여 가설이 기각되면 $(X, Y)$는 직 선의 함수관계를 갖는다고 한다.

관측치 고려한 통계모형 $Y_i = a + bX_i + e_i, i = 1, 2, \cdots, n$ - (1)

어떻게 관측값을 대표하는 최적 직선을 구할까?

Karl Pearson은 오차합을 최소화 하는 방법 생각 - 그러나 오차 합은 0

하여, 오차제곱(절대값보다는 수리적 편리, 직선과 멀수록 제곱 비례 페널티)합을 최소화하는 ($\hat{a}$, $\hat{b}$) 추정 - 이를 최소자승추정법(OLS)이라 한다.

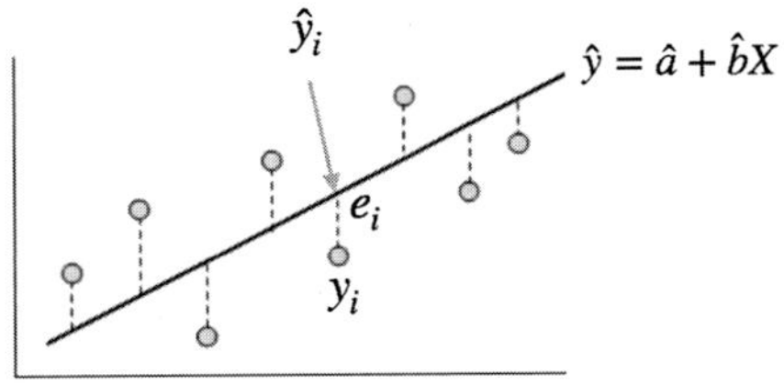


$$\min_{(a,b)}\sum_{i}^{n} e_i^2 = \min_{(a,b)}\sum_{i}^{n}(y_i - a - bx_i)^2$$

$Q(a,b) = \sum_{i=1}^{n}(y_i - a - bx_i)^2$을 최소화 하는 $a$, $b$를 찾는 것은 $Q(a,b)$ 함수를 $a$, $b$에 대하여 편미분 하여 구하게 된다. 아래 식을 정규 방정식이라 한다.

$$\frac{\partial Q(a,b)}{\partial a} = 2\sum_{i=1}^{n}(y_i - a - bx_i)(-1) = 0 \quad \cdots (1)$$

$$\frac{\partial Q(a,b)}{\partial b} = 2\sum_{i=1}^{n}(y_i - a - bx_i)(-x_i) = 0 \quad \cdots (2)$$

정규방정식의 해를 구하면 $\hat{a} = \overline{y} - \hat{b}\overline{x}$, $\hat{b} = \dfrac{\sum_{i=1}^{n}(x_i - \overline{x})(y_i - \overline{y})}{\sum_{i=1}^{n}(x_i - \overline{x})^2}$이다.

## 2.8.7 파이썬 이용하기

### (1) 원함수 미분함수 그리기

원함수 $y = f(x) = x^4 + 3(x-2)^3 - 15x^2 + 1,\ -8 < x < 5$

1차미분함수 $y' = f'(x) = 4x^3 + 9(x-2)^2 - 30x^2$

```
import numpy as np
import matplotlib.pyplot as plt
def y(x):
    return x**4+3*(x-2)**3-15*x**2+1 #원함수
def yp(x):
    return 4*x**3+9*(x-2)**2-30*x #1차 미분함수
x=np.linspace(-8,5,100)
fig,(ax1, ax2)=plt.subplots(2,sharex=True)
ax1.plot(x,y(x))
ax2.plot(x,yp(x))
plt.axhline(0,color='r',linestyle='dashed')
plt.grid()
plt.show()
```

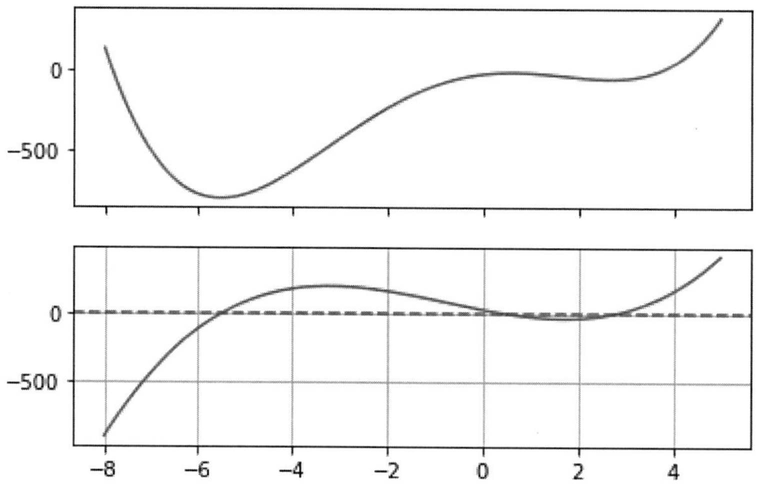


(2) 미분함수 구하기

미분방법을 알지 못하는 경우 다음 코드를 이용하여 1차 미분함수를 구하면 된다.

```
from sympy import *
import numpy as np
x=Symbol('x')
y=x**4+3*(x-2)**3-15*x**2+1
y.diff(x)
```

```
4*x**3 - 30*x + 9*(x - 2)**2
```

(3) 최대, 최소를 갖는 $x$ 값 구하기

1차 미분 함수의 해를 구한다. $f'(x)=0$ 1차 미분함수 그래프를 보면 해를 갖는 값이 -6, 0, 3 근처이므로 다음 코드에 의해 Newton 방법으로 해를 구할 수 있다.

```
from scipy.optimize import newton
newton(yp,-6),newton(yp,0),newton(yp,3)
```

$(-5.53,\ 0.61,\ 2.67)$에서 함수는 최소, 최대, 최소를 갖는다.

Newton 방법을 사용하면 초기 근사 해를 지정해야 하며 존재하는 해의 개수만큼 설정해야 하므로 번거롭다. 다음 solve()함수를 이용하면 편리하다. N()은 해를 실수 형식으로 출력하는 함수이다.

```
from sympy import symbols, Eq, solve
x=symbols('x')
N(solve(yp(x),x)[0]),N(solve(yp(x),x)[1]),N(solve(yp(x),x)[2])
```

```
(0.609937178357087 + 0.e-22*I,
 2.6688639462139 - 0.e-22*I,
 -5.52880112457098 + 0.e-22*I)
```

(4) 함수의 최댓값, 최솟값 구하자.

```
y(0.61),y(2.67),y(-5.53)
```

```
(-12.499898590000003, -54.20999579000001, -803.39538619)
```

local 최솟값: $x=-5.53$에서 $y=-803.4$

local 최댓값: $x=0.61$에서 $y=-12.5$

local 최솟값: $x=2.67$에서 $y=-54.2$

# 2.9 적분

## 2.9.1 개요

(1) 고대 수학자들의 면적 구하기

Archimedes는 곡선의 면적을 이미 알려진 다각형, 삼각형의 면적으로 근사 시켜 구하는 방법을 생각하였다. 이것이 면적에 대한 현재 정의의 근간이 된다.

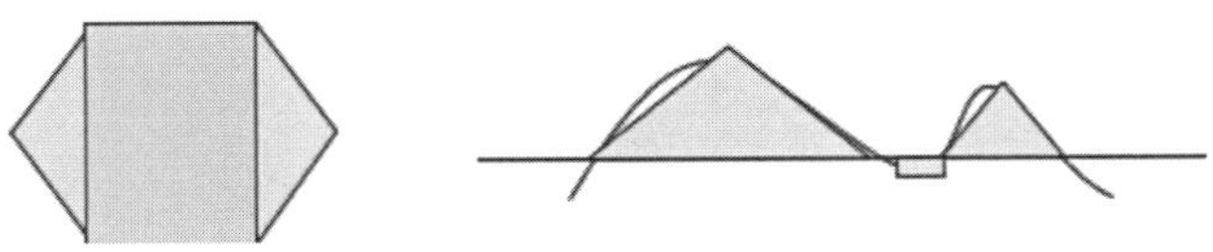

(2) 통계학 활용

통계학에 있어서 적분이 이용되는 곳은 확률 계산이다.

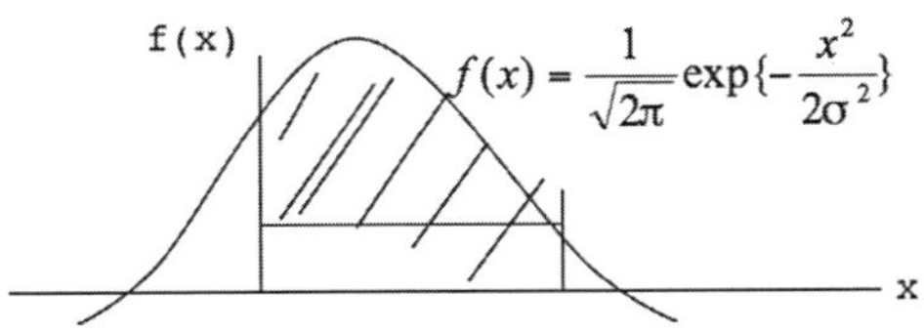

### 2.9.2 부정적분

만약 함수 $f(x)$의 모든 정의역($x$의 범위)에서 $F'(x)=f(x)$이라면 함수 $F(x)$는 $f(x)$의 역-미분(anti-derivative), 적분함수라 한다. 이처럼 적분은 미분의 역이다.

그러므로 적분의 결과를 미분하면 원 적분함수가 된다.

(1) 정의

만약 함수 $f(x)$가 미분 가능하다면, 함수 $f(x)$의 모든 역-미분 함수를 함수 $f(x)$에 대한 부정 적분(indefinite integral with respect to $x$)라 정의한다.

기호: $\int f(x)dx$ - $\int$(integral)은 적분 기호이며, $dx$의 의미는 함수 $f(x)$를 $x$에 대해 적분한다는 것임

(2) 규칙: ($a$, $k$)는 상수

- $\int f(x)dx = F(x)+c$
- $\int kf(x)dx = k\int f(x)dx$
- $\int [f(x)\pm g(x)]dx = \int f(x)dx \pm \int g(x)dx$
- $\int x^n dx = \frac{1}{n+1}x^{n+1}+c$ (역미분 개념) 단, $n=-1$이면 $\ln(x)$
- $\int a^x dx = \frac{1}{\ln(a)}a^x + c$: special cases $\int e^x dx = e^x + c$

**예제** 함수 $f(x)=x^3-4\sqrt{x}$ 부정적분 하시오.

$$\int f(x) = \int x^3 - 4x^{\frac{1}{2}} = \frac{1}{4}x^4 - \frac{8}{3}x^{\frac{3}{2}} + c$$

```
from sympy import *
x=Symbol('x')
integrate(x**3 - 4*sqrt(x), x)
```

```
-8*x**(3/2)/3 + x**4/4
```

**연습** 다음 함수의 부정적분을 구하시오.

(1) $f(x)=6x^{-2}+\sqrt{x}-2$ (2) $f(x)=x^{-2/3}$ (3) $f(x)=2-\dfrac{5}{x^2}$

**해답** (1) $F(x)=-2x+(2/3)x^{3/2}-\dfrac{6}{x}$

(2) $F(x)=3x^{1/3}$

(3) $F(x)=2x+\dfrac{5}{x}$

### 2.9.3 정적분

정적분은(면적) 부정 적분(역-미분 함수)과는 다른 접근 방법이다. 그러나 이 두 개념은 17세기 경에 Newton-Leibniz에 의해 서로 연결되었고 이를 적분(integral)이라 하였다.

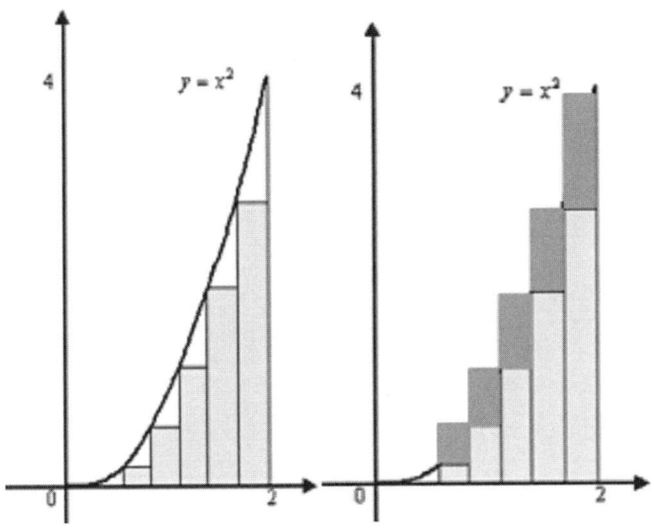


함수$f(x)=x^2$의 (0, 2) 구간 아래 면적은 어떻게 구할까? 구간(0, 2)를 여러 구간으로 나눈 후 얻은 직사각형의 면적의 합을 함수의 면적으로 생각할 수 있다. 이를 정적분이라 한다. 위의 그림에서 정적분(실제 면적)은 왼쪽보다는 크고 오른쪽 보다는 적을 것이다.

### 2.9.4 정적분과 부정적분 관계

Newton-Leibniz은 $\int_b^a f(x) = F(b) - F(a)$ 임을 보였다.

(1) 정적분 $\int_b^a f(x) = F(b) - F(a)$ 구할 때 다음 절차를 따른다.

- 적분 구간$(a,\ b)$를 $f(x)$가 양과 음인 구간으로 나뉜다.
- 함수 $f(x)$의 부정적분 $F(x)$을 구한다.
- 각 서브구간에서 $F(b) - F(a)$식에 의해 정적분을 구한다.
- 정적분값이 음인 경우에는 $+$로 바꾸어 서브구간의 면적을 합친다.
- 통계학 확률밀도함수는 항상 양이므로 음인 구간이 없어 그냥 정적분을 구하면 된다.

**예제** 함수 $f(x) = x^3 - 4x,\ -2 \le x \le 2$정적분을 구하시오. 면적 $A + B$

A 면적: $\int_{-2}^{0} (x^3 - 4x)dx$

B 면적: $\int_{0}^{2} (x^3 - 4x)dx$

부정적분: $F(x) = \frac{1}{4}x^4 - 2x^2 + c$

A 면적: $F(0) - F(-2) = 0 - (-4) = 4$

B 면적: $F(2) - F(0) = -4 - 0 = -4$,

함수가 음이므로 면적은 4가 된다.

그러므로 총면적은 8이다.

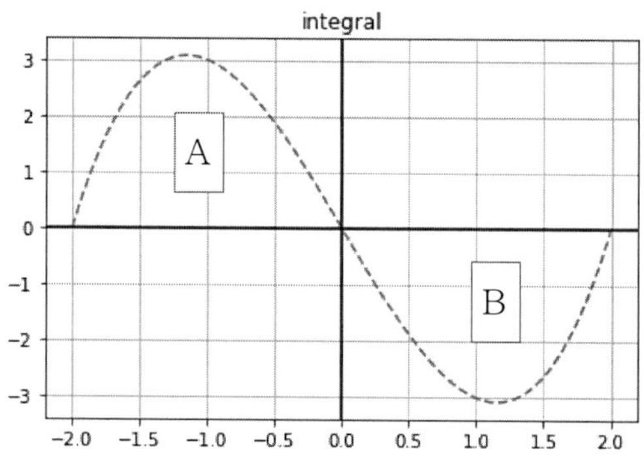


(2) 정적분 규칙

상수 $(a,\ b,\ c, k)$는 실수이다.

1) $\int_a^a f(x)dx$: 한 점에서 정적분 값은 0 $\Leftrightarrow$ 연속확률변수의 한 값의 확률은 0이다.

2) $\int_a^b f(x)dx = -\int_b^a f(x)dx$: 적분 구간 순서를 바꾸면 음이 붙는다.

3) $\int_a^b kf(x)dx = k\int_a^b f(x)dx$: 곱의 상수는 적분 구간 밖으로 나올 수 있다.

4) $\int_a^b f(x) \pm g(x)dx = \int_a^b f(x)dx \pm \int_a^b g(x)dx$: 함수 합의 적분은 각각 함수를 적분 한 후 합하면 된다.

5) 만약 $f(x) \geqq g(x)$이면 $\int_a^b f(x)dx \geqq \int_a^b g(x)dx$: dominant rule

6) 만약 $f(x) \geqq 0$, $a \leqq b$이면 $\int_a^b f(x)dx \geqq 0$: 통계학의 모든 확률분포함수는 0보다 크므로 확률은 0보다 크다(확률의 공리).

7) 만약 $a \leqq b \leqq c$이면, $\int_a^c f(x)dx = \int_a^b f(x)dx + \int_b^c f(x)dx$

8) $\int_a^b kdx = k(b-a)$: 상수의 적분

### 2.9.5 치환적분

(1) 개념

치환적분(Integral by Substitution)은 미분의 연쇄법칙(chain rule)의 역개념이다.

$[f(x)^n]' = n(f(x))^{n-1}f'(x)$ - 바깥 미분 후 안쪽 함수 미분

함수 $\sqrt{2x^2-1}$을 연쇄법칙에 의해 미분해 보자.

$$[\sqrt{2x^2-1}]' = [(2x^2-1)^{\frac{1}{2}}]' = \frac{1}{2}(2x^2-1)^{-\frac{1}{2}}(4x) = \frac{2x}{\sqrt{2x^2-1}}$$

(2) 법칙

$$\int f(g(x))g'(x)dx = F(g(x)) + c$$

[증명] $u = g(x)$의 양변을 미분하면 $du = g'(x)dx$이므로 $\int f(u)du = F(u) + c$이다.

**예제** $\int_0^1 \sqrt{1-x^2}\, 2x\, dx$ 구하시오.

$u=1-x^2$이라 하면 $du=-2xdx$이다.

$$\int_0^1 \sqrt{1-x^2}\, 2x\, dx = -\int_0^1 \sqrt{u}\, du = -\frac{2}{3}u^{\frac{3}{2}} = -\frac{2}{3}(1-x^2)^{\frac{3}{2}}]_0^1 = 0-(-\frac{2}{3}) = \frac{2}{3}$$

[부정적분 이용하기]

```
from sympy import *
x=Symbol('x')
integrate(sqrt(1-x**2)*2*x, x)
```

```
2*x**2*sqrt(-x**2 + 1)/3 - 2*sqrt(-x**2 + 1)/3
```

출력결과를 복사하여 코드 창에 붙어 넣기를 하면 된다. 물론 위의 결과를 함수로 설정하여 실행하면 편리하다.

```
x=1
u=2*x**2*sqrt(-x**2 + 1)/3 - 2*sqrt(-x**2 + 1)/3
x=0
l=2*x**2*sqrt(-x**2 + 1)/3 - 2*sqrt(-x**2 + 1)/3
u-l
```

```
-2/3
```

파이썬 적분은 다음 코드를 이용하면 된다. 결과의 첫 번째는 적분값이며 두 번째는 오차 값이다. 오차는 $10^{-8}$이하로 근사 해를 구하는 것이 디폴트이다.

```
from scipy.integrate import quad
def integrand(x):
    return sqrt(1-x**2)*2*x
quad(integrand,0, 1)
```

```
(0.6666666666666652, 8.804026396802556e-10)
```

(3) 직감적 방법

- 지수(제곱근) 안의 함수(1)의 미분이 밖의 함수(2)의 형태를 만들 수 있다면…
- 지수 형태의 함수, $\sqrt{1-x^2}$에 (승수+1)의 함수 $(1-x^2)^{3/2}$를 기본으로 연쇄법칙으로 미분하자.
- $[(1-x^2)^{\frac{3}{2}}]' = \frac{3}{2}(1-x^2)^{\frac{1}{2}}2x$와 적분함수와 비교하여 상수를 조정한다.
- 차이가 있다면 상수 $-3/2$이 없어야 하므로 $(1-x^2)^{3/2}$에 $-2/3$를 곱하면 최종 부정적분을 얻을 수 있다.

$\underbrace{\sqrt{1-x^2}}_{(1)}\cdot\underbrace{2x}_{(2)}$

$(1-x^2)^{\frac{1}{2}+1}=(1-x^2)^{\frac{3}{2}}]^1$

$=\frac{3}{2}(1-x^2)^{\frac{1}{2}}-2x$

$\Rightarrow -\frac{3}{2}\sqrt{1-x^2}$

```
import numpy as np
import matplotlib.pyplot as plt
from matplotlib.patches import Polygon
def func(x):
return np.sqrt(1-x**2)*2*x
a, b = 0.2,0.5 # 적분 영역
x = np.linspace(0,1,100)
y = func(x)
fig, ax = plt.subplots()
ax.plot(x, y)
ax.set_ylim(bottom=0)
# 적분 영역 그리기
ix = np.linspace(a, b)
iy = func(ix)
verts = [(a, 0), *zip(ix, iy), (b, 0)]
poly = Polygon(verts, facecolor='0.9', edgecolor='0.5')
ax.add_patch(poly)
plt.title('$₩int_a^b ₩sqrt{1-x^2}2x ₩mathrm{d}x$')
plt.show()
```

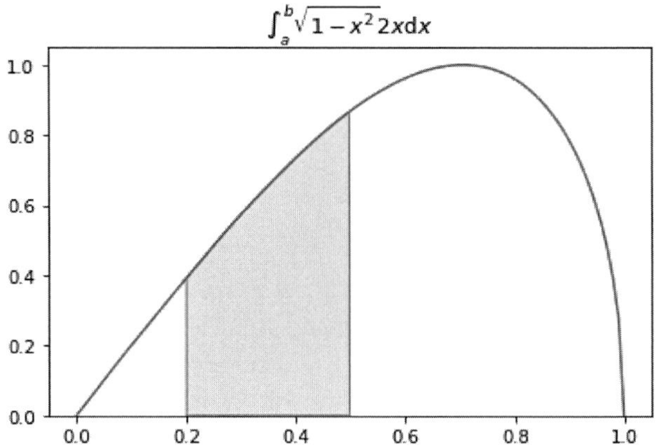


**연습**

(1) $\int_0^1 8x(x^2+1)^{1/3}dx$ (2) $\int_0^2 \frac{1}{\sqrt{5x}}dx$

(3) $\int_0^{\sqrt{2}} \frac{4x}{\sqrt{x^2+1}}dx$ (4) $\int_0^{\infty} x e^{-x^2} dx$ (5) $\int_0^2 \frac{2^{\ln(x)}}{x}dx$

(6) 함수 $f(x)$가 연속일 때 $\int_0^1 f(x)dx = \int_1^0 f(1-x)dx$ 임을 보이시오.

(7) $\int_0^{\infty} f(x)dx = 1$일 때 다음의 경우 $\int_{-\infty}^{\infty} f(x)dx$을 구하시오.

1) $f(x)$가 우함수(even function)

2) $f(x)$가 기함수(odd function)

**해답** (1) 4.56 (2) 0.57

(3) 2.93 (4) 0.5 (5) 2.33

(6) $y = 1-x$라 하면 $dy = -dx$이므로

$$\int_1^0 f(1-x)dx = \int_0^1 f(y)(-dy) = -\int_0^1 f(y)(dy) = -1\text{이다.}$$

(7) 1) 우함수는 $f(-x) = f(x)$이므로 2, 2)기함수는 $f(-x) = -f(x)$이므로 0

## 2.9.6 부분적분

(1) 개념

$x$의 함수 $u$, $v$에 대하여 다음이 성립한다.

$d(uv)=udv+vdu$ 양변을 적분하면 $\int d(uv)=\int udv+\int vdu$이 성립한다.

그러므로 $\int udv=\int d(uv)-\int vdu$이다.

(곱의 함수)를 $(u)*(dv)$ 파트로 나눔 - 최종적으로는 $u$는 미분, $dv$는 적분해야 하므로 함수 $v$는 적분이 용이하거나 함수의 형태가 유지되는 것을 사용하는 것이 적절함, (통계학에서는) $e^x$를 적분하면 그 형태를 가지므로 주로 $dv$ 사용하게 된다.

(언제 사용) 치환적분처럼 두 함수의 곱으로 되어 있으나 한 함수가 다른 함수의 미분으로 되지 않는 경우 사용하게 된다.

---

**예제** $\int_1^2 \ln(x)\,dx$을 구하시오.

$\ln(x)$를 적분? 불가능, 미분은 가능하므로 $u=\ln x$, 그러면 당연히 $dv=dx$

그러므로 $du=\frac{1}{x}$, $v=x$라 설정하면 된다.

$$\int_1^2 \ln(x)\,dx=\ln(x)x]_1^2-\int_1^2 \frac{1}{x}x\,dx=2\ln(2)-\ln(1)+(2-1)=0.38$$

---

파이썬 적분은 다음 코드를 이용하면 된다. 결과의 첫 번째는 적분값

```
from scipy.integrate import quad
def integrand(x):
    return ln(x)
quad(integrand,1,2)
```

```
(0.38629436111989063, 4.288728939981675e-15)
```

---

**예제** $\int_0^\infty xe^{-x}dx$을 구하시오.

$u=x$, $dv=e^{-x}dx$라 놓자. $du=dx$, $\int dv=\int e^{-x}dv=> v=-e^x$

$$\int_0^\infty xe^x dx=-xe^x]_0^\infty-\int_0^\infty -e^{-x}dx=-xe^{-x}]_0^\infty-e^{-x}]_0^\infty=1$$

왜냐하면 $e^{-\infty}\approx 0$, $e^0=1$, $\frac{\infty}{e^\infty}\approx 0$이다.

---

```
from scipy.integrate import quad
import numpy as np
def integrand(x):
    return x*exp(-x)
quad(integrand,0,np.inf)
```

```
(0.9999999999999996, 5.901457851976137e-10)
```

### 2.9.7 표적분 table integral

$\int udv$ 부분적분을 용이하게 한다. 미분함수 $u=f(x)$는 미분하면서 차수가 낮아져 최종적으로 상수가 되어 0이 되는 부분을, 적분함수 $g(x)=dv$는 용이하게 적분할 수 있어야 한다. 미분 파트가 0이 될 때까지 반복한다.

| | 미분 $f(x)$ | | 적분 $g(x)$ | |
|---|---|---|---|---|
| ( | 원함수(a) | * | 1차 적분(1) | ) |
| − ( | 1차 미분(b) | * | 2차 적분(2) | ) |
| + ( | 2차 미분(c) | * | ⋮ | ) |
| | ⋮ | * | | ) |
| ±( | 상수 | * | n차 적분(n) | )= |
| | 0 | | | |

$$\int_a^b f(x)g(x)dx = (a)*(1)-(b)*(2)+\cdots\pm(\text{상수})(n)]_a^b$$

**예제** $\int_0^{INF} xe^{-x}dx$을 표 적분하시오.

$$\int_0^{INF} xe^{-x}dx = -xe^{x}-e^{-x}]_0^{INF}=1$$

미분이 용이한 $f(x)=x$, 적분이 용이한 $g(x)=e^{-x}$ 라 놓자.

| | 미분 $f(x)$ | | 적분 $g(x)$ | |
|---|---|---|---|---|
| ( | $x$ | * | $-e^{-x}$ | ) |
| − ( | 1 | * | $e^{-x}$ | )= |

$\int_1^2 \ln(x)\,dx$의 경우는 미분이 0까지 가지 못하는 경우가 발생한다. 이런 경우 다음과 같이 하면 된다. 미분이 가능한 $f(x)=\ln(x)$라 하면 $g(x)=1$이다. $\ln(x)$ 함수를 미분하는 것이 가능하다.

| | 미분 $f(x)$ | | 적분 $g(x)$ | |
|---|---|---|---|---|
| ( | $\ln(x)$ | * | $x$ | ) |
| $-\int$ | $\frac{1}{x}$ | * | 위의 것 그대로 | )= |

$$\int_1^2 \ln(x)\,dx = \ln(x)x]_1^2 - \int_1^2 x\frac{1}{x}dx = 2\ln(2) - \ln(1) - (2-1)$$

연습 $\int_1^2 x^2\ln(x)dx$을 구하시오.

해답 (1) 1.07

$$\Gamma(1) = \int_0^\infty e^{-x}dx = -e^{-x}]_0^\infty = 1$$

$\Gamma(n) = (n-1)\Gamma(n-1)$은 표적분에 의해 증명할 수 있다.

| 미분 부분 | 적분 부분 |
|---|---|
| $x^{z-1}$ | $e^{-x}$ |
| $(z-1)x^{z-2}$ | $-e^{-x}$ |

$$\Gamma(z) = \int_0^{infx^{z-1}} e^{-x}dx$$

$$= x^{z-1}(-e^{-x})]_0^\infty - \int_0^\infty (z-1)x^{z-2}(-e^{-x})dx$$

$$= 0 + (z-1)\int_0^\infty (z-2)e^{-x}dx$$

이므로 $F(z) = (z-1)\Gamma(z-2)$이다.

연습 $\Gamma(z) = \int_0^\infty x^{z-1}e^{-x}dx$이다.

- $\Gamma(1) = 0$임을 보이시오.

- $n$이 양의 정수일 경우 $\Gamma(n)=(n-1)\Gamma(n-1)$임을 보이시오.
- $n$이 양의 정수일 경우 $\Gamma(n)=(n-1)!$임을 보이시오.

## 2.10 행렬

### 2.10.1 연립방정식

(1) 정의 위키피디아

- 연립 방정식(simultaneous equation) 2개 이상의 미지수를 포함하는 2개 이상의 방정식의 조합을 의미한다.
- 연립 방정식은 일반적으로 대입법과 가감법을 이용해서 특정 문자들을 소거함으로써 식을 간편화해서 해를 구한다.
- 미지수의 개수가 $n$개이고, 최고 차수가 $m$일 때, 그 연립 방정식을 연립 $n$원 $m$차 방정식이라고 한다.

(2) 연립방정식 해 구하기

1) $3x+2y=3$ (한 개의 해 unique) - 가감법(substraction method)
   $x-y=1$

2) $2x+y=3$ (해가 무수히 많음 - 부정 infinite) (조건) $\frac{2}{4}=\frac{1}{2}=\frac{3}{6}$
   $4x+2y=6$

3) $x-y=3$ (해 없음 - 불능 no roots) (조건) $\frac{2}{4}=\frac{1}{2}\neq\frac{3}{7}$
   $2x-2y=7$

2차 연립방정식은 가감법으로 쉽게 구할 수 있으나 3차 이상 고차 방정식의 해는 가감법으로 수작업 하기에는 번거러운 작업이다.

### 2.10.2 행렬

(1) 정의

$$A_{n\times p}=\begin{bmatrix} a_{11} & a_{12} & \cdots & a_{1p} \\ a_{21} & a_{22} & \cdots & a_{2p} \\ \cdots & \cdots & \cdots & \cdots \\ a_{n1} & a_{n2} & \cdots & a_{np} \end{bmatrix} \quad \text{예}: A_{3\times 2}=\begin{bmatrix} 1 & 2 & -1 \\ 0 & 1 & 2 \end{bmatrix},\ B_{2\times 3}=\begin{bmatrix} 1 & -1 \\ 2 & 0 \\ 1 & 2 \end{bmatrix}$$

- 간편식 $\{A_{ij}\}$ - 첨자 $i$는 행, $j$는 열 나타냄
- 행 차수 $n$, 열 차수 $p$인 행렬, 차수$(nXp)$인 행렬 - 기호 대문자 A, B, ...

```
import numpy as np
A=np.array([[1,2,-1], [0,1,2]])
A.shape
```

```
(2, 3)
```

(2) 벡터 vector

- 열의 차수가 1인 행렬을 열 벡터(column vector) 예: $\underline{b}=\begin{bmatrix}1\\2\\1\end{bmatrix}$
- 행의 차수가 1인 행렬을 행 벡터(row vector) 예: $\underline{b}=[1\ 2]$
- 일반적으로 벡터라 함은 열 벡터를 의미하고 소문자와 아래 바를 사용
  - 기호 $\underline{a}$, $\underline{b}$, ⋯

(3) 스칼라 scalar

- 행과 열의 차수 모두가 1인 경우 행렬은 scalar(스칼라)이다.
- 즉 $-2$, $3$ 등의 실수는 행렬에서는 스칼라라 한다. - 기호 $a$, $b$, ⋯

### 2.10.3 특수한 행렬

(1) 정방 행렬 $A_{n\times n}$

- 행과 열의 차수가 동일한 행렬을 정방(square) 행렬이라 한다.
- 예: $A_{2\times 2}=A_2=\begin{bmatrix}1 & 2\\-1 & 1\end{bmatrix}$

(2) 대각 행렬 $D_n$

- 정방행렬 중 대각원소를 제외한 모든 원소가 0인 행렬을 대각(diagonal) 행렬이라 한다. 예: $D_2=\begin{bmatrix}3 & 0\\0 & -1\end{bmatrix}$
- 대각원소의 합을 trace(대각합)이라 한다. $tr(D)=\sum d_{ii}=3+)-1)=2$

(3) 항등 행렬 $I_n$

- 대각행렬 중 대각원소가 모두 1인 경우를 항등(identity) 행렬이라 한다.
- 예: $I_2 = \begin{bmatrix} 1 & 0 \\ 0 & 1 \end{bmatrix}$
- 항등행렬의 trace는 차수 $n$이고 숫자의 1과 같은 역할을 한다.

```
import numpy as np
np.identity(2)
```

```
array([[1., 0.],
       [0., 1.]])
```

## 2.10.4 전치

(1) 정의

- 행렬 $A_{n\times p}$에서 행과 열을 바꾸는 것을 전치라 하고 $A'$(혹은 $A^T$)로 나타내며 차수는 $(p\times n)$이다.
- 예: $A_{3\times 2} = \begin{bmatrix} 1 & 2 & -1 \\ 0 & 1 & 2 \end{bmatrix}$ => $A'_{2\times 3} = \begin{bmatrix} 1 & 0 \\ 2 & 1 \\ -1 & 2 \end{bmatrix}$

```
import numpy as np
A=np.array([[1,2,-1], [0,1,2]])
A.T
```

```
array([[ 1,  0],
       [ 2,  1],
       [-1,  2]])
```

(2) 대칭 행렬

- 원 행렬과 전치 행렬이 동일한 행렬을 대칭(symmetric) 행렬이라 한다.
- 예: $C_{2\times 2} = \begin{bmatrix} 1 & 3 \\ 3 & 1 \end{bmatrix}$ => $C'_{2\times 2} = \begin{bmatrix} 1 & 3 \\ 3 & 1 \end{bmatrix}$ 이므로 행렬 $C$는 대칭 행렬이다.
- 대칭 행렬의 필수 조건은 정방 행렬이어야 한다.
- 항등 행렬은 대칭 행렬이다.
- 행렬 $X_{n\times p}$의 곱 행렬 $X'X$는 대칭행렬이다. (분산을 구하거나 회귀모형의 회귀계수 추정 시 필요한 연산이다.)

## 2.10.5 사칙연산

### (1) 행렬의 합(차) addition/subtraction

- 대응하는 원소의 합/차로 계산된다.
- 행렬의 합(차) 계산이 가능하려면 두 행렬의 차수는 동일해야 한다. 연산 가능(conformable)이라 한다.
- $A_{2\times 3} = \begin{bmatrix} a\ b\ c \\ d\ e\ f \end{bmatrix},\ B_{2\times 3} = \begin{bmatrix} \alpha\ \beta\ \gamma \\ \pi\ \rho\ \omega \end{bmatrix} \Rightarrow A \pm B = \begin{bmatrix} a\pm\alpha\ b\pm\beta\ c\pm\gamma \\ d\pm\pi\ e\pm\rho\ f\pm\omega \end{bmatrix}$

**예제** $A-B$를 구하시오.

$$A = \begin{bmatrix} 1\ 2 \\ 3\ 5 \end{bmatrix},\ B = \begin{bmatrix} 1\ -3 \\ 1\ \ \ 1 \end{bmatrix} \Rightarrow (A-B)_{2\times 3} = \begin{bmatrix} 0\ 5 \\ 2\ 4 \end{bmatrix}$$

```
import numpy as np
A=np.array([[1,2], [3,5]])
B=np.array([[1,-3], [1,1]])
A-B
```

```
array([[0, 5],
       [2, 4]])
```

### (2) 행렬의 곱 multiplication

- 행렬에서 곱의 연산 가능 조건: 앞 행렬(벡터)의 열의 차수와 뒤 행렬 행의 차수가 동일해야 한다.
- 곱의 결과는(앞 행렬의 행 차수)×(뒤 행렬의 열의 차수)인 행렬(벡터, 스칼라)이다.
- 행렬$A$[$i$번째 행]×행렬$B$[$j$번째 열] 대응 곱 = ($AB$)행렬[($i$, $j$) 원소]
- $A_{n\times p} = \{A_{ij}\},\ B_{p\times m} = \{B_{ij}\}$이라 하면 $AB_{n\times m} = \{AB_{ij}\} = \left\{\sum_k^m A_{ik}B_{kj}\right\}$이다.
- 예):

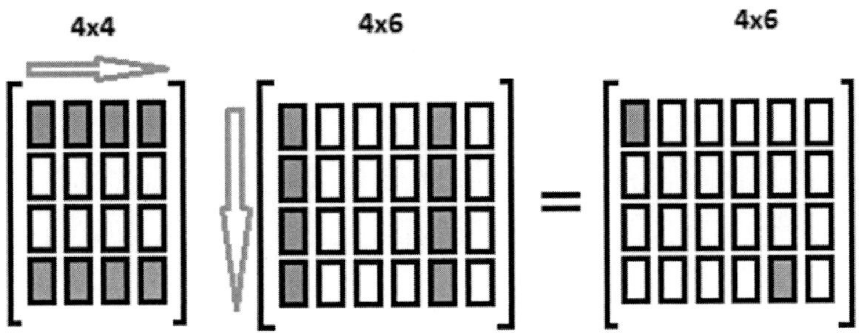

**예제** $AB$을 계산하시오.

$$A=\begin{bmatrix}1&2\\3&5\end{bmatrix},\ B=\begin{bmatrix}1&-3\\1&1\end{bmatrix}\Rightarrow (AB)_{2\times 2}=\begin{bmatrix}3&-1\\8&-4\end{bmatrix}$$

```
import numpy as np
A=np.array([[1,2], [3,5]])
B=np.array([[1,-3], [1,1]])
A@B
```

```
array([[ 3, -1],
       [ 8, -4]])
```

(성질)

- 일반적으로 $AB \neq BA$이다.
- $(AB)' = B'A'$: 곱의 전치는 각각의 전치의 역순 곱이다.
- $A'A$은 대칭행렬이다.

(행 벡터)×(열 벡터)

벡터의 곱은 앞 벡터의 열의 원소와 대응하는 뒤 벡터의 행의 원소의 곱을 더한 값을 적으면 된다. 곱이 가능하기 위해서는 앞 행의 차수와 열의 차수는 같아야 하며 행 벡터(1xp행렬)와 열 벡터(px1행렬) 곱은 scalar($1\times 1$행렬)이다.

$$\underline{c}=\begin{bmatrix}1\\2\\1\end{bmatrix},\ \underline{d}=\begin{bmatrix}1&1&-1\end{bmatrix}\Rightarrow \underline{d}\,\underline{c}=0$$ 결과 값은 스칼라

(열 벡터)×(행 벡터)

열 벡터 열 원소와 행 벡터의 행 원소의 곱을(앞의 열 벡터 원소 위치) 행, (뒤의 행 벡터 원수 위치) 열로 하여 행렬을 만든다. 앞의 열 벡터와 차수와 뒤 열 벡터 차수는 같을 필요가 없다. 결과는(nxp) 행렬이다.

$$\underline{c}=\begin{bmatrix}1\\2\\1\end{bmatrix},\ \underline{d}=\begin{bmatrix}1&1&-1\end{bmatrix}\Rightarrow \underline{c}\,\underline{d}=\begin{bmatrix}1&1&-1\\2&2&-2\\1&1&-1\end{bmatrix}$$ 결과 값은 $3\times 3$ 행렬

### (3) 행렬식 Determinant

행렬식은 정방행렬에서만 계산되며 결과는 스칼라이다. 기호는 $|A|$ 혹은 $\det(A)$으로 표현한다. 다음은 행렬식 계산 방법이다.

(2×2 행렬)

$\det(\begin{bmatrix} a & b \\ c & d \end{bmatrix}) = ad - bc$ ㉠: $\det(\begin{bmatrix} 8 & 3 \\ 2 & 1 \end{bmatrix}) = 8 - 6 = 2$

```
import numpy as np
A=np.matrix([[8,3], [2,1]])
np.linalg.det(A)
```

```
1.9999999999999998
```

(3×3 행렬)

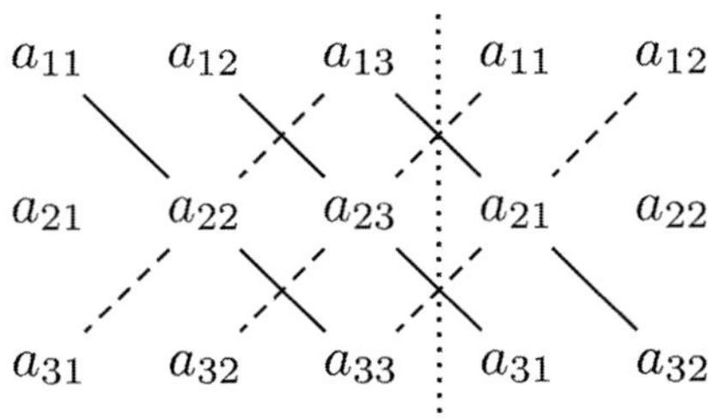

㉠: $\det(\begin{bmatrix} 1 & 3 & 0 \\ -1 & 1 & 1 \\ 1 & 0 & 1 \end{bmatrix}) = 1 + 3 + 0 - (0 + 0 - 3) = 7$

```
import numpy as np
A=np.array([[1,3,0], [-1,1,1],[1,0,1]])
np.linalg.det(A)
```

```
6.999999999999999
```

### (4) 소행렬

- 고차 행렬의 행렬식을 구하기 위한 개념이다.
- 지정한 원소의 행과 열을 제외한 행렬을 소행렬(Minor)라 한다.

㉠: $A = \begin{bmatrix} 1 & 3 & 0 \\ -1 & 1 & 1 \\ 1 & 0 & 1 \end{bmatrix}$ => $M_{23} = \begin{bmatrix} 1 & 3 & * \\ * & * & * \\ 1 & 0 & * \end{bmatrix} = \begin{bmatrix} 1 & 3 \\ 1 & 0 \end{bmatrix}$

- 소인자에 의한 행렬식을 계산하는 식은 다음과 같다.

$$|A| = \sum_{i=1}^{n} a_{ij}(-1)^{i+j}|M_{ij}| = \sum_{j=1}^{n} a_{ij}(-1)^{i+j}|M_{ij}|$$

예: $\det\left(\begin{bmatrix} 1 & 3 & 0 \\ -1 & 1 & 1 \\ 1 & 0 & 1 \end{bmatrix}\right) = 1(-1)^{1+1}\det\left(\begin{bmatrix} 1 & 1 \\ 0 & 1 \end{bmatrix}\right) + 3(-1)^{1+2}\det\left(\begin{bmatrix} -1 & 1 \\ 1 & 1 \end{bmatrix}\right) + \cdots$

$+ 1*(-1)^{3+3}\det\left(\begin{bmatrix} 1 & 3 \\ -1 & 1 \end{bmatrix}\right)$

- $C_{ij} = (-1)^{i+j}M_{ij}$을 여인자(cofactor)라 정의한다.

### (5) 행렬식 성질

- 전치 행렬의 행렬식은 원 행렬의 행렬식과 동일하다. $|A'| = |A|$
- 곱 행렬의 행렬식은 각각의 행렬식의 곱이다. $|AB| = |A||B|$
- 그러므로 다음이 성립한다. $|AB| = |BA|$
- 행렬 $A$의 두 행(혹은 열)이 같으면 행렬식은 0, $|A| = 0$이다.
- 한 행(열)의 상수를 곱하여 다른 행에 더해도 행렬식 값은 변하지 않는다.
- 한 행(열)을 다른 행들의 선형 결합으로 표현할 수 있으면 행렬식은 0이다.

### (6) 역행렬

- $AB = I$ 만족하는 행렬 B를 행렬 A의 역행렬이라 하고 $A^{-1}$로 표기한다.
- 역행렬은 사칙연산의 역수에 해당된다. 상수 $c$의 역수는 $\frac{1}{c}$이고 원래 수와 역수의 곱은 $c \times \frac{1}{c} = 1$
- 여인자, $C_{ij} = (-1)^{i+j}M_{ij}$을 활용하여 역행렬을 구하는 식은 다음과 같다.

$$A^{-1} = \frac{1}{\det(A)}\begin{bmatrix} C_{11} & C_{21} & \cdots & C_{n1} \\ C_{12} & C_{22} & \cdots & C_{n2} \\ & \cdots & \cdots & \\ C_{1n} & C_{2n} & \cdots & C_{nn} \end{bmatrix}$$

**예제** $A = \begin{bmatrix} 1 & 3 & 0 \\ -1 & 1 & 1 \\ 1 & 0 & 1 \end{bmatrix}$의 역행렬을 구하시오.

```
import numpy as np
A=np.array([[1,3,0], [-1,1,1],[1,0,1]])
A_inv=np.linalg.inv(A)
A_inv
```

```
array([[ 0.14285714, -0.42857143,  0.42857143],
       [ 0.28571429,  0.14285714, -0.14285714],
       [-0.14285714,  0.42857143,  0.57142857]])
```

원 행렬과 역행렬의 곱은 항등행렬이다. 대각원소는 모두 1이고 나머지는 $10^{-17}$으로 0에 근사한 값이다.

```
A*A_inv
```

```
matrix([[ 1.00000000e+00,  0.00000000e+00,  0.00000000e+00],
        [-5.55111512e-17,  1.00000000e+00,  0.00000000e+00],
        [ 5.55111512e-17,  0.00000000e+00,  1.00000000e+00]])
```

### (7) 행렬식 성질

- 역행렬은 유일하다.
- 역행렬의 행렬식은 원 행렬의 행렬식의 역수이다. $|A^{-1}| = \frac{1}{|A|}$
- 역행렬의 역행렬은 원 행렬이다. $(A^{-1})^{-1} = A$
- 전치행렬의 역행렬은 역행렬의 전치와 동일하다. $(A^{-1})' = (A')^{-1}$
- 곱 행렬의 역행렬: $(AB)^{-1} = B^{-1}A^{-1}$

### (8) 계수

- **정의** 행렬에서 선형 독립인 행의 개수와 열의 개수 중 최솟값을, $rank(A_{m \times n}) \leq \min(n, m)$ 행렬의 계수(rank)라 한다.
- 정의(full rank): 정방행렬, $A_{n \times n}$에서 선형 독립인 행(열)의 개수가 행렬의 차수 $n$와 같다면 이 행렬을 full rank 행렬이라 한다. 즉 $rank(A_{n \times n}) = n$이면 full-rank이다.
- 정의(LIN: linearly independent vector): $a_1\underline{x}_1 + a_2\underline{x}_2 + ... + a_n\underline{x}_n = \underline{0}$가 성립하려면

모든 $a_i = 0$ 일 때만 만족한다면 열벡터$(\underline{x}_1, \underline{x}_1, \ldots, \underline{x}_n)$은 선형 독립(linearly independent) 벡터라 정의한다.

만약 0이 아닌 $a_i$에 대해서 $a_1\underline{x}_1 + a_2\underline{x}_2 + \ldots + a_n\underline{x}_n = \underline{0}$ 만족한다면 선형종속(linearly dependent)인 벡터라 정의한다. 선형 종속인 벡터들은 하나의 벡터가 다른 벡터들의 선형 결합으로 표시할 수 있다는 것을 의미하므로 full rank가 아니다.

다음은 동일한 내용이다.

| | |
|---|---|
| • 행렬 $A_{n\times n}$의 역행렬이 존재한다. | • 행렬 $A_{n\times n}$의 역행렬이 존재하지 않는다. |
| • 행렬 $A$은 full rank이다. $rank(A) = n$ | • 행렬 $A$은 full rank 아니다. $rank(A) < n$ |
| • 행렬 $A$은 non-singular이다. | • 행렬 $A$은 singular이다. |
| • 행렬식은 0이 아니다. $\lvert A\rvert \neq 0$ | • 행렬식은 0이다. $\lvert A \rvert = 0$ |
| • $A\underline{x} = \underline{b}$ 해가 존재한다. | • $A\underline{x} = \underline{b}$ 해가 존재하지 않는다. |

**예제** $M = \begin{bmatrix} 1 & -1 & 0 \\ 2 & 0 & 2 \\ 1 & 2 & 3 \end{bmatrix}$의 계수를 구하시오.

$rank(M) = 2$이다. 왜? 첫째 열과 둘째 열의 합은 3번째 열이다. 그러므로 3번째 열은 종속되어 있음 ⇒ 역행렬 $M^{-1}$은 존재하지 않으며 행렬 $M$은 singular이다.

```
import numpy as np
M=np.matrix([[1,-1,0], [2,0,2],[1,2,3]])
np.linalg.matrix_rank(M)
```

↳ 2

## 2.10.6 행렬 활용

(1) 연립방정식 풀이

연립방정식 $\begin{aligned} 2x - 2y - z &= 5 \\ x + y - 2z &= 1 \\ x \quad - z &= 4 \end{aligned}$ 구하시오.

• 행렬식으로 표현한다. $\begin{bmatrix} 2 & -2 & -1 \\ 1 & 1 & -2 \\ 1 & 0 & -1 \end{bmatrix}\begin{bmatrix} x \\ y \\ z \end{bmatrix} = \begin{bmatrix} 5 \\ 1 \\ 4 \end{bmatrix}$

- 역행렬을 이용하여 $\underline{x}$의 해를 구한다. $\begin{bmatrix} x \\ y \\ z \end{bmatrix} = \begin{bmatrix} 2 & -2 & -1 \\ 1 & 1 & -2 \\ 1 & 0 & -1 \end{bmatrix}^{-1} \begin{bmatrix} 5 \\ 1 \\ 4 \end{bmatrix}$

```
import numpy as np
A=np.array([[2,-2,-1], [1,1,-2],[1,0,-1]])
b=np.array([[5],[1],[4]])
np.linalg.inv(A)@b
```

```
array([[13.],
       [ 6.],
       [ 9.]])
```

(2) 확률변수(데이터)의 기대값

확률변수 $x$의 $n$개 관측치 벡터를 $\underline{x} = \begin{bmatrix} x_1 \\ x_2 \\ \vdots \\ x_n \end{bmatrix}$라 하자.

- $\sum_{i=1}^{n} x_i$, 합: $\sum x_i = \underline{1}' \underline{x} = [1 \ 1 \ \cdots \ 1] \begin{bmatrix} x_1 \\ x_2 \\ \vdots \\ x_n \end{bmatrix}$, $\underline{1} = \begin{bmatrix} 1 \\ 1 \\ \vdots \\ 1 \end{bmatrix}$ 1 벡터
- 평균: $\overline{x} = \frac{\sum x_i}{n} = (\underline{1}' \underline{x})/n$
- 제곱합: $\sum x_i^2 = \underline{x}' \underline{x}$
- 변동제곱합: $\sum (x_i - \overline{x})^2 = \sum x_i^2 - n\overline{x}^2$
- 표본분산: $\sum (x_i - \overline{x})^2 / (n-1) = \sum (x_i^2 - n\overline{x}^2)/(n-1)$

**예제** 아래 사이트에서 Iris 분꽃 데이터를 가져와 Sepal.Length 꽃받침 길이의 합, 평균, 제곱합, 분산을 행렬로 계산하시오.

https://vincentarelbundock.github.io/Rdatasets/csv/datasets/iris.csv

Pandas 모듈을 이용하여 데이터를 불러와 데이터 정보를 출력한다.

```
import pandas as pd
iris=pd.read_csv('https://vincentarelbundock.github.io/Rdatasets/csv/datasets/iris.csv')
iris.info()
```

붓꽃 데이터 개수 $n=150$, 변수는 6개가 있고 6번째 데이터는 품종을 나타내는 문자형이고 2~5번째 붓꽃(꽃잎, 꽃받침) 관련 측정 변수는 실수, 첫 번째 변수는 붓꽃 아이디 변수는 정수이다.

```
<class 'pandas.core.frame.DataFrame'>
RangeIndex: 150 entries, 0 to 149
Data columns (total 6 columns):
 #   Column        Non-Null Count  Dtype
---  ------        --------------  -----
 0   Unnamed: 0    150 non-null    int64
 1   Sepal.Length  150 non-null    float64
 2   Sepal.Width   150 non-null    float64
 3   Petal.Length  150 non-null    float64
 4   Petal.Width   150 non-null    float64
 5   Species       150 non-null    object
```

```
sum(iris['Sepal.Length']),iris['Sepal.Length'].mean()
```

```
(876.5000000000002, 5.843333333333335)
```

```
sum(iris['Sepal.Length']**2),iris['Sepal.Length'].var()
```

```
(5223.849999999998, 0.6856935123042505)
```

데이터프레임(시리즈, 1개 열만 있는 경우)을 np.matrix() 함수를 이용하여 행렬로 만든다.

*.T로 열벡터로 만들어 차수를 확인하면 $150\times1$ 벡터가 된다.

```
import numpy as np
x=np.array(iris['Sepal.Length'])
x.shape
```

```
(150,)
```

x.shape[0]는 벡터 $\underline{x}$의 행의 차수, 즉 데이터 크기를 얻는 함수이다. 그리고 np.one()은 1(행)벡터를 얻는 함수이다.

```
n=x.shape[0]
np.ones(n).T@x, (np.ones(n)@x)/n
```

```
(876.5000000000001, 5.843333333333334)
```

```
x.T@x, (x.T@x - n*((np.ones(n)@x)/n)**2)/(n-1)
```

```
(5223.85, 0.6856935123042488)
```

(3) 확률변수 벡터 $\underline{x}=\begin{bmatrix} x_1 \\ x_2 \\ \vdots \\ x_p \end{bmatrix}$

- 데이터 벡터와 다른 점은 $x_1, x_2, ..., x_p$는 확률변수이다.
- 각 확률변수 $x_i$의 평균과 분산을 각각 $\mu_i$, $\sigma_i^2$라 하고 $(x_i,\ x_j)$의 공분산을 $\sigma_{ij}^2$라 하자.
- 평균 벡터: $\underline{\mu}= E(\underline{x}) = \begin{bmatrix} \mu_1 \\ \mu_2 \\ \vdots \\ \mu_p \end{bmatrix}$
- 공분산 행렬: $\Sigma = V(\underline{x}) = \begin{bmatrix} \sigma_{11}^2\ \sigma_{12}^2 \cdots \sigma_{1p}^2 \\ \sigma_{21}^2\ \sigma_{22}^2 \cdots \sigma_{2p}^2 \\ \cdots \\ \sigma_{p1}^2\ \sigma_{p2}^2 \cdots \sigma_{pp}^2 \end{bmatrix}$
- 상수 열벡터 $\underline{a}=\begin{bmatrix} a_1 \\ a_2 \\ \vdots \\ a_p \end{bmatrix}$: (1) $E(\underline{a}'\underline{x}) = \underline{a}'\underline{\mu}$ (2) $V(\underline{a}'\underline{x}) = \underline{a}\Sigma\underline{a}'$

데이터 행렬: $X_{n\times p} = \begin{bmatrix} x_{11}\ x_{12} \cdots x_{1p} \\ x_{21}\ x_{22} \cdots x_{2p} \\ \cdots \\ x_{n1}\ x_{n2} \cdots x_{np} \end{bmatrix}$, $n=$데이터 크기이고 $p$=확률변수 개수인 경우

- 데이터 평균벡터: $E(X) = 1'X/n$. 단, $\underline{1}=\begin{bmatrix} 1 \\ 1 \\ \vdots \\ 1 \end{bmatrix}$
- 데이터 공분산 행렬: $COV(\underline{x}) = (X- E(X))'(X- E(X))/(n-1)$

**예제** Iris 분꽃 데이터에서 (Sepal.Length, Sepal.Width, Petal.Length, Petal.Width) 평균 벡터와 공분산 행렬을 계산하시오.

```
iris.iloc[:,[1,2,3,4]].mean()
```

```
Sepal.Length    5.843333
Sepal.Width     3.057333
Petal.Length    3.758000
Petal.Width     1.199333
```

```
iris.iloc[:,[1,2,3,4]].cov()
```

| | Sepal.Length | Sepal.Width | Petal.Length | Petal.Width |
|---|---|---|---|---|
| **Sepal.Length** | 0.685694 | -0.042434 | 1.274315 | 0.516271 |
| **Sepal.Width** | -0.042434 | 0.189979 | -0.329656 | -0.121639 |
| **Petal.Length** | 1.274315 | -0.329656 | 3.116278 | 1.295609 |
| **Petal.Width** | 0.516271 | -0.121639 | 1.295609 | 0.581006 |

```
import numpy as np
X=np.array(iris.iloc[:,[1,2,3,4]])
np.ones(X.shape[0])@X/X.shape[0]
```

```
array([5.84333333, 3.05733333, 3.758     , 1.19933333])
```

```
m_vec=np.ones(X.shape[0])@X/X.shape[0]
(X-m_vec).T@(X-m_vec)/(X.shape[0]-1)
```

```
array([[ 0.68569351, -0.042434  ,  1.27431544,  0.51627069],
       [-0.042434  ,  0.18997942, -0.32965638, -0.12163937],
       [ 1.27431544, -0.32965638,  3.11627785,  1.2956094 ],
       [ 0.51627069, -0.12163937,  1.2956094 ,  0.58100626]])
```

## 2.10.7 행렬의 미분

확률변수 벡터 $\underline{x}=\begin{bmatrix} x_1 \\ x_2 \\ \vdots \\ x_p \end{bmatrix}$, 상수 열벡터 $\underline{a}=\begin{bmatrix} a_1 \\ a_2 \\ \vdots \\ a_p \end{bmatrix}$, 상수 행렬 $A_{p\times p}=\begin{bmatrix} a_{11}\, a_{12} \cdots a_{1p} \\ a_{21}\, a_{22} \cdots a_{2p} \\ \cdots \\ a_{p1}\, a_{p2} \quad a_{pp} \end{bmatrix}$

(1) $\dfrac{\partial}{\partial \underline{x}}(\underline{a}'\underline{x}) = \underline{a}$

(2) $\frac{\partial}{\partial \underline{x}}(\underline{x}'\underline{a}) = \underline{a}$

(3) $\frac{\partial}{\partial \underline{x}}(\underline{x}'A\underline{x}) = A\underline{x} + A'\underline{x}$, 만약 A가 대칭행렬인 경우 $\frac{\partial}{\partial \underline{x}}(\underline{x}'A\underline{x}) = 2A\underline{x}$

**활용** 행렬 미분의 활용은 예측모형(선형회귀모형)의 회귀계수 추정에 활용활 수 있다.

목표변수 $Y$, $p$개 예측변수를 $X_1, X_2, \ldots, X_p$, 데이터 크기를 $n$, 그리고 $\underline{y} = \begin{bmatrix} y_1 \\ y_2 \\ \vdots \\ y_n \end{bmatrix}$,

$X = \begin{bmatrix} 1 \ x_{11} \ x_{12} \cdots x_{1p} \\ 1 \ x_{21} \ x_{22} \cdots x_{2p} \\ \cdots \\ 1 \ x_{n1} \ x_{n2} \cdots x_{np} \end{bmatrix}$, $\underline{\beta} = \begin{bmatrix} \alpha \\ \beta_1 \\ \vdots \\ \beta_p \end{bmatrix}$, $\underline{e} = \begin{bmatrix} e_1 \\ e_2 \\ \vdots \\ e_n \end{bmatrix}$ 놓으면 선형회귀모형은 다음과 같다.

모형: $\underline{y} = X\underline{\beta} + \underline{e}$, (가정) $\underline{e} \sim MN(\underline{0}, \sigma^2 I)$

OLS 추정 함수: $Q(\underline{\beta}) = \sum e_i^2 = \underline{e}'\underline{e} = (\underline{y} - X\underline{\beta})'(\underline{y} - X\underline{\beta})$

$$Q(\underline{\beta}) = \underline{y}'\underline{y} - \underline{y}'X\underline{\beta} - \underline{\beta}'X'\underline{y} + \underline{\beta}'X'X\underline{\beta}$$

$$\frac{\partial Q(\underline{\beta})}{\partial \underline{\beta}} = -X'\underline{y} - X'\underline{y} + 2X'X\underline{\beta} = \underline{0} \quad (X'X\text{는 대칭행렬임})$$

그러므로 OLS 추정치: $\hat{\underline{\beta}} = (X'X)^{-1}X'\underline{y}$

**예제** Iris 데이터에서 Sepal.Length를 목표변수, 나머지 (Sepal.Width, Petal.Length, Petal.Width)를 예측변수로 한 회귀모형 추정치를 행렬을 이용하여 계산해 보자.

```
import pandas as pd
iris=pd.read_csv('https://vincentarelbundock.github.io/Rdatasets/csv/datasets/iris.csv')
import statsmodels.api as sm
y=iris['Sepal.Length']
X=sm.add_constant(iris.iloc[:,[2,3,4]])
model=sm.OLS(y,X)
results=model.fit()
results.summary()
```

| | coef | std err | t | P>\|t\| | [0.025 | 0.975] |
|---|---|---|---|---|---|---|
| const | 1.8560 | 0.251 | 7.401 | 0.000 | 1.360 | 2.352 |
| Sepal.Width | 0.6508 | 0.067 | 9.765 | 0.000 | 0.519 | 0.783 |
| Petal.Length | 0.7091 | 0.057 | 12.502 | 0.000 | 0.597 | 0.821 |
| Petal.Width | -0.5565 | 0.128 | -4.363 | 0.000 | -0.809 | -0.304 |

```
import numpy as np
y=np.array(iris['Sepal.Length'])
X=np.array(sm.add_constant(iris.iloc[:,[2,3,4]]))
np.linalg.inv(X.T@X)@X.T@y
```

```
array([ 1.85599749,  0.65083716,  0.70913196, -0.55648266])
```

## 2.10.8 고유값, 고유벡터

(1) 고유값 구하기

- 차수가 $n$인 정방행렬 $A_{n\times n}$의 $|A-\lambda I|$ 행렬식을 계산한다. 이 방정식은 차수가 $n$인 $\lambda$의 다항방정식이다. $f(\lambda)=a_1\lambda^n+a_2\lambda^{n-1}+\cdots$
- $f(\lambda)=a_1\lambda^n+a_2\lambda^{n-1}+\cdots=0$ 특성방정식(characteristic equation)를 만족하는 $\lambda_1$, $\lambda_2$, $\cdots$ $\lambda_n$($n$개 존재) 고유치(eigen value, characteristic value, latent value)라 한다.
- 이렇게 구한 $\lambda_i$는 $A-\lambda I$ 행렬을 singular로 만든다.

(2) 고유벡터 구하기

- 각 $\lambda_i$에 대하여 $(A-\lambda I)\underline{x}=\underline{0}$을 구하면 이를 고유벡터라 한다.
- [단점] $A-\lambda I$ 행렬을 singular이므로 고유벡터 $\underline{x}$는 무수히 많이 존재한다.
- [장점] 이 성질 때문에 요인 분석에서 요인 회전이 가능하다.
- 활용 시 $\underline{x'x}=1$을 만적하는 정규(Norm) 고유벡터를 사용한다. $\underline{e_i}$ - 정규 고유벡터 기호

(3) 성질

- 이차형식($Q(\underline{x})=\underline{x}'A\underline{x}$)이 양 정부호 행렬인 경우(공분산 행렬) $rank(A)$ 개의 양의 고유치를 가진다.

- 행렬 대각합은 고유값 합과 같다. $trace(A)=\sum\lambda_i$
- 고유치의 합은 행렬 A의 대각원소의 합니다. $trace(A)=\sum\lambda_i$
- 고유벡터는 서로 독립이다. ⇒ 좌표를 독립(상호 독립, 직교) 공간에 표현한다.

**예제** Iris 분꽃 데이터에서 (Sepal.Length, Sepal.Width, Petal.Length, Petal.Width) 평균 벡터와 공분산 행렬의 고유값, 고유벡터를 계산하시오.

```
import numpy as np
X=np.array(iris.iloc[:,[1,2,3,4]])
m_vec=np.ones(X.shape[0])@X/X.shape[0]
cov=(X-m_vec).T@(X-m_vec)/(X.shape[0]-1)
np.linalg.eig(cov)
```

```
(array([4.22824171, 0.24267075, 0.0782095 , 0.02383509]),
 array([[ 0.36138659, -0.65658877, -0.58202985,  0.31548719],
        [-0.08452251, -0.73016143,  0.59791083, -0.3197231 ],
        [ 0.85667061,  0.17337266,  0.07623608, -0.47983899],
        [ 0.3582892 ,  0.07548102,  0.54583143,  0.75365743]]))
```

```
eig_val,eig_vec=np.linalg.eig(cov)
eig_val
```

```
array([4.22824171, 0.24267075, 0.0782095 , 0.02383509])
```

PART 03

# 확률변수와 분포함수

3.1 확률
3.2 확률변수와 확률분포함수
3.3 이산형 확률변수
3.4 연속형 확률변수
3.5 이변량 확률변수

“

*If you act like you can do something, then it will work.*

*- Steve Jobs*

PART 03

# 확률변수와 분포함수

## 3.1 확률

### 3.1.1 개념

- 확률은 미래에 발생할 사건에 대한 믿음에 대한 측정값이다.
- 확률 개념은 물리, 화학, 사회 과학 등에서 발생하는 관심 현상의 측정값을 불확실성에 의해 예측할 수 없는 경우 사용
- ㉵ 1분간 당신 맥박 수, 다리가 무너지기 전 최대 하중 등
- 이런 상황을 랜덤(random)이라 한다. 랜덤 상황이더라도 이 사건에 대한 상대 빈도(relative frequency) 정보가 있다면 예측이 가능하다.

### 3.1.2 정의

- 확률은 관심 사건이 일어날 가능성(chance or likelihood)을 숫자로 표현한 것
- 확률의 0(일어날 가능성 없음)과 1(항상 일어남) 사이의 값(0%~100%)

### 3.1.3 확률 측정

(1) 상대 빈도

동전을 던지는 경우 {앞 면이 나올 사건}에 관심이 있어 실험을 한다고 하자. 10번을 던지니 6번이 앞 면이었다면 상대빈도는 0.6이다. 계속 100번 던지니 52번이 앞 면이 나왔다면 상대 빈도(relative frequency)는 0.52이다.

1000번을 던지니 515번이 앞면이었다면 상대 빈도는 0.515이다.

관심사건 $A$ 확률: $P(A)=\lim_{n\to\infty}\frac{f}{n}$, $n=$실험 횟수, $f=$사건 $A$가 발생한 횟수

무한히 많은 시행 후에는 관심 사건의 나타날 가능성을 예상-확률은 무한 실험 후에

관심사건의 횟수 동전 던지기 역사

- Count Buffon(1707-1788): 4040번 동전 던지기 실험 앞면 2048회, $P$(앞면)= 0.5069
- Karl Pearson(1900): 24,000 던지기 앞면 12,012, $P$(앞면)= 0.5005
- John Kerrich: 10,000 던지기, 앞면 5067 heads, $P$(앞면)= 0.5067.

상대 빈도 개념의 확률을 정의 ⓔ: 공정 생산 제품의 불량률(확률)에 대한 모형을 위해서는 제품 검사(확률실험)를 통하여 검사 제품 개수 중 불량품의 개수(상대 빈도)를 계산하면 된다.

### (2) Laplace 확률

표본공간의 각 원소들이 일어날 가능성이 같다고(equally likely) 가정하여 확률을 정의하는 것을 Laplace 확률(고전적 정의)이라 한다.

주사위를 던지는 실험에서 짝수가 나올 확률은 $3/6 = 1/2$으로 정의한다. 표본공간의 원소 개수는 6개이고 짝수 사건의 원소는 3개이므로 짝수가 발생할 확률은 0.5이다.

고전적 정의의 가정은 각 원소(주사위 눈금)가 나타날 확률과 동일(1/6)하다는 것이다.

일반적으로 Laplace 확률 정의는 표본공간의 개수가 유한이고 원소 모두를 알고 있을 때 사용하는데 대부분 이 정의에 의해 확률 모형이 정의된다.

### (3) 확률 공리 Axiom

표본공간 $S$인 실험에서 임의의 사건 A에 대해 아래 조건을 만족하는 $P(A)$를 $A$의 확률(probability)이라고 정의하고 이를 확률의 공리(axiom)라 한다.

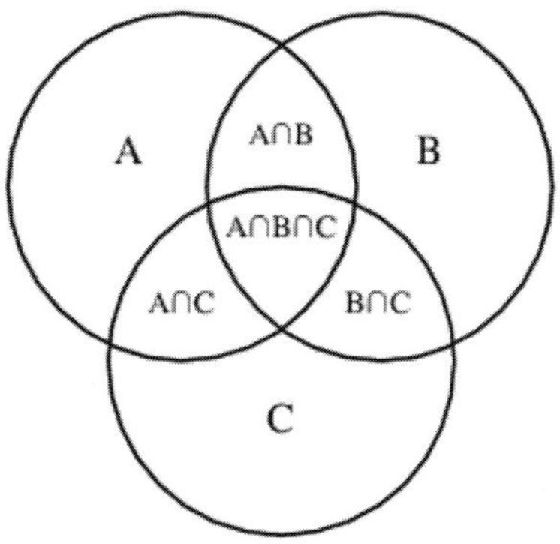


- 공리1: $P(A) \geq 0,\ A \subseteq S$
  모든 사건의 확률 값은 0보다 크거나 같다.
- 공리2: $P(S) = 1$
  표본공간의 확률 값은 1이다.
- 공리3: 만약 사건 $A$, $B$가 상호 배반적 사건이라면($A \cap B = \phi$) 합집합의 확률은 두 사건 확률의 합과 동일하다. $P(A \cup B) = P(A) + P(B)$

## 3.1.4 확률 계산

(1) 공집합 확률

공집합(empty set)의 확률은 0이다. $P(\phi)=0$

(2) 여사건 확률

사건 A의 여사건(complementary)의 확률은 $P(A^c)=1-P(A)$이다.

(3) 합집합 확률

- 두 사건 $A,B$의 합(union) 집합 확률은 $P(A\cup B)=P(A)+P(B)-P(AB)$이다.
- 세 사건 $A,B,C$의 합(union) 집합의 확률은 다음과 같다.
  $P(A\cup B\cup C)=P(A)+P(B)+P(C)-P(AB)-P(BC)-P(AC)+P(ABC)$

(4) 상호배반 사건 확률

두 사건 $A,B$의 교(intersection) 집합이 공집합($A\cap B=\phi$)이면 $P(AB)=0$이다.

**예제** 다음은 H대 학생, 남녀 200명을 대상으로 흡연여부를 조사한 결과이다. 다음 확률을 계산하시오. 사건 $A=\{남자\}$, $B=\{흡연\}$으로 정의할 때 다음을 계산하시오.

$P(A)=\dfrac{120}{200}=0.6$, $P(B)=\dfrac{50}{200}=0.25$

(a) 비흡연 확률을 구하시오. $P(B^c)=1-P(B)=0.75$

(b) 남자이면서 흡연할 확률을 구하시오. $P(AB)=\dfrac{30}{200}=0.15$

(c) 남자이거나 흡연할 확률을 구하시오.
$P(A\cup B)=P(A)+P(B)-P(AB)=0.6+0.25-0.15=0.7$

(c) 여자이면서 흡연할 확률을 구하시오.
$P(A^cB)=P(B)-P(AB)=0.25-0.15=0.1$

| | 남자 | 여자 | 합계 |
|---|---|---|---|
| 흡연 | 30 | 20 | 50 |
| 비흡연 | 90 | 60 | 150 |
| 합계 | 120 | 80 | 200 |

수집 데이터를 이용하여 관심 사건에 대한 확률을 구할 때는 상대빈도(교차표)를 이용하여 계산하게 된다.

**예제** 1912년 4월 15일 발생했던 타이타닉 배 침몰 사고 관련 데이터를 아래 사이트에서 불러와 사망여부와 객실 등급에 대한 교차표를 만들어 이를 확률표로 활용하여 다음 질문에 답하시오.

https://vincentarelbundock.github.io/Rdatasets/csv/carData/TitanicSurvival.csv

(a) 객실 1등급 승객이면서 생존자 확률을 계산하시오.
(b) 객실 1등급 승객이 아니거나 생존자일 확률을 계산하시오.

```
import pandas as pd
titanic=pd.read_csv('https://vincentarelbundock.github.io/Rdatasets/csv/carData/TitanicSurvival.csv')
titanic.info()
```

```
Data columns (total 5 columns):
 #   Column          Non-Null Count  Dtype
---  ------          --------------  -----
 0   Unnamed: 0      1309 non-null   object
 1   survived        1309 non-null   object
 2   sex             1309 non-null   object
 3   age             1046 non-null   float64
 4   passengerClass  1309 non-null   object
```

```
pd.crosstab(titanic['survived'],titanic['passengerClass'],margins=True) #교차표 출력
```

| passengerClass | 1st | 2nd | 3rd | All |
|---|---|---|---|---|
| survived | | | | |
| no | 123 | 158 | 528 | 809 |
| yes | 200 | 119 | 181 | 500 |
| All | 323 | 277 | 709 | 1309 |

사건 $A=\{생존\}$, $B=\{1st\}$로 정의하자.

$$P(A)=\frac{500}{1309}=0.382,\ P(B)=\frac{323}{1309}=0.247$$

(a) $P(AB)=\dfrac{200}{1309}=0.153$

(b) $P(A^c \cup B)=P(A^c)+P(B)-P(A^cB)=(1-0.382)+0.247-(0.247-0.153)$
$=0.465$

## 3.1.5 조건부 확률과 독립

### (1) 조건부 확률

**정의** 확률이 0보다 큰 사건 B($P(B)>0$)가 주어졌을 때 사건 A의 확률을 조건부(conditional) 확률이라 하고 $P(A|B)=\dfrac{P(AB)}{P(B)}$라 정의한다.

**예제 계속** 임의 선택한 남학생에게 흡연 여부를 물었을 때 비흡연자일 확률을 계산하시오. 사건 $A=\{\text{남자}\}$, $B=\{\text{흡연}\}$

$$P(B^c \mid A)=\frac{P(AB^c)}{P(A)}=\frac{P(A)-P(B^c)}{P(A)}=\frac{0.6-(1-0.25)}{0.6}=\frac{7}{12}$$

**예제 계속** 1등실 승객을 선택하였을 때 생존자일 확률을 계산하시오. 사건 $A=\{\text{생존}\}$, $B=\{1st\}$

$$P(A|B)=\frac{P(AB)}{P(B)}=\frac{0.125}{0.247}=0.506$$

### (2) 독립

**정의** 만약 $P(B)=P(B|A)$이면 두 사건 $A, B$는 서로 독립이다.

**정리** 만약 두 사건 $A, B$는 서로 독립이면 $P(AB)=P(A)P(B)$이다.

**예제** 두 사건 $A, B$는 서로 독립이면 $A, B^c$, $A^c, B$, 그리고 $A^c, B^c$도 독립임을 증명하시오.

두 사건 $A, B$는 서로 독립이므로 $P(AB)=P(A)P(B)$이다.

$$P(B^c \mid A)=\frac{P(B^cA)}{P(A)}=\frac{P(A)-P(AB)}{P(A)}$$
$$=\frac{P(A)-P(A)P(B)}{P(A)}=\frac{P(A)(1-P(B))}{P(A)}=P(B^c)$$

(3) 전확률 법칙(total law of probability)

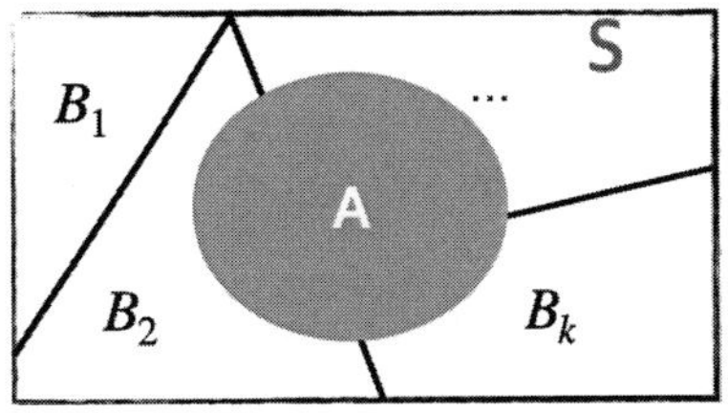


$P(A)=\sum_{i=1}^{k}P(AB_i)=\sum_{i=1}^{k}P(B_i)P(A \mid B_i)$. 단, 사건 $B_i$들은 [mutually exclusively and exhaustive] 사건으로 (1) $S=\sum_{i=1}^{k}B_k$ (2) 모든 $i \neq j$에 대하여 $B_i \cap B_j = \phi$(상호 배반)이다.

(4) 베이즈 정리

영국 철학자 Thomas Bayes의 이름에서 유래된 것으로 사건 A의 확률을 새로운 사건 B에 의해 재계산 하는 개념이다. (조건부 확률 개념이 적용)

**정리** $P(B \mid A)=\dfrac{P(A \mid B)P(B)}{P(A)}$, 단 $P(A), P(B)>0$

전확률 법칙을 활용한 베이즈 정리 표현은 다음과 같다.

$$P(B_i \mid A)=\frac{P(A \mid B_i)P(B_i)}{P(A)},\quad P(A)=\sum_{i=1}^{k}P(B_i)P(A \mid B_i)$$

[활용] 사건 A가 주어졌을 때 사건 $B_i$의 조건부 확률, $P(B_i|A)$을 사건 $B_i$가 주어졌을 때 사건 A의 조건부 확률과 전확률 법칙에 의해 계산하다.

**예제** H 도시 코로나 환자 10%라고 한다. 진단 키트의 정확도는 감염자의 양성 진단은 95%, 비감염자의 음성 진단은 90%이다. 만약 선별 진단소를 방문한 사람을 검사한 결과 양성 반응이 나왔다. 이 사람이 확진자가 아닐 확률을 구하시오.

사건 A={코로나 감염}, B={진단키트 양성진단}이라 정의하자. 주어진 확률은 다음과 같다.

$P(A)=0.1$, $P(A^c)=0.9$, $P(B|A)=0.95$, 그리고 $P(B \mid A^c)=0.1$

$$P(B)=P(BA)+P(BA^c)=P(A)P(B \mid A)+P(A^c)P(B \mid A^c)$$
$$=0.1*0.95+0.9*0.1$$

$$P(A^c \mid B)=\frac{P(A^cB)}{P(B)}=\frac{0.9*0.1}{0.1*0.95+0.9*0.1}=0.486,$$

다음의 트리 다이어그램을 이용하면 베이즈 확률 계산이 편리하다.

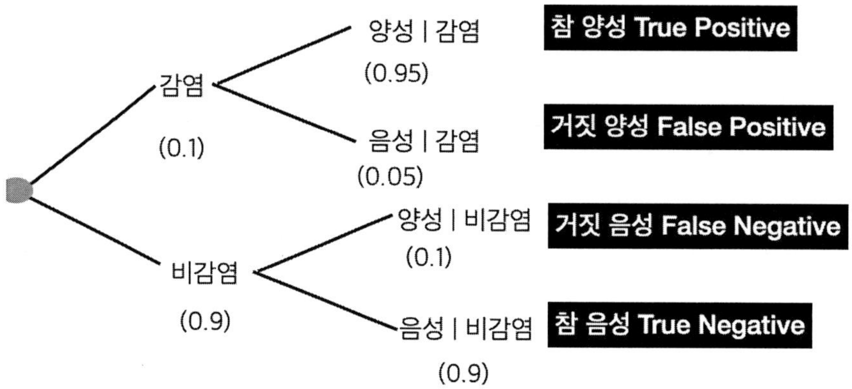


(5) 베이즈 정리 활용

| 진단 결과 | 감염여부 | | |
|---|---|---|---|
| | 감염 infected | 비감염 non-infected | |
| 양성 positive | 참 양성<br>True Positive | 거짓 양성<br>False Positive | 양성 예측율 |
| 음성 negative | 거짓 음성<br>False Negative | 참 음성<br>True Negative | 음성 예측율 |
| | 민감도 | 특이도 | |

- 민감도 sensitivity: 감염자를 양성 진단 비율, $민감도 = \frac{TP}{TP+FN}$
- 특이도 specificity: 비감염자를 음성 진단 비율, $특이도 = \frac{TN}{TN+FP}$
- 양성 예측율 Positive Predicted Value: 양성 진단자 중 참 감염자 비율,

  $$PPV = \frac{TP}{TP+FP}$$

- 음성 예측율 Negative Predicted Value: 음성 진단자 중 참 감염자 비율,

  $$NPV = \frac{TN}{TN+FN}$$

# 3.2 확률변수와 확률분포함수

## 3.2.1 확률변수

(1) 정의

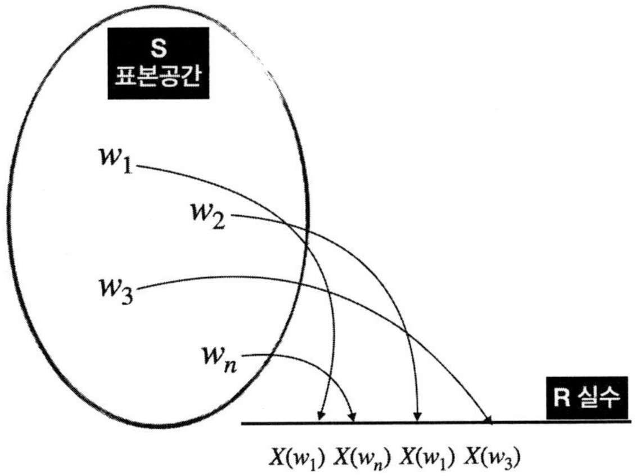


- 확률변수(random variable) 확률실험 표본공간 $S$가 정의역($X$ 범위), 실수가 공역($Y$ 범위)인 측정 함수이다.
- 확률실험의 각 결과에 실수 값을 할당하는 규칙(함수)이다.
- (기호) 알파벳: $X$, $Y$, $Z$
- $x = X(w)$, $w \subseteq S$
- 표본공간의 원소가 실수 값이면 확률변수는 원소이다.

(2) 이산형

확률변수 $X$가 가질 수 있는 값이 유한이거나 셀 수 있는 경우 이산형(discrete)이라 한다. ㉠ 2개 주사위 눈금 합, D시 한 달 교통사고 건수

- $X$=주사위 눈금: $x = 1, 2, \cdots, 6$
- $X$=성별: $x = 1$ for 남자, $x = 2$ for 여자

(3) 연속형

- 확률변수 $X$가 가질 수 있는 값이 무한인 경우 연속형(continuous)이라 한다.
  ㉠ 대전시 기업 종사자 일년 연봉, 대전 월 강수량, 학생 공부시간
- $X$=일주일 공부시간: $x \geq 0$

| 확률실험 관심 사건 | 확률변수 정의 | 확률변수 범위 |
|---|---|---|
| 2개 주사위 면의 합 | $X$= 눈금 합 | $x = 2, 3, \cdots, 12$ |
| 공정한 주사위 10번 던질 때 앞면의 개수 | $X$= 앞면 개수 | $x = 0, 1, \cdots, 10$ |
| 대한민국 2020년 코로나 확진자 수 | $X$= 확진자 수 | $x = 0, 1, 2, \cdots$ |
| 전국 대학생 일주일 과제 준비 시간 | $X$= 과제 준비 시간 | $0 \leq x \leq 168$ |

### 3.2.3 누적분포함수

(1) 정의

누적분포함수(cumulative density function) 확률변수 $X$의 가장 작은 값 $-\infty$부터 임의의 값 $x$까지($x$값을 포함) 확률 값을 누적시킨 함수이다.

(기호) $F_X(x) = P(X \leq x)$.

(이산형) $F(z) = \sum_{x=-INF}^{z} P(x)$

(연속형) $F(z) = \int_{-INF}^{z} f(x)dx$

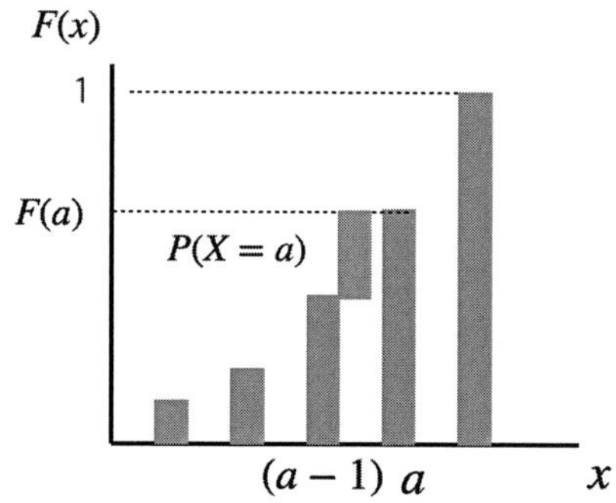


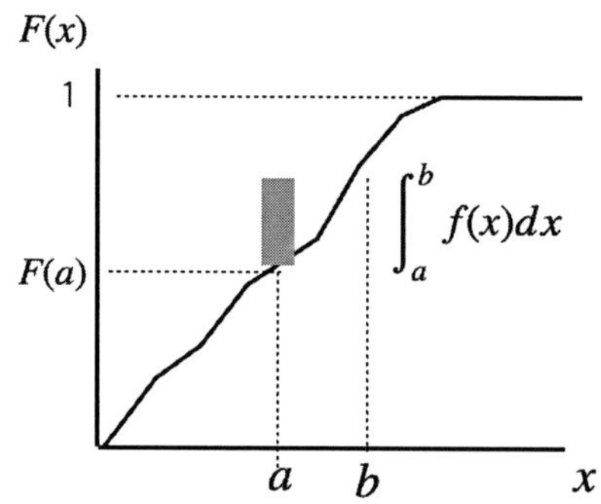


(2) 확률 계산

- (이산형) $P(X=a) = F(a) - F(a-)$
- (연속형) $P(a < X \leqq b) = F(b) - F(a)$

(3) 성질

- 누적분포함수는 비감소 함수(non-decreasing)이다.
  만약 $x_1 < x_1$이면 $F(x_1) \leq F(x_2)$이다.
- $F(-\infty) = 0,\ F(\infty) = 1$
- 역누적분포함수는 누적 확률 값에 대응하는 확률변수 값이다. $F^{-1}F(x) = x$

**예제** 동전을 2개 던질 때 앞면 개수를 확률변수 $X$의 확률을 계산하여 보자.

X의 범위: $x = 0, 1, 2$

$P(X=0) = P(\{\text{둘 다 뒷면}\}) = \frac{1}{4}$, $P(X=1) = P(\{\text{1개 앞면, 1개 뒷면}\}) = \frac{2}{4}$

$P(X=2) = P(\{\text{둘 다 앞면}\}) = \frac{1}{4}$

### 3.2.4 확률밀도(분포)함수

(1) 확률분포함수 정의

확률변수 $X$가 가질 수 있는 값이 정의역, 각 값에 대응하는 확률, $P(X=x)$을 공역으로 하는 규칙함수, 표, 혹은 그래프를 확률밀도(분포)함수(probability mass/density function)이라 한다.

- 확률밀도함수 $p(x)$: 이산형 확률변수 각 하나의 값에 확률이 대응하며 막대 높이가 해당 확률변수 값의 확률이다.
- 확률분포함수 $f(x)$: 연속형인 경우에는 각 하나의 값에 대응하는 확률 $f(x)$은 0이다. 연속형 확률은 구간의 면적(적분)이다.

**예제** 동전을 2개 던질 때 앞면 개수를 확률변수 $X$의 확률분포함수를 구하시오.

| $x$ | 0 | 1 | 2 |
|---|---|---|---|
| $p(x)$ | $\frac{1}{4}$ | $\frac{2}{4}$ | $\frac{1}{4}$ |

**예제** 타이타닉 데이터의 객실 등급의 (실증적 empirical) 확률분포함수를 구하시오.

```
import pandas as pd
titanic=pd.read_csv('https://vincentarelbundock.github.io/Rdatasets/csv/carData/TitanicSurvi
val.csv')
titanic['passengerClass'].value_counts()/titanic.shape[0]
```

```
3rd     0.541635
1st     0.246753
2nd     0.211612
Name: passengerClass,
```

(2) 확률분포함수 공리

확률이므로 확률분포함수는 확률 공리를 만족한다.

- 모든 $x$ 범위에서는 $p(x) \geq 0$, $f(x) \geq 0$이다.
- 확률분포함수의 합(면적)은 1이다. $\sum_{-\infty}^{\infty} p(x)=1$, $\int_{-\infty}^{\infty} f(x)dx=1$

(3) 활용

- 확률분포함수는 데이터에 대한 모든 정보를 가지고 있다.
- 확률표본 데이터의 확률밀도함수는 모집단의 확률밀도함수와 동일하나 확률표본으로부터 계산된 통계량의 분포(샘플링 분포)는 모집단 분포와 상이하다.
- 그러므로 통계량 $t(x_1, x_2, ..., x_n)$의 확률밀도함수(샘플링 분포)는 모집단 분포함수에 대한 추정이 아니라 모수에 대한 추론에 핵심적인 역할을 한다.

### 3.2.5 파이썬

파이썬에서는 모듈 scipy.stats 내 통계함수를 이용하여 이론 확률변수 생성(generating), 확률변수 값, 누적확률분포함수 값 등을 얻을 수 있다.

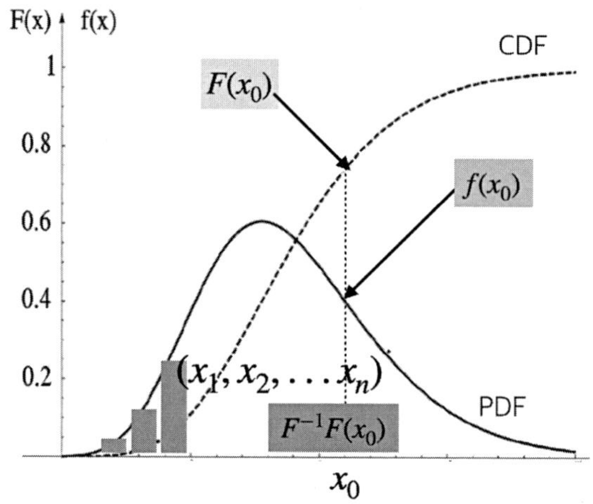


(1) 확률변수 생성

이론적 확률변수를 따르는 데이터를 확률적(랜덤)으로 생성하는 작업을 확률변수 생성(generating)이라 한다.

---

scipy.stats.분포함수명.rvs(모수,크기)

---

평균이 50, 표준편차 10인 정규분포를 따르는 데이터 20개를 생성하시오.

```
import scipy.stats as st
st.norm.rvs(50,10,20)
```

```
array([63.0094731 , 54.56599805, 41.46884777, 57.38409896, 51.85796601,
       32.42920807, 58.28456247, 60.68973536, 44.60033082, 46.1518827 ,
       58.59711253, 34.33651887, 52.79257595, 60.78219071, 45.42377912,
       43.1283723 , 59.33526775, 55.44692892, 51.80635194, 28.83399974])
```

(2) 누적분포함수

---

scipy.stats.분포함수명.cdf($x_0$,모수): $F(x_0)$

---

평균 0, 표준편차 1인 정규분포의 $x = 1.96$의 누적확률 값을 구해보자.

```
import scipy.stats as st
st.norm.cdf(1.96,0,1)
```

```
0.9750021048517795
```

(3) 이산형 확률밀도함수

scipy.stats.분포함수명.pmf($x_0$,모수): $p(x_0) = P(X = x_0)$

시행 횟수가 20, 성공 확률이 0.1인 이항분포에서 $P(X = 3)$확률을 계산하시오.

```
import scipy.stats as st
st.binom.pmf(3,20,0.1)
#st.binom.cdf(3,20,0.1)-st.binom.cdf(2,20,0.1) - 동일한 결과
```

```
0.19011987137619865
```

(4) 연속형 확률밀도함수

scipy.stats.분포함수명.pff($x_0$,모수): $f(x_0)$

한 점에서 연속형 확률분포함수 값은 0이다.

(5) 역확률분포함수

scipy.stats.분포함수명.ppf(확률,모수): $x_0 = F^{-1}F(x_0)$

평균 0, 표준편차 1인 정규분포의 누적확률 값이 0.975인 확률변수 값을 구해보자.

```
import scipy.stats as st
st.norm.ppf(0.975,0,1)
```

```
1.959963984540054
```

(6) 연속형 확률변수 CDF, PDF 그리기

평균 0, 표준편차 1인 정규분포의 확률분포함수와 누적확률분포함수를 그려보자.

```
import matplotlib.pyplot as plt
import scipy.stats as st
import numpy as np
x=np.linspace(-3,3,100)
plt.plot(x,st.norm.cdf(x,0,1))
plt.plot(x,st.norm.pdf(x,0,1))
plt.title('CDF_PDF of SNormal')
plt.show()
```

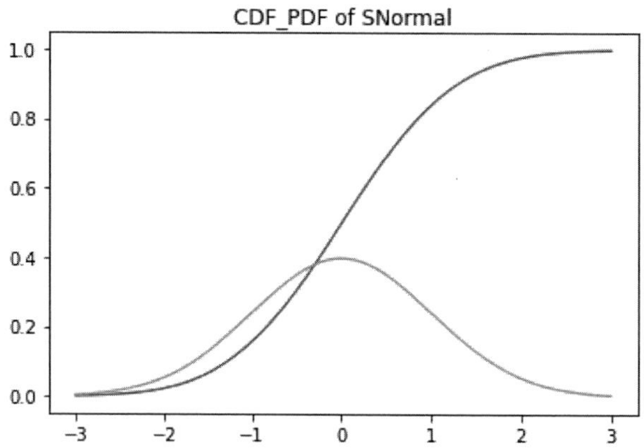


### 3.2.6 기대값

(1) 정의

확률변수의 결과 값이 무한히 실현되었을 때 나타나는 기대되는 값을 기대값이라 정의하고 계산식은 다음과 같다.

- 이산형 기대값: $E(X)=\sum xp(x)$
- 연속형 기대값: $E(X)=\int xf(x)dx$

(2) $k$차 적률

확률변수의 정수 $k$ 차승의 기대값을 적률이라 한다. (표현) $E(X^k)$

$E(X-E(X))^k$을 평균에 대한 $k$차 적률이라 한다.

- 1차 적률은 기대값(평균)이다. $E(X)$
- 평균에 대한 2차 적률은 분산이다. $E(X-E(X))^2$

(3) 활용

(수익률과 위험) 투자 포트폴리오 이론의 가정에 따르면 투자자들은 투자안의 의사결정 과정에서 고려하는 수익과 위험은 각각 평균과 분산으로 표현할 수 있으며, 포트폴리오를 구성할 경우 자산 간의 상관계수가 1인 경우가 아니라면 분산이 감소함을 통해 이득을 얻을 수 있다고 본다.

### 3.2.7 실증적 규칙

평균 $\mu$, 표준편차 $\sigma$인 확률분포함수가 좌우 대칭인 벨 모양인 경우 다음이 성립한다.

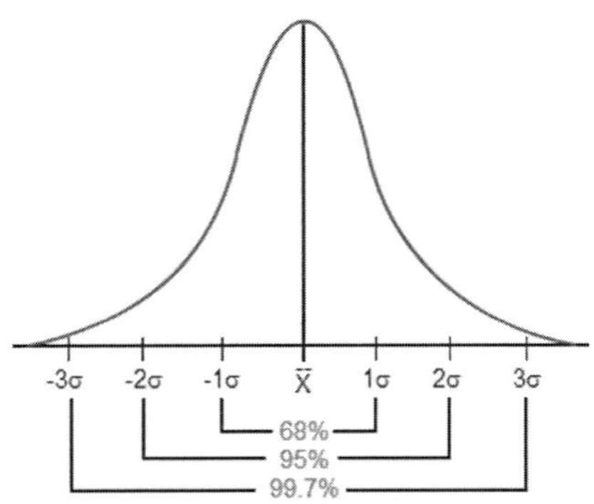


$P(|X-\mu| < k\sigma) \geq a$

- $k=1$: 평균을 중심으로 ±1 표준편차 구간에는 적어도 68% 데이터가 포함되어 있음
- $k=2$: 평균을 중심으로 ±2*표준편차 구간에는 적어도 95% 데이터가 포함되어 있음
- $k=3$: 평균을 중심으로 ±3 표준편차 구간에는 적어도 99.8%(대부분) 데이터가 포함되어 있음
- 만약 $k=6$인 경우, 6시그마 품질, 100만개 중 2개 불량

### 3.2.8 Chebyshev 부등식

확률변수 $X$가 평균 $\mu$, 분산 $\sigma^2$을 갖는 경우 분포의 형태와 상관없이 양의 상수 $k$에 대하여 다음이 성립한다.

$$P(\mid X-\mu \mid < k\sigma) \geq 1-\frac{1}{k^2}$$

- $k=2$ : 평균을 중심으로 ±2표준편차 구간에는 적어도 75% 데이터가 포함되어 있음
- $k=3$: 평균을 중심으로 ±3표준편차 구간에는 적어도 89% 데이터가 포함되어 있음

## 3.3 이산형 확률변수

확률변수 $X$가 가질 수 있는(서로 다른) 값이 유한이거나 셀 수 있는 경우 이를 이산형이라 한다. 이산형 확률변수 $X$의 범위가 유한이므로 확률변수 각 값에 대응하는 확률을 계산할 수 있다.

이산형 데이터의 (실증적) 확률분포함수는 상대빈도 표이다.

### 3.3.1 이산형 균일분포

(1) 확률변수 정의

- 균일(uniform) 분포 확률변수 $X$: X가 가질 수 있는 값이 정수이고 각 값에서 발생 확률이 동일한 분포
- 모수: 최댓값 b, 최솟값 b
- 범위: $x = a, a+1, a+2, ..., b$

(2) 확률밀도함수 $X \sim U(a, b)$

- $p(x) = \frac{1}{k},\ x = a, a+1, a+2, ..., b,\ k = b - a + 1$
- 발생 가능한 정수가 k개 이므로 각 값에서 확률은 $\frac{1}{k}$로 동일하다.

(3) 평균과 분산

- $E(X) = \frac{a+b}{2}$, $V(X) = \frac{(b-a+1)^2 - 1}{12}$

(4) 파이썬 함수

- scipy.stats.randint.rsv($a, b$,loc=0,표본크기)

**예제** 주사위를 50번 던지는 확률실험을 수행하고 각 번호가 나오는 횟수와 상대횟수를 구하시오.

(1, 2, …, 6) 정수에서 50개를 균일하게(1/6 확률) 추출하는 코드이다. 랜덤하게 추출되어 결과는 매번 상이하다.

```
import scipy.stats as st
st.randint.rvs(1,7,0,50)
```

np.unique() 함수는 array안의 개별 값과 그 값의 빈도를 출력하는 함수이다. 개별 값은 첫 번째, 빈도 값은 두 번째 저장된다. 그러므로 빈도를 총 실험횟수로 나누면 상대빈도가 된다. 50대신 5000을 사용하면 주사위 눈금 확률 0.133에 근사할 것이다.

```
import numpy as np
x,f=np.unique(st.randint.rvs(1,7,0,50),return_counts=True)
x, f/50
```

```
(array([1, 2, 3, 4, 5, 6]), array([0.1 , 0.3 , 0.12, 0.14, 0.2 , 0.14]))
```

## 3.3.2 베르누이 분포

(1) 베르누이 시행

다음 조건을 만족하는 시행을 베르누이 시행(Bernoulli trial)이라 한다.

- 확률실험의 결과가 이진형(binary, dichotomous)이다. (성공$=1$, 실패$=0$)
- 각 실험은 서로 독립(independent)이다.
- 각 실험의 성공 확률은 $p=P(X=1)$으로 동일하다.

(2) 확률변수 정의

- 베르누이 분포 확률변수 $X$: 성공확률이 $p$인 베르누이 시행 결과
- 모수: 성공 확률 $p$
- 범위: $x=0,1$

(3) 확률밀도함수 $X \sim B(p)$

- $p(x)=p(1-p)^{1-x}$, $x=0,1$
- 베르누이 분포에서 $p$을 모수(parameter)라 한다. 여기서 모수의 의미는 그 값을 알면 확률밀도함수 형태를 알 수 있다는 것이다. 즉 확률을 계산할 수 있다는 의미이다.

(4) 평균과 분산

- $E(X) = \frac{r(1-p)}{p}$ , $V(X) = \frac{r(1-p)}{p^2}$

(5) 파이썬 함수

- scipy.stats.binom.rsv(1,$p$,표본크기)
- scipy.stats.binom.pmf/cdf($x$,1,$p$) / scipy.stats.binom.ppf(확률,1,p)

### 3.3.3 이항분포

(1) 확률변수 정의

- 이항분포(binomial distribution) 확률변수 $X$: 성공확률이 $p$인 베르누이 시행을 $n$번 했을 때 성공의 횟수
- 모수: 성공 확률 $p$, 베르누이 시행 횟수 $n$
- 범위: $x = 0, 1, 2, \ldots, n$

(2) 확률밀도함수 $X \sim B(n,p)$

- $p(x) = {}_nC_x p^x (1-p)^{n-x}$, $x = 0, 1, 2, \ldots, n$
- 성공의 횟수가 $x$, 실패의 횟수는 $(n-x)$이므로 성공이 $x$, 실패 $(n-x)$ 결과가 나타날 확률은 $p^x(1-p)^{n-x}$이고 이런 결과가 나타날 횟수는 ${}_nC_x$이므로 위의 확률분포함수를 얻는다.

(3) 평균과 분산

- $E(X) = np$, $V(X) = npq$

(4) 파이썬 함수

- scipy.stats.binom.rsv($n$,$p$,표본크기)
- scipy.stats.binom.pmf/cdf($x$,$n$,$p$) / scipy.stats.binom.ppf(확률,$n$,p)

**예제** H지역 코로나 감염 비율이 10%라고 한다.

(1) 10명을 임의 추출하여 코로나 확진여부를 진단했을 때 3명이 확진될 확률을 계산하시오.

(2) 많아야 1명이 감염자일 확률을 구하시오.

(3) 적어도 1명 이상이 감염자일 확률을 구하시오.

10명 중 코로나 감염자 수는 $B(10,0.1)$을 따른다.

(1) $P(X=3 \mid X \sim B(10,0.1)) = 0.057$

(2) $P(X \leqq 1 \mid X \sim B(10,0.1)) = 0.736$

(3) $P(X \geqq 1 \mid X \sim B(10,0.1)) = 1 - P(X \leqq 0 \mid X \sim B(10,0.1)) = 0.65$

```
import scipy.stats as st
st.binom.pmf(3,10,0.1) #(1)
st.binom.cdf(1,10,0.1) #(2)
1-st.binom.cdf(0,10,0.1) #(3)
```

(5) 활용

[그룹 검사 group testing] 국내 코로나 바이러스 감염률이 1%라고 한다. 이처럼 양성률이 낮은 경우 개별적 진단보다는 일정 수(예 10명)의 사람으로부터 채취된 검체를 한꺼번에 감염여부를 진단하여 감염이 확인되면 10명을 개별적으로 재검진하고 감염이 없으면 10명 모두 무감염자로 진단한다. 단, 검체들에는 Dilution 효과(검체가 혼합되면서 바이러스 농도가 낮아져 실제 감염되었음에도 감염진단이 안되는 경우)가 없다고 가정한다.

- $k$명의 통합 검체 감염률: $1-(1-p)^k$ 예 $k=10$, $p=0.01$인 경우 0.0956
- 10명을 한명씩 검진하면 검진 횟수는 10이다.
- 그룹 검사 방법의 검진 횟수: $1+0.0956*10=1.96$

## 3.3.4 음이항분포

(1) 확률변수 정의

- 음이항(negative binomial) 분포 확률변수 $X$: 성공확률이 $p$인 베르누이 시행에서 $r$번 성공까지 실패한 횟수
- 모수: 성공 확률 $p$, 성공 횟수 $r$

- 범위: $x = r, r+1, r+2, \cdots$

(2) 확률밀도함수 $X \sim NB(r,p)$

- $p(x) = {}_{x-1}C_{r-1}p^r(1-p)^{x-r}$, $x = 0, 1, 2, \cdots$
- $x$번째 베르누이 시행에서 $r$번째 성공이 발생하므로 $(x-1)$번 시행까지는 $(r-1)$ 번 성공 $(x-r)$번 실패가 발생하였으므로 확률은 ${}_{x-1}C_{r-1}p^{r-1}(1-p)^{x-r}$이다. 여기에 $x$번째 성공확률 $p$를 곱하면 위의 확률분포함수를 얻는다.
- 음이항 분포는 이항분포의 대비되는 개념에서 유래되었다. 이항분포는 n번의 베르누이 시행에서 성공 횟수로 정의되기 때문이다.

(3) 평균과 분산

- $E(X) = \frac{r}{p}$, $V(X) = \frac{r}{p^2}$

(4) 기하분포

- 성공의 횟수가 1인 음이항분포를 기하(geometric)분포라 한다.

(5) 파이썬 함수

- scipy.stats.nbinom.rsv($n-r$,$r$,$p$,표본크기), $n$=총 베르누이 시행 횟수
- scipy.stats.nbinom.pmf/cdf($x$,$n-r$,$p$) / scipy.stats.nbinom.ppf(확률,$n-r$,$p$)

**예제** H지역 코로나 감염 비율이 10%라고 한다. 선별 검사소는 진단 여부를 현장에서 진단할 수 있다고 하자.

(1) 3번째 진단에서 첫 코로나 감염자를 확진할 확률을 구하시오.
(2) 2번째 감염자를 5번 검사 이내에서 진단할 확률을 구하시오.
(3) 3번째 확진자를 진단하는데 10번 이상 진단할 확률을 구하시오.

일정 수($r$)의 코로나 감염자 수는 진단하는 횟수는 $NB(r,0.1)$을 따른다.

(1) $P(X=4 \mid X \sim NB(1,0.1)) = 0.081$
(2) $P(X \leq 7 \mid X \sim NB(2,0.1)) = 0.15$
(3) $1 - P(X \leq 12 \mid X \sim NB(3,0.1)) = 0.89$

```
import scipy.stats as st
st.nbinom.pmf(2,1,0.1) #r=1, 실패=2
st.nbinom.cdf(5,2,0.1) #r=2, 실패=5
1-st.nbinom.cdf(9,3,0.1) #r=9, 실패=12
```

### 3.3.5 포아송분포 Poisson Distribution $X \sim Poisson(\lambda)$

(1) 포아송 프로세스

시간이나 면적을 각 구간에서는 많아야 하나의 사건이 일어나게 동일 크기의 구간으로 나누자.

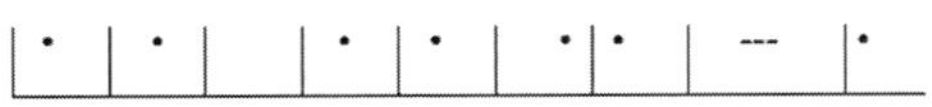

- 각 구간에서 2개 이상 사건이 일어날 가능성은 0이며 각 구 간의 사건 발생은 독립적이고 사건 발생 확률은 동일하고 [베르누이 시행과 동일]
- 구간의 사건 발생확률은 구간의 크기에 비례한다.

(2) 확률변수 정의

- 포아송(poisson) 분포 확률변수 $X$: 포아송 프로세스를 따르는 시행에서 단위 당 발생하는 성공 횟수 ㉮ 교과서 페이지 당 오탈자 수, H지역 1시간 교통사고 건수, 10분당 H은행 ATM 기계 방문 고객 수
- 모수: 단위 당 평균 성공 횟수 $\lambda$
- 범위: $x = 0, 1, 2, \cdots$

(3) 확률밀도함수 $X \sim P(\lambda)$

- $p(x) = \dfrac{\lambda^x}{x!} e^{-\lambda}, \ x = 0, 1, 2, \cdots$
- 이항분포 $B(n,p)$은 n번의 베르누이 시행에서 성공확률이 $p$이므로 1번의 베르누이 시행의 경우 성공확률은 $\dfrac{p}{n}$이다. $\lim_{n \to \infty} B(n,p) \to P(\lambda = \dfrac{p}{n})$

(4) 평균과 분산

- $E(X) = \lambda, \quad V(X) = \lambda$

(5) 성질

- 포아송 분포의 평균과 분산은 동일하여 분산의 과다 추정 가능성이 있으므로 포아송 회귀모형 추론 시 과다분산 문제를 고려해야 한다.
- 단위 구간 발생 비율은 구간의 크기에 비례한다. $k$는 상수이다.

$$X \sim P(\lambda),\ \rightarrow\ kX \sim P(k\lambda)$$

- 가법성: 독립인 두 포아송 확률변수 합의 분포는 포아송 분포이다.

$$X \sim P(\lambda_1),\ \ Y = P(\lambda_2)\ \rightarrow\ X + Y \sim P(\lambda_1 + \lambda_2)$$

(6) 파이썬 함수

- scipy.stats.poisson.rsv($\lambda$,표본크기), $n$=총 베르누이 시행 횟수
- scipy.stats.poisson.pmf/cdf($x$,$\lambda$) / scipy.stats.poisson.ppf(확률,$\lambda$)

**예제** 세랭게티 초원에는 1에이커 당 얼룩말이 평균 10마리가 있고 포아송 분포를 따른다고 하자.

(1) 초원이가 0.1 에이커 되는 지역에서 얼룩말을 만날 확률을 구하시오.

(2) 초원이가 2 에이커 크기 지역에서 얼룩말을 15마리 이상 볼 확률을 구하시오.

단위(1에이커)당 얼룩말 수는 $P(\lambda = 10)$을 따른다.

(1) $P(X \geqq 1 \mid X \sim P(1)) = 1 - P(X = 0 \mid X \sim P(1)) = 0.368$

(2) $P(X \geqq 15 \mid X \sim P(20)) = 1 - P(X \leqq 14 \mid X \sim P(20)) = 0.961$

```
import scipy.stats as st
1-st.poisson.pmf(0,1)
1-st.poisson.pmf(14,20)
```

## 3.3.6 초기하분포

**예제** 초원에 서식하는 얼룩말 수($N$)를 추정하려고 한다. $M$마리 얼룩말을 잡아 표식을 붙이고 놓아 주었다. 일정 기간이 지난 후 $n$마리 얼룩말을 잡아 표식 여부를 확인하였다. $n$마리 중 표식이 있는 얼룩말의 수를 확률변수라 정의하자. 그리고 $M = 4$, $n = 3$이라 가정하자.

(1) $P(X = 1)$ 일 확률을 구하시오.

(2)를 최대화 하는 모집단 얼룩말 수 $N$을 추정하시오.

(1) 확률변수 정의

- 초기하 분포 확률변수 $X$: 두 개의 상이한 집단(성공 $K$, 실패 $N-K$)으로 구성된 모집단에서 확률표본 $n$개를 추출할 때 성공 집단의 개체 수
- 이항분포는 매 시행마다 성공 확률은 동일하나 초기하분포는 매 시행마다 성공 확률은 달라진다. 즉, 이항분포는 복원추출, 초기하분포는 비복원추출이다.
- 첫 번째 표본 추출 시 성공확률은 $\frac{K}{N}$, 두 번째 성공확률은 $\frac{K}{N-1}$(첫 번째 실패 추출) 또는 $\frac{K-1}{N-1}$(첫 번째 성공 추출)으로 변동된다.
- 모수: 모집단 전체 개체 수 $N$, 관심집단 개체 수 $K$, 확률표본 크기 $n$
- 범위: $x = 0, 1, 2, \cdots,\ \min(n, K)$

(2) 확률밀도함수 $X \sim NG(N, K, n)$

- $p(x) = \frac{{}_K C_x \, {}_{(N-K)} C_{(n-x)}}{{}_N C_n}$, $x = 0, 1, 2, \cdots,\ \min(n, K)$
- 모집단 개수 $N$에서 $n$개를 추출할 때 $K$개 성공집단에서 $x$개 추출하고 $(N-K)$개 실패 집단에서 $(n-x)$개 추출하는 경우의 수이다.
- [성질] 모집단의 개수가 충분히 크면 성공확률 $\frac{K}{N}$의 변동이 거의 없으므로 성공확률이 일정한 이항분포에 근사한다.

(3) 평균과 분산

- $E(X) = n\frac{K}{N}$, $V(X) = complicated$

(4) 파이썬 함수

- scipy.stats.hypergeom.rsv($M$, $K$, $n$,표본크기), $n$=총 베르누이 시행 횟수
- scipy.stats.hypergeom.pmf/cdf($x$ ,$M$, $K$, $n$)
- scipy.stats.hypergeom.ppf(확률,$M$, $K$, $n$)

### (5) 활용

초기하분포는 포획-재포획(Capture and Recapture) 문제에 활용된다.

**예제** 초원에 서식하는 얼룩말 수($N$)를 추정하려고 한다. $M$마리 얼룩말을 잡아 표식을 붙이고 놓아 주었다. 일정 기간이 지난 후 $n$마리 얼룩말을 잡아 표식 여부를 확인하였다. $n$마리 중 표식이 있는 얼룩말의 수를 확률변수라 정의하자. 그리고 $M=4$, $n=3$이라 가정하자.

(1) 만약 초원에 서식한 얼룩말이 10마리였다면 포획한 3마리 중 1마리가 표식된 얼룩말일 확률을 구하시오.

$X$=모집단 개수 14, 표식된 얼룩말 4, 표본크기 3인 경우 표식된 얼룩말 수

$$P(X=1 \mid HG(14,4,3)) = 0.495$$

(2) $P(X=1)$ 최대화 하는 모집단 N을 구하시오. 이를 최대우도 추정량이라 한다.

```
import scipy.stats as st
st.hypergeom.pmf(1,14,4,3)
```

```
import numpy as np
N=np.arange(15)
HG=st.hypergeom.pmf(1,N+4,4,3)
import matplotlib.pyplot as plt
plt.plot(N,HG)
plt.axvline(7)
plt.title('P(X=1) max at 7 or 8')
plt.show()
```

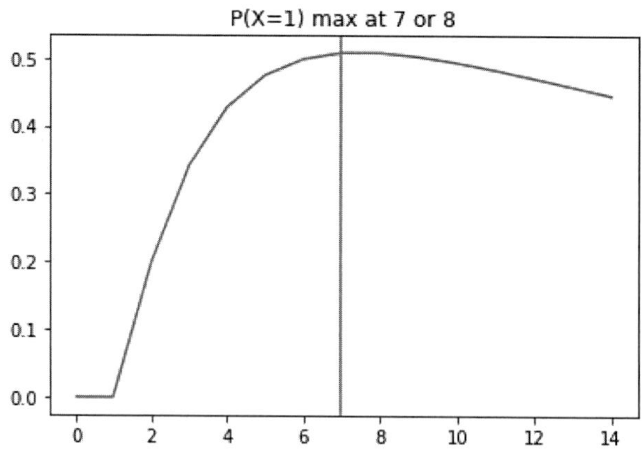

## 3.3.7 이산형 확률변수 관계도

다음은 앞에서 설명한 이산형 확률변수들의 관계도이다. 이산형 확률변수는 대부분 베르누이 시행에서 유도된 것을 알 수 있다.

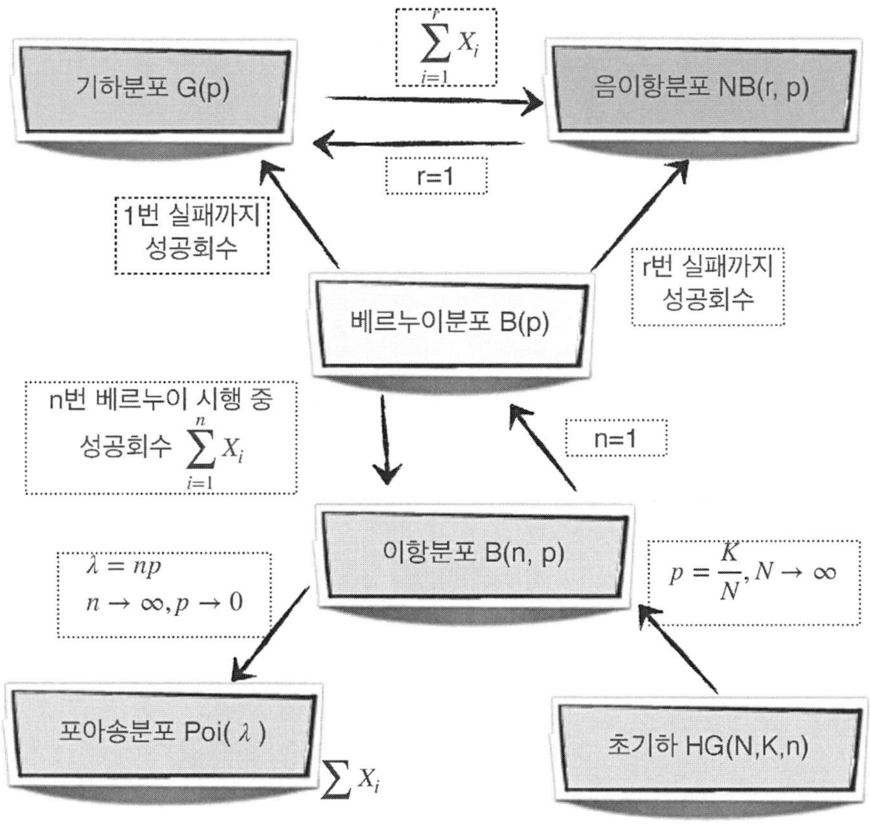

## 3.4 연속형 확률변수

이산형 확률변수의 확률함수는 계산할 수 있으나 연속형인 경우에는 이론적 분포를 가정하거나 데이터로부터 얻은 실증적 확률분포함수(히스토그램)로부터 추정하게 된다. 가장 널리 추정되는 방법이 커널(kernel) 추정방법이다.

이론적 확률분포함수와 데이터의 실증적 확률분포함수가 동일한지 검정하는 방법은 분포 적합성(Goodness of fits) 검정이라 한다.

### 3.4.1 균일분포

(1) 확률변수 정의

- 균일(uniform) 분포 확률변수 $X$: 임의의 구간$(a,\ b)$ 어디서든 발생 가능성이 동일한 분포, $a, b$는 실수이고 $a < b$이다.
- 모수: 최솟값 $a$, 최댓값 $b$ (위치 location 모수)
- 범위: $x \in [a, b]$, $-\infty < a < x < b < \infty$

(2) 확률밀도함수 $X \sim U(a, b)$

- $f(x) = \dfrac{1}{b-a}$, $-\infty < a \leqq x \leqq b < \infty$
- 폐구간 [a, b] 내에서 발생 확률은 동일하다. 단, 연속형 확률변수이므로 단일 값에서의 확률, $P(X=a)$은 0이다.

(3) 평균과 분산

- $E(X) = \dfrac{a+b}{2}$, $V(X) = \dfrac{(b-a)^2}{12}$

(4) 파이썬 함수

- scipy.stats.uniform.rsv($a$,$a+b$,표본크기)
- scipy.stats.uniform.pdf/cdf($x$,$a$,$a+b$) / scipy.stats.uniform.ppf(확률,$a$,$a+b$)

(5) 활용

- 누적확률분포함수는 $U(0,1)$분포를 따른다. $F(x) = U(0,1)$
- 이를 이용하여 연속형 확률변수를 생성할 수 있다. 이를 역변환(Inverse

Transformation)) 방법 $F^{-1x}(u) = x$

**예제** 크기(scale) 모수가 $\lambda = 3$인 지수분포를 따르는 난수(데이터) 20개를 생성하시오.

크기(scale) 모수가 $\lambda$인 지수분포의 누적분포함수: $F(x) = 1 - e^{-\frac{x}{\lambda}}$

그러므로 $1 - e^{-\frac{x}{\lambda}} = U \Rightarrow x = -\lambda \ln(1-u) \sim \text{EXP}(\lambda)$

```
import scipy.stats as st
import numpy as np
-3*np.log(1-st.uniform.rvs(0,1,20))
```

```
array([0.61990392, 2.35548867, 0.17107665, 0.83344112, 4.64137985,
       0.49930044, 4.09395863, 2.09513007, 7.12116664, 1.62325442,
       0.80317983, 0.14038048, 4.06436351, 1.29674367, 5.01510404,
       1.64280265, 0.81600044, 0.6526171 , 5.2143947 , 1.8329579 ])
```

**실습** 만약 낙하산이 marker $A$와 $B$ 사이에 임의의 지점에 떨어진다고 하자.

(1) 낙하산이 $B$ 보다 $A$ 지점에 더 가까이 떨어질 확률을 구하시오.

(2) 낙하산 떨어진 지점에서 지점 $A$까지의 거리가 지점 $B$까지의 거리의 3배 이상일 확률을 구하시오.

(3) 3개의 낙하산 중 정확하게 한 개만 지점 $B$에 가까이 떨어질 확률을 구하시오.

다음 고객이 방문하는데 걸리는 시간 $\sim EXP(\frac{1}{\lambda})$

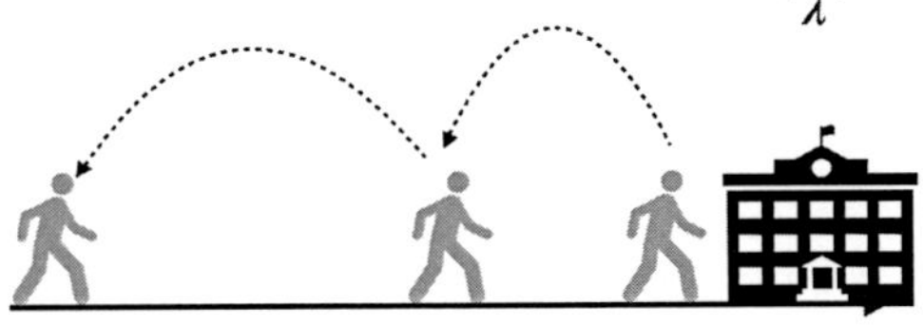

단위 시간당 방문하는 고객 수 $\sim P(\lambda)$

## 3.4.2 지수분포

### (1) 확률변수 정의

- 지수(exponential) 분포 확률변수 $X$: 평균이 $\lambda$인 포아송 분포를 따르는 사건이 발생하는데 걸리는 시간

- 모수: $\frac{1}{\lambda}$(rate 속도), $\beta = \frac{1}{\lambda}$(퍼짐 scale)
- 범위: $0 \leqq x < \infty$

(2) 확률밀도함수 $X \sim \mathrm{EXP}(\beta)$

- $f(x) = \frac{1}{\beta} e^{-\frac{x}{\beta}}$ (퍼짐 모수) $f(x) = \lambda e^{-\lambda x}$ (속도 모수) $0 \leqq x < \infty$
- $X \sim \mathrm{EXP}(\beta)$의 누적확률분포함수 $F_X(x) = 1 - P(X > x)$에서 $P(X > x)$는 포아송 사건이 $x$ 이후에 발생한다는 것을 의미하므로 $x$ 이전에는 포아송 사건이 발생하지 않는다는 것을 의미하므로 $P(X > x) = P(Y = 0 | Y \sim P(\lambda x))$이다.
- 그러므로 $F_X(x) = 1 - \frac{\lambda^0 e^{-\lambda}}{0!} = 1 - e^{-\lambda}$, 이를 미분하면 $f(x) = \lambda e^{-\lambda x}$이다.

(3) 평균과 분산

- $E(X) = \beta = \frac{1}{\lambda}$, $V(X) = \beta^2 = \frac{1}{\lambda^2}$

(4) 성질

- 서로 독립이며 동일 모수 $\beta$를 갖는 $\alpha$개 지수분포의 합은 감마분포를 따른다.

  즉 $X_i \sim \mathrm{EXP}(\beta)$이면 $\sum^{\alpha} X_i \sim G(\alpha, \beta)$
- 무기억성 memoryless: $P(X > x + x_0 | X > x_0) = P(X > x)$ 포아송 사건이 $x_0$ 시간까지 발생하지 않았고 $x + x_0$ 시간 이후에 발생할 조건부 확률은 처음부터 $x$ 시간 이상 기다릴 확률과 동일하다. 즉, 지금까지 기다린 시간은 앞으로 기다리는 시간에 영향을 주지 않는다. 이로 인하여 수명에 대한 이론 분포는 와이블 분포를 사용한다.
- 와이블(Weibull) 확률분포함수: $f(x) = \frac{\alpha}{\lambda}(\frac{x}{\lambda})^{\alpha-1} e^{-(\frac{x}{\lambda})^{\alpha}}$, $x \geqq 0$, $\alpha$는 형태(shape) 모수

(5) 파이썬 함수

- scipy.stats.expon.rsv($loc = 0$,$\beta$,표본크기)
- scipy.stats.expon.pdf/cdf($x$,$loc = 0$,$\beta$) / scipy.stats.expon.ppf(확률,$loc = 0$,$\beta$)

(6) 활용

- 고객이 서비스 받기 위하여 기다리는 시간에 대한 분포로 사용

## 3.4.3 감마분포

(1) 확률변수 정의

- 감마(gamma) 분포 확률변수 $X$: 평균이 $\lambda$인 포아송 분포를 따르는 사건이 $\alpha$회 발생하는데 걸리는 시간
- 모수: $\alpha$(형태 shape), $\beta = \frac{1}{\lambda}$(퍼짐 scale)
- 범위: $0 \leqq x < \infty$

(2) 확률밀도함수 $X \sim G(\alpha, \beta)$

- $f(x) = \frac{1}{\Gamma(\alpha)\beta^{\alpha}} x^{\alpha-1} e^{-\frac{x}{\beta}}, \ 0 \leqq x < \infty$

(3) 평균과 분산

- $E(X) = \alpha\beta, \ V(X) = \alpha\beta^2$

(4) 성질

- 형태모수 $\alpha = 1$이면 감마분포는 지수분포이다. $\Gamma(\alpha = 1, \ \beta) \sim \mathrm{Exp}(\beta)$
- 형태모수 $\alpha = \frac{r}{2}$, 퍼짐모수 $\beta = 2$인 감마분포는 자유도 $r$인 카이제곱분포이다.

  $G(\alpha = \frac{r}{2}, \beta = 2) \sim \chi^2(r)$
- 서로 독립인 두 감마분포 $X \sim G(\alpha_1, \beta)$, $Y \sim G(\alpha_2, \beta)$에 대하여 다음이 성립한다.

  $\frac{X}{X+Y} \sim Beta(\alpha_1, \alpha_2)$(베타분포) 그리고 $X+Y \sim (\alpha_1 + \alpha_2, \beta)$이며 서로 독립이다.
- 가법성(additivity): 서로 독립이고 동일 퍼짐모수($\beta$)를 갖는 감마분포의 합은 감마분포이다. $\sum_i^k G(\alpha_i, \beta) \sim G(\sum_i^k \alpha_i, \beta)$

(5) 파이썬 함수

- scipy.stats.gamma.rsv($\alpha$,$loc = 0$,$\beta$,표본크기)
- scipy.stats.gamma.pdf/cdf($x$,$\alpha$,$loc = 0$,$\beta$) / scipy.stats.gamma.ppf(확률,$\alpha$,$loc = 0$,$\beta$)

(6) 활용

- 서로 독립적으로(병렬) 연결된 $\alpha$개 부품으로 구성된 모듈이 고장이 발생하는데 걸리는 시간
- 모집단 분산 추론: 카이제곱분포
- 적합성 검정: 데이터 분포 가정 - 카이제곱 분포

### 3.4.4 정규분포

(1) 확률변수 발견

- 베르누이 시행의 성공의 횟수는 $n$이 충분히 클 때 확률 근사값(이항분포의 combination 순열 값은 n이 크면 계산이 불가능, 그 시절)을 계산하기 위하여 도입되었다. (de Moivre, 1733)
- 우주 공간의 행성 간 실제 거리는 이론적 값과 오차로 이루어져 있음을 발견하고 오차에 대한 분포를 도출하게 되는데 이것이 정규분포임(Gauss) - 오차가 이 분포 형태를 따르면 정상(normal) 그렇지 않으면 비정상 abnormal에서 나옴
- 모수: $\mu$(위치 location), $\sigma$(퍼짐 scale)
- 범위: $0 \leqq x < \infty$

(2) 확률밀도함수 $X \sim N(\mu, \sigma)$

- $f(x) = \dfrac{1}{\sqrt{2\pi}\,\sigma} e^{-\frac{(x-\mu)^2}{2\sigma^2}}, \ -\infty < x < \infty$
- 표준화(standardization) $z = \dfrac{X-\mu}{\sigma}$: $f(z) = \dfrac{1}{\sqrt{2\pi}} e^{-\frac{z^2}{2}}, \ -\infty < z < \infty$
- 표준정규 누적확률분포함수: $\Phi(x) = \dfrac{1}{\sqrt{2\pi}} \displaystyle\int_{-INF}^{x} f(z)dz$

(3) 평균과 분산

- $E(X) = \mu,\ V(X) = \sigma^2$
- $E(Z) = 0,\ V(Z) = 1$

(4) 성질

- 표준정규분포의 제곱은 자유도 1인 카이제곱분포이다. $Z^2 \sim \chi^2(1)$
- 서로 독립인 $k$개 표준정규분포의 제곱은 자유도 $k$인 카이제곱분포이다.

$$\sum^{k} Z_i^2 \sim \chi^2(k)$$

- 서로 독립인 두 정규분포 확률변수($Z_1,\ Z_2$)의 비($\frac{Z_1}{Z_2}$)는 코쉬(Caushy) 분포를 따른다.
- 서로 독립인 정규분포 $X_i \sim N(\mu_i, \sigma^{k_i})$ 합은 정규분포($N(\sum^{k}\mu_i, \sum^{k}\sigma^{2_i})$)를 따른다.
- $\ln(X) \sim N(0,1)$인 경우 확률변수 $X$는 로그정규(Log Normal)분포를 따른다.
- 이항분포 정규근사: $\lim\limits_{n \to \infty,\, p \to 0} B(n, p) \sim N(np, npq)$
- 포아송 분포 정규근사: $\lim\limits_{\lambda \to INF} P(\lambda) \sim N(\lambda, \lambda)$

(5) 파이썬 함수

- scipy.stats.norm.rsv($\mu$,$\sigma$,표본크기)
- scipy.stats.norm.pdf/cdf($x$,$\mu$,$\sigma$) / scipy.stats.norm.ppf(확률,$\mu$,$\sigma$)

(6) 활용

- 통계 모형의 오차, 백색잡음은 정규분포를 따른다.
- 대표본 모집단 평균, 비율에 대한 추론
- 표준점수($t$-점수): 원 점수를 평균 50, 표준편차 10인 정규분포로 변환한 점수이다. 서로 다른 평가자가 상이한 집단을 평가한 경우 두 집단에 속한 개체(사람)들의 점수를 상호 비교하기 위하여 사용됨.

## 3.4.5 $t$-분포

### (1) 확률변수 발견

- W.S. Gosset(1908, Guinness Brewery 아일랜드): 소표본의 경우 표본평균의 분포가 정규분포와 다른 형태를 띠고 있음을 보고 발견한 분포이다.
- 표준정규분포 $Z \sim N(0,1)$, 카이제곱분포 $W \sim \chi^2(df=r)$가 서로 독립이면 다음이 성립한다. $\dfrac{Z}{\sqrt{W/r}} \sim t(df=r)$

### (2) 확률밀도함수 $X \sim t(r)$

- $f(x) = \dfrac{\Gamma(\frac{r+1}{2})}{\sqrt{r\pi}\,\Gamma(\frac{r}{2})}(1+\dfrac{1+t^2}{r})^{-\frac{r+1}{2}}, \ -\infty < x < \infty$

### (3) 평균과 분산

- $E(X)=0,\ V(X)=\dfrac{r}{r-2}$

### (4) 성질

- $t$-분포 형태는 표준정규분포와 유사하다. 분산($\dfrac{r}{r-2}$)이 1보다 크므로 정규분포에 비해 꼬리 부분이 두껍고 중앙의 높이는 낮다.
- $n$이 충분히 커지면 분산이 1에 가까워지고 $t$-분포는 표준정규분포에 근사한다.

### (5) 파이썬 함수

- scipy.stats.t.rsv($df$,표본크기)
- scipy.stats.t.pdf/cdf($x$,$df$) / scipy.stats.t.ppf(확률,$df$)

### (6) 활용

- 소표본 모집단 평균 추론에 활용한다.
- 선형모형 회귀계수 추론(오차항의 정규분포 가정이 필요함)

## 3.4.6 *F*-분포

### (1) 확률변수 발견

- Fisher-Snedecor에 의해 제안된 분포로 ANOVA(분산분석)을 위하여 제안된 분포이다. 분산=변동은 정규분포 가정하에 카이제곱 분포를 따른다.
- 독립인 두 분포, $X \sim \chi^2(df_1)$, $Y \sim \chi^2(df2)$의 비: $\dfrac{X/df_1}{Y/df_2} \sim F(df_1, df_2)$

### (2) 확률밀도함수 $X \sim f(df_1, df_2)$

- $f(x) = \dfrac{1}{B(\frac{df_1}{2}, \frac{df_2}{2})} (\dfrac{df_1}{df_2})^{df_1/2} x^{df_1/2-1} (1 + \dfrac{df_1}{df_2}x)^{-(df_1+df_2)/2}$, $0 < x < \infty$

  $B(\alpha, \beta) = \dfrac{\Gamma(\alpha) + \Gamma(\beta)}{\Gamma(\alpha+\beta)}$, $\Gamma(z) = \int_0^\infty x^{x-1} e^{-x} dx$(감마함수)

### (3) 평균과 분산

- $E(X) = \dfrac{df_2}{df_2 - 2}$, $df_2 > 2$, $V(X) = \dfrac{2df_2^2(df_1 + df_2 - 2)}{df_1(df_2 - 2)^2(df_{2-4})}$, $df_2 > 4$

### (4) 성질

- *F*-분포 형태는 우로 치우친 형태이다.
- 자유도 $r$인 $t$-분포의 제곱은 자유도 $(1, r)$인 $F$-분포를 따른다. 즉, 두 모집단 평균 차이비교 검정통계량 $t$-통계량의 제곱은 요인(집단) 차이 분산분석 $F$-통계량과 동일하다.
- $X \sim Beta(df_1/2, df_2/2)$이면 $\dfrac{df_2 X}{df_1(1-X)} \sim F(df_1, df_2)$.
- $X \sim F(df_1, df_2)$이면 $\dfrac{1}{X} \sim F(df_2, df_1)$.

### (5) 파이썬 함수

- scipy.stats.f.rsv($df_1$,$df_2$,표본크기)
- scipy.stats.f.pdf/cdf($x$,$df_1$,$df_2$) / scipy.stats.f.ppf(확률,$df_1$,$df_2$)

(6) 활용

- 두 모집단 분산 차이 비교: 데이터 정규분포 가정이 필요하다.
- 요인(집단 간) 변동 유의성 검정 분산분석, 회귀모형 회귀변동 유의성 검정 분산분석에 사용된다.

## 3.4.7 베타분포

(1) 확률변수 정의

- 베타(beta) 분포 확률변수 $X$: 독립인 두 감마분포의 비에 대한 확률분포함수
- 모수: $\alpha, \beta$ (형태 모수)
- 범위: $0 < x < 1$

(2) 확률밀도함수 $X \sim Beta(\alpha,\beta)$

- $f(x) = \dfrac{1}{B(\alpha,\beta)} x^{\alpha-1}(1-x)^{\beta-1},\ 0 < x < 1$

(3) 평균과 분산

- $E(X) = \dfrac{\alpha}{\alpha+\beta},\ V(X) = \dfrac{\alpha\beta}{(\alpha+\beta)^2(\alpha+\beta+1)}$

(4) 성질

- 확률변수 $X$의 범위가 $(0,1)$로 비율에 대한 분포로 사용된다.
- 모수 $\alpha$, $\beta$의 크기에 따라 좌우대칭($\alpha = \beta$), 우로 치우침, 좌로 치우침 모든 형태가 가능한 분포이다.
- 확률변수 $(1-X)$도 베타분포를 따르며 모수는 $Beta(\beta, \alpha)$이다.

(5) 파이썬 함수

- scipy.stats.beta.rsv($\alpha$,$\beta$,표본크기)
- scipy.stats.t.pdf/cdf($x$,$\alpha$,$\beta$) / scipy.stats.t.ppf(확률,$\alpha$,$\beta$)

(6) 활용

- 베이지안 추정: 모비율의 사전확률로 사용한다.

# 3.5 이변량 확률변수

## 3.5.1 개념

두 확률변수($X$, $Y$)를 동시에 고려하여 관계를 탐색하게 된다.

- 은행 고객이 기다리는 시간($X$)과 서비스 받는 시간($Y$)
- 바이러스 감염된 환자 수($X$)와 24시간 후 치료된 환자 수($Y$)
- 학생들의 키($X$)와 몸무게($Y$) 관계

이산형과 연속형 변수가 함께 있는 이변량 확률분포도 존재하나 매우 복잡하고 유용성이 낮으므로 여기서는 모두 연속형이거나 이산형인 경우에 한정하여 다루기로 한다.

## 3.5.2 확률밀도함수

(1) 결합 확률밀도함수

두 개의 확률변수를 ($X$, $Y$)라 하면 결합(joint) 확률밀도함수는 다음과 같이 정의된다.

- 이산형: $P(X=x,\ Y=y)=P_{X,Y}(x,\ y)$
- 연속형: $f(x,\ y)=f_{(X,Y)}(x,\ y)$

결합확률밀도함수도 확률분포함수이므로 확률의 공리를 만족해야 한다.

(1) $p(x,\ y)\geq 0,\ f_{(x,}y)\geq 0$

(2) $\sum_x\sum_y P(x,y)=1,\ \int_y\int_x f(x,y)dxdy=1$

**예제** 은행에 창구가 3개 있다. 2명의 고객이 서로 다른 시간에 왔고 서로 독립(모르는 사람)이라고 하자. 확률 변수 $X$을 창구 1에 온 고객 수, $Y$를 창구 2에 온 고객 수라 할 때 결합밀도함수를 구하시오.

| $X$ \ $Y$ | 0 | 1 | 2 |
|---|---|---|---|
| 0 | 1/9 | 2/9 | 1/9 |
| 1 | 2/9 | 2/9 | 0 |
| 2 | 1/9 | 0 | 0 |

**예제** 확률변수$(X,\ Y)$의 결합확률밀도함수(joint PDF)는 $f(x,\ y)=k(1-y)$, $0 \le x \le y \le 1$이다. 상수 $k$를 구하시오.

$\int_0^1 \int_0^y k(1-y)dxdy=1$을 만족해야 하므로 $k=6$이다.

(2) 누적 확률밀도함수

- 이산형 누적(cumulative) 분포함수: $F(x,y)=\sum^x \sum^y P_{X,Y}(x,\ y)$
- 연속형 누적분포함수: $F(x,y)=\int^x \int^y f_{X,Y}(x,\ y)$

누적확률분포함수는 비감소 함수이며 $F(-\infty,\ -\infty)=0$, $F(-\infty,y)=F(x,-\infty=0)$, $F(\infty,\ \infty)=1$이다.

**예제** 은행 창구 예제에서 $F(1,0)$을 구하시오.

$F(1,0)=P(X \leqq 1, Y=0)=P(X=0, Y=0)+P(X=1, Y=0)=1/3.$

**예제** 확률변수$(X,\ Y)$의 결합확률밀도함수(joint PDF)는 $f(x,\ y)=6(1-y)$, $0 \le x \le y \le 1$일 경우 $P(X \le 3,\ Y \ge 1/2)$을 계산하시오. $\frac{31}{64}$

**예제** 확률변수 $X$은 주유소 저장 탱크에 있는 GAS 양(%)이고 $Y$는 하루에 팔린 GAS 양(%)이다. 결합밀도함수는 $f(x,\ y)=3x$, $0 \le x \le y \le 1$라 할 때 기름 탱크에 저장된 GAS 양이 $1/2$보다 작고 하루 팔린 양이 $1/4$ 이하일 확률을 계산하시오. $\frac{5}{128}$

(3) 주변 확률밀도함수

이변량 확률변수 가운데 하나의 확률변수에만 관심을 가질 때(다른 확률변수는 고정되었다고 가정) 이를 주변(marginal) 확률분포함수라 한다.

- 이산형 $p_X(x)=\sum_y P_{X,Y}(x,y)$
- 연속형 $f(x)=\int_y f_{X,Y}(x,y)dy$

**예제** 은행 창구 문제에서 창구 1에 오는 사람 수 $X$의 주변 확률밀도함수를 구하시오.

| $X$ | 0 | 1 | 2 |
|---|---|---|---|
| $p(X)$ | 4/9 | 4/9 | 1/9 |

**예제** 결합밀도함수 $f(x,\ y) = x + y,\ 0 < x,\ y < 1$ 확률변수 $X$ 주변확률밀도함수를 구하시오. $f(x) = x + 1/2,\ 0 < x < 1$

```
import numpy as np
def f(x, y):
return x+y
x = np.linspace(0, 1, 30)
y = np.linspace(0, 1, 30)
X, Y = np.meshgrid(x, y)
Z = f(X, Y)
import matplotlib.pyplot as plt
fig = plt.figure()
ax = plt.axes(projection='3d')
ax.contour3D(X, Y, Z, 50, cmap='binary')
ax.set_xlabel('x')
ax.set_ylabel('y')
ax.set_zlabel('z')
```

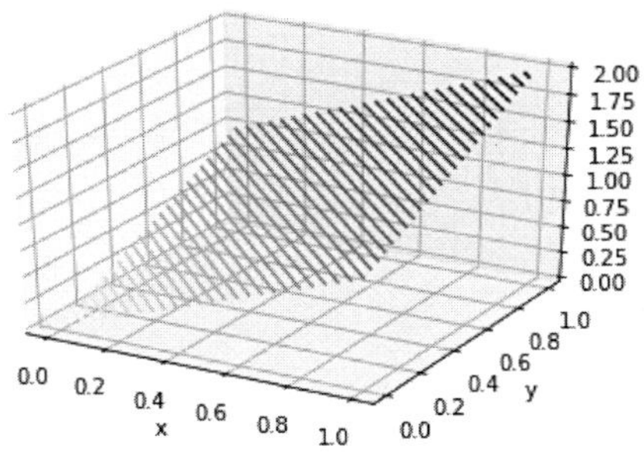


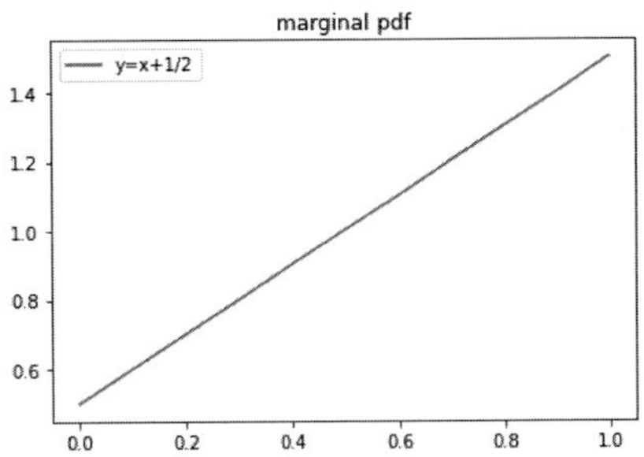


```
import matplotlib.pyplot as plt
x=np.linspace(0,1,100)
y=x+0.5
plt.plot(x,y,label="y=x+1/2")
plt.title('marginal pdf')
plt.legend(loc='upper left')
plt.show()
```

(4) 조건부 확률밀도함수

하나의 확률변수 값($X=x$)이 주어졌을 때 다른 확률변수의 확률분포함수를 조건부 (conditional) 확률분포함수라 한다.

- 이산형: $P_{Y \mid x}(Y=y \mid X=x) = \dfrac{P_{X,Y}(X=x, Y=y)}{P_X(X=x)}$
- 연속형: $f_{Y \mid x}(y \mid x) = \dfrac{f_{X,Y}(x,y)}{f_X(x)}$

**예제** 결합 확률밀도함수 $f(x, y)=2,\ 0<x<y<1$이다. $f(x \mid y)$ 구하시오.

$f(x \mid y)=1/y,\ 0<x<y<1$

**예제** 결합 확률밀도함수 $p(x,y)=\dfrac{(x+2y)}{18}$, $(x,y)=(1,1),\ (1,2),\ (2,1),\ (2,2)$일 경우 $P(y|x)$을 구하시오.

$P(Y=y \mid X=1)=8/18, y=1, 10/18,\ y=2$

(5) 독립

하나의 확률변수 값($X=x$)이 주어졌을 때 다른 확률변수의 확률분포함수를 조건부 (conditional) 확률분포함수라 한다.

## 3.5.3 기대값

(1) 결합 확률변수의 함수 $W=g(X,\ Y)$의 기대값

- 이산형: $E(W)=\sum_y \sum_x g(x,y)p(x,y)$
- 연속형: $E(W)=\int_{-\infty}^{\infty}\int_{-\infty}^{\infty} g(x,y)f(x,y)dxdy$

(2) 확률변수 $Z=g(y)$의 주변 확률밀도함수 기대값

- 이산형: $E(g(y))=\sum_y g(y)p_Y(y)$
- 연속형: $E(g(y))=\int_{-INF}^{INF} g(y)f_Y(y)dy$

**예제** 결합 확률밀도함수 $f(x, y) = 8xy$, $0 < x < y < 1$이다. $E(XY^2)$, $E(Y)$ 구하시오.

$8/21$, $4/5$

(3) $X = x$가 주어진 경우 $g(y)$ 조건부 확률밀도함수 기대값

- 이산형: $E(g(y)) = \sum_y p_{Y|x} g(y)$
- 연속형: $E(g(y)) = \int_{-\infty}^{\infty} g(y) f_{Y|x}(y|x)dy$

**예제** 결합 확률밀도함수 $f(x, y) = 2$, $0 < x < y < 1$이다. $E(X|y)$ 구하시오.

$y/2$, $0 < y < 1$

**정리** (a) $E[E(Y|x)] = E(Y)$

(b) $V[E(Y|x)] \leq V(Y)$

### 3.5.4 상관계수

이변량 확률변수$(X, Y)$에 대하여 결합 확률밀도함수 $f(x, y)$, 평균을 각각 $E(X) = \mu_x$, $E(Y) = \mu_y$, 그리고 분산을 $V(X) = \sigma^{2x}$, $V(Y) = \sigma^{2Y}$이라 하자. 두 확률변수의 공분산(covariance)은 다음과 같이 정의된다.

$Cov(X, Y) = E[(X - E(X))(Y - E(Y))] = E(XY) - \mu_X \mu_Y$

그리고 이변량 확률변수$(X, Y)$의 (피어슨) 상관계수(correlation coefficient)는 다음 식으로 정의된다.

$$Corr(X, Y) = \rho = \frac{Cov(X, Y)}{\sigma_X \sigma_Y}$$

- 상관계수는 $[-1, 1]$ 사이 실수 값을 가지며 두 확률변수의 직선 관계를 나타내는 척도로 사용된다.
- 상관계수가 0에 가까울수록 직선관계가 없고 $\pm 1$에 가까울수록(기울기 양, 음)직선 관계가 높다.
- $E(XY) = \mu_X \mu_Y + \rho \sigma_X \sigma_Y$가 성립한다.

정리 만약 $E(Y|X=x)$가 $X$의 선형함수라면 $E(Y \mid X=x)=\mu_Y+\rho\frac{\sigma_Y}{\sigma_X}(X-\mu_X)$ 이다.

### 3.5.5 독립

정의 확률변수 $(X,\ Y)$는 서로 독립(independence)이다. ⇔ $f(x,\ y)=f(x)f(y)$이고 확률변수의 범위도 독립이다.

성질

- 확률변수 $(X,\ Y)$가 서로 독립이면 $E(XY)=E(X)E(Y)$ 그러므로 $COV(X,\ Y)=0$이고 $Corr(X,\ Y)=0$이다.
- 공분산이 0이라고 두 확률변수 $(X,\ Y)$은 독립은 아니다.
- 독립인 두 확률변수의 결합 확률밀도함수는 주변밀도함수의 곱으로 표현된다.

### 3.5.6 변수변환

개념: 두 확률변수 $(X,\ Y)$의 함수 $h(x,y)$의 확률분포함수를 구하거나 한 개의 확률변수 함수 $g(x)$의 확률분포함수를 구하는 방법을 변수변환(variable transformation)이라 한다.

방법: 변수변환 방법은 다양하나 여기서는 일변량 변수변환은 누적분포함수 방법을 이변량 확률변수 방법은 Jacobian 방법을 예제로 간단히 설명하였다.

누적함수 활용 변수변환 방법은 다음 정리를 활용한다.

정리: 만약 $F_X(x)=F_Y(y)$가 성립하면 두 확률변수의 확률분포함수는 동일하다.

---

**예제** 확률변수 $X$의 확률밀도함수를 $f(x)=2x,\ 0 \leqq x \leqq 1$일 경우 $Y=X^2$의 확률밀도함수를 구하시오.

(1) 확률변수 범위 결정: $0 \leqq x \leqq 1$이므로 $0 \leqq y = X^2 \leqq 1$이다.

(2) $F_Y(y)=P_Y(Y \leq y)=P_X(X^2 \leq y)=P_X(X \leq \sqrt{y})=\int^{\sqrt{y}} 2x\,dx = x^2]_0^{\sqrt{y}}=y$

(3) $f_Y(y)=F'_Y(y)=1,\ 0 \leqq y \leqq 1$

---

**예제** 확률변수 $X$의 확률밀도함수를 $f(x)=\frac{1}{2}$, $-1<x<1$일 경우 $Y=X^2$의 확률밀도함수를 구하시오.

(1) 확률변수 범위 결정: $0<x<1$이므로 $0 \leqq y<1$이다.

(2) $F_Y(y)=P_Y(Y \leqq y)=P_X(X^2 \leqq y)=P_X(\sqrt{y} \leqq X \leqq \sqrt{y})=\int_{-\sqrt{y}}^{\sqrt{y}} \frac{1}{2} dx=\sqrt{y}$

(3) $f_Y(y)=F_Y'(y)=\frac{1}{2\sqrt{y}}$, $0 \leqq y<1$

**정리** 만약 $Y=g(x)$가 확률변수 $X$의 범위에서 일대일 대응함수이고 미분가능하면 Jacobian 방법으로 확률변수 함수의 확률분포함수를 쉽게 구한다.

$$f_Y(y)=f_X(g^{-1}(y))\left|\frac{dx}{dy}\right|$$

**예제** 확률변수 $X$의 확률밀도함수를 $f(x)=2x$, $0 \leqq x \leqq 1$일 경우 $Y=X^2$의 확률밀도함수를 구하시오.

(1) $g(x)=X^2$은 $0 \leqq x \leqq 1$에서 일대일 함수이고 미분가능($g'(x)=2x$) 하다.

(2) $X=g^{-1}(y)=\sqrt{y}$, $\frac{dx}{dy}=\frac{1}{2\sqrt{y}}$.

(3) $f_Y(y)=2\sqrt{y}\frac{1}{2\sqrt{y}}=1$, $0 \leqq y \leqq 1$

이변량 변수변환 방법을 예제로 설명한다.

**예제** 확률변수 $X$, $Y$의 확률밀도함수를 $f(x,y)=3x$, $0 \leqq y \leqq x \leqq 1$일 경우 $Z=(X-Y)$의 확률밀도함수를 구하시오.

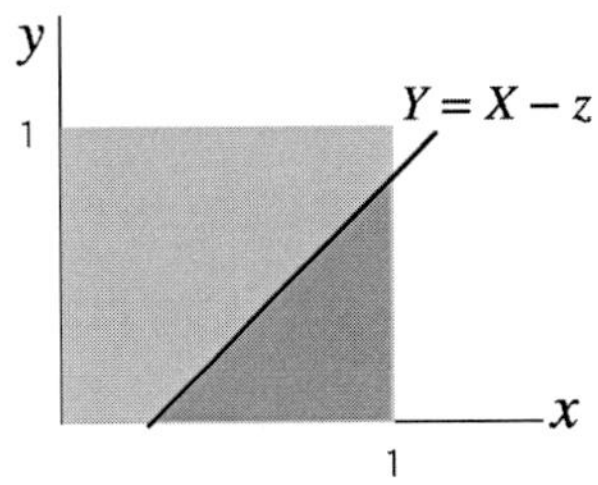


(1) 확률변수 $Z$의 범위는 $0 \leqq z \leqq 1$이다.

(2) $F_Z(z)=P(Z \leqq z)=P(X-Y \leqq z)$

$=\int_0^1 \int_0^{y+z} 3x\,dxdy=\frac{1}{2}(3z-z^3)$

(3) 그러므로 확률밀도함수는 $f_Z(z)=F'^{z}(z)=\frac{3}{2}(1-z^2)$,

$0 \leqq z \leqq 1$이다.

**예제** 확률변수 $X, Y$의 확률밀도함수를 $f(x,y)=2(1-x)$, $0 \leq x, y \leq 1$일 경우 $Z=XY$의 확률밀도함수를 구하시오.

(1) 결합 확률밀도함수는 $X, Y$의 곱으로 표현되며 범위도 독립이므로 Jacobian 방법을 적용할 수 있다.

(2) $W=X$라 하자. 그러면 $0 \leq Z \leq W \leq 1$이다.

(3) $X=W,\ Y=\dfrac{Z}{W}$이므로 $J=\begin{vmatrix} dx/du & dx/dv \\ dy/du & dy/dv \end{vmatrix} \begin{vmatrix} 0 & 1 \\ 1/w & -z/w^2 \end{vmatrix} = \dfrac{1}{w}$

(4) 결합확률밀도함수는 $f_{Z,W}(z,w)=2(1-w)\dfrac{1}{w}$, $0 \leq z \leq w \leq 1$이다.

(5) $Z$의 확률밀도함수는 $f_Z(z)=\displaystyle\int_z^1 f_{Z,W}(z,w)dw = 2(z-\ln z-1)$, $0 \leq z \leq 1$이다.

PART 04

# 통계적 추론

4.1 확률표본
4.2 추정
4.3 가설검정
4.4 추론 사례

“

*That's been one of my mantras - focus and simplicity.*

*- Steve Jobs*

# PART 04 통계적 추론

## 4.1 확률표본

### 4.1.1 추정 대상

(1) 모집단 확률분포함수

- 모집단 데이터 개별 값에 대한 정보를 모두 가진 확률변수 $X$의 확률분포가 추정대상이다.
- 그러나 전수조사를 하지 않는 이상 모집단의 확률분포함수를 알 수 없다.
- 확률표본 개념을 도입하여 확률표본 데이터의 히스토그램을 이용한 시각적 추정이나 Kernel 추정방법을 적용하여 모집단 확률분포함수를 추정할 수 있다.
- 표본 데이터를 모집단으로 하여 확률표본을 반복 추출하여 모집단의 분포함수를 추정하는 재표본(resampling method) 방법도 모집단 분포함수 추정에 사용할 수 있다. 재표본 방법에는 부스트래핑(bootstrapping) 기법과 재크나이프(jackknifing) 기법이 있다.

(2) 모수

- 모집단 개체의 관심 특성인 모수(parameter)를 추정한다. 모수의 기호는 $\theta$를 사용한다. ㉮ 비율 $\theta = p$ 평균 $\theta = \mu$, 분산 $\theta = \sigma^2$
- 일반적으로 통계적 추론에서는 모수가 주되 추정 대상이며 이를 위하여 모집단 확률분포함수는 사전 가정된다.
- 모집단 확률분포에 대한 추론은 적합성 검정(Goodness of fits)을 적용한다.

## 4.1.2 확률표본

### (1) 정의

표본을 추출할 때 모집단의 개체가 표본으로 선택될 가능성이 동일하도록 하는 경우 이를 확률표본(random sample)이라 하며 기호는 $(x_1, x_2, ..., x_{n)}$이다.

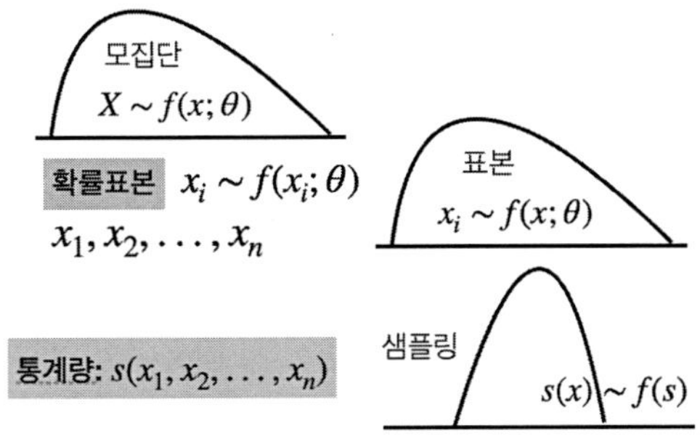


확률표본(데이터)의 확률분포함수는 모집단의 확률분포함수와 동일하며 이를 이용하여 모수를 추정하게 된다.

- $i$ – 번째 관측치 $x_i$의 확률분포함수는 모집단 확률분포함수 $f(x;\ \theta)$를 따르고 다른 관측치와는 서로 독립이다.
- 즉, 확률표본의 확률분포함수는 모집단 확률분포함수와 동일하다

**모비율** H대 학생들의 흡연율을 추정하고자 크기 50인 확률표본을 추출하였다고 하자.

(1) H대 학생들의 흡연여부를 확률변수 $X$라 정의하고 모수, 흡연율을 $\theta = p$라 하자.

(2) 모집단 확률분포함수는 $X_i \sim f(x;\theta) = B(1,p)$(베르누이 분포)

(3) 확률표본 $(x_1, x_2, \cdots, x_{50)}$의 표본 확률분포함수도 베르누이분포를 따른다.

**모평균** H대 학생들의 일주일 과제 준비시간을 추정하고자 크기 50인 확률표본을 추출하였다고 하자.

(1) H대 학생들의 공부시간을 확률변수 $X$라 정의하고 모수, 평균 과제 준비시간 $\theta = \mu$라 하자.

(2) 모집단 확률분포함수는 $X_i \sim f(x;\theta = \mu)$ (모집단 분포함수를 가정하지 않으면 사전에 알 수 없다)

(3) 확률표본 $(x_1, x_2, \cdots, x_{50)}$의 표본 확률분포함수도 모집단의 확률분포를 따른다.

### (2) 확률표본 (결합)확률밀도함수

확률표본은 모집단 확률분포함수를 따르고 서로 독립이므로 다음이 성립한다.

$$f(x_1,\ x_2,\ \cdots,\ x_n;\theta) = (\text{독립}) f(x_1;\theta) f(x_2;\theta) \cdots f(x_n;\theta) = (\text{동일}) f(x;\theta)^n$$

이처럼 모수를 포함한 결합 확률분포함수를 우도(likelihood) 함수라 한다.

### (3) 통계량

- 확률표본으로부터 계산되는 요약 값을 모두 통계량(statistic)이라 하고 통계량은 관측 데이터의 함수이다. $s = h(x_1, x_2, ..., x_n)$
- 통계량은 확률표본(확률변수)의 함수이므로 확률분포함수를 갖는다. $s \sim f(s)$
- 통계량은 모수 추론에 사용되며 통계량의 함수는 모수의 추정량, 모수에 대한 통계적 가설을 검정하는 검정통계량으로 사용된다.

**모비율** 표본크기 50인 표본 데이터($x_1 = 1, x_2 = 0, \cdots, , x_{50} = 0$ ,0=비흡연, 1=흡연) 활용 계산 결과 표본 흡연자가 10명이어서 표본 흡연율은 20%였다고 하자. 표본 흡연율 20%가 통계량이다.

**모평균** 표본크기 50인 표본 데이터($x_1 = 3.5, x_2 = 7.5, \cdots, , x_{50} = 10$, 일주일 과제 준비 시간) 활용 계산 결과 표본 평균 12.5(시간), 표본 표준편차 3.5(시간)이었다고 하자. 표본 평균, 표준편차가 통계량이다.

## 4.1.3 샘플링 분포

### (1) 개념

- 통계량을 활용하여 가설검정하거나 모수에 대한 신뢰구간 추정을 하려면 통계량의 확률분포함수를 알아야 한다. 통계량의 확률분포함수를 샘플링(sampling) 확률분포함수라 한다.
- 확률표본 확률분포함수는 모집단 확률분포함수와 동일하나 샘플링 확률분포함수는 모집단의 분포함수와 상이하다.
- 샘플링 확률분포함수는 모집단 분포함수를 알거나 혹은 가정하는 경우 구할 수 있으며 이를 이용하여 모수에 대한 추정과 검정을 한다.

**모비율** 모집단의 확률분포함수가 베르누이 분포를 따르므로 표본 흡연자합은 $\sim B(n = 50, p)$ 이항분포를 따른다. $p$은 모집단 흡연비율이다.

**모평균** 모집단 확률분포함수가 주어지지 않으므로 표본 평균, 표본 분산의 확률분포함수는 알 수 없다. 만약 모집단 확률분포함수를 정규분포라 가정하면 표본 평균은 정규분포를 따르고 표본 분산은 카이제곱분포를 따른다.

(2) 중심극한정리

모집단의 분포와 상관없이 표본크기가 충분히 크면(대표본 $n > 20 \sim 30$) 표본평균, 표본합의 샘플링 확률분포함수는 정규분포에 근사한다. 이를 중심극한정리(central limit theorem)이라 한다.

[수리적 정리] 표본평균($\overline{x}$)의 기댓값은 모집단 평균($\mu$)이며 표준편차는 $\frac{\sigma}{\sqrt{n}}$이다.

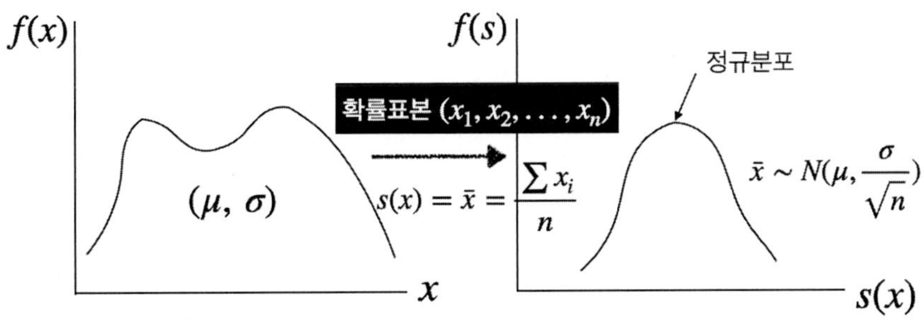


활용

- 모비율, 모평균 추론에 사용 [대표본 이론]
- 데이터 범위만 주어진 경우 분산 추정에 사용 $\mu \pm 3\sigma$ 범위에 모든 데이터가 포함되므로(실증적 규칙) $R = 6\sigma$이다. $\hat{\sigma} = R/6$이나 분산의 과소 추정으로 인한 문제를 사전 차단하기 위하여 $\hat{\sigma} = R/4$

## 4.2 추정

### 4.2.1 개념

모집단 모수, $\theta$을 추정(estimation)하거나 가설검정(hypothesis testing)을 위하여 확률표본 데이터를 수집한다. 확률표본으로부터 모수에 "가장" 적절한 통계량을 계산 하고 이를 이용하여 모수에 대한 추론(inference)을 하게 된다.

- 확률표본으로 계산된 통계량, $s(x_1,\ x_2,\ \cdots,x_n)$을 이용하여 모수($\theta$) 값에 대한 정보를 얻는 것을 추론이하 한다.
- 모수 $\theta$에 대한 추정값(estimate 추정을 위해 계산된 값)을 $\hat{\theta}= s(x_1,\ x_2,\ \cdots,\ x_n)$이라 표현한다.
- 추정량(estimator)은 추정값을 구하는 공식을 의미하는데 본 강의에서는 추정량과 추정값을 혼동해서 사용하겠다.
- 모수는 모르는 값이고 하나의 고정된 값이므로 즉 모수는 확률변수가 아니다. 모수를 확률변수로 간주하여 추정하는 방법을 베이지안 추정방법이라 한다.
- 추정한다는 것은 과녁 중심을 모수라 하면 화살 하나(1번의 확률표본 데이터)로 10점을 맞추는 것이다.
- 그러나 과녁을 맞추는 경우는 사후적으로 적중했는지 알 수 있으나 추정은 실제 모수 값을 아는 것이 아니라 그것이라 믿고 활용한다. 즉, 전수조사 전에는 결코 모수의 참 값을 알지 못한다.
- 추정값과 모수는 동일할 가능성은 없다. $P(\theta=\hat{\theta})=0$

### 4.2.2 좋은 추정량

점추정은 과녁에 화살을 쏘는 것과 같다. 모집단으로부터 확률표본을 얻고 이로부터 모수에 대한 예측 값(추정치)을 얻는다. 즉 과녁에 한 발의 화살을 쏘는 것과 같다. 한 발 명중이 가능할까? 그것이 가장 좋은 추정치일까?

화살을 한 발 쏘아 명중했다고 하자. 이는 우연이라 생각할 것이다. 아마 10발을 연속 명중시킨다면 명궁이라 할 수 있을 것이다. 이처럼 한 번의 확률표본 데이터를 이용하여 모수를 추정하는 경우 이 추정값이 가장 좋다고 할 수 없을 것이다.

추정값의 "베스트" 여부를 판단하려면 추정치를 여러 번 구해야 한다. 즉 추정치의 평균과 분산이 필요하게 되는 것이다.

"목표 모수($\theta$)"에 대한 추정량을 $\hat{\theta}$으로 표현하자. 추정량 $\hat{\theta}$가 가장 좋은 추정값이라면 매번 미지의 모수 값 중심으로 흩어져 있을 것이다.

(a) 추정량의 평균과 분산

- 통계량(추정량)은 표본 확률변수의 함수이므로 확률변수이고 다음의 평균과 분산을 갖는다.
- $E(\hat{\theta})$: 추정량 평균, $V(\hat{\theta}) = E(\hat{\theta} - E(\hat{\theta}))^2$: 추정(량)분산

(b) 불편 추정량

정의: 기댓값이 모수인 추정량($E(\hat{\theta}) = \theta$)을 불편추정량(unbiased estimator)이라 한다. 추정량의 편의(Bias)는 $B(\hat{\theta}) = E(\hat{\theta}) - \theta$로 정의한다.

(c) 상대 효율성

두 추정량 중 추정 분산이 적은 추정량을 상대 효율(relative efficient)이 좋은 통계량이라 한다.

만약 $V(\widehat{\theta_1}) < V(\widehat{\theta_2})$, 추정량 $\widehat{\theta_1}$이 추정량 $\widehat{\theta_2}$보다 상대 효율이 좋은 통계량이다.

(d) 베스트 추정량

- 정의: 평균제곱오차(Mean Square Error) $MSE(\hat{\theta}) = E(\hat{\theta} - \theta)^2$
- 추정값과 모수의 차이의 제곱 기댓값($MSE$)을 최소로 하는 추정값을 베스트 추정량이라 한다.
- 이론적으로는 존재하나 실제 추정량을 구하는 것은 불가능하다.

(e) 최소분산불편추정량(MVUE)

- $MSE(\widehat{\theta})$을 최소화 하는 베스트 추정량을 구하는 대신 불편 추정량 중 추정분산($V(\widehat{\theta})$)을 최소화 하는 추정량을 가장 좋은 추정량이라 정의하여 이를 최소분산불편추정량 (Minimum Variance among Unbiased Estimator)이라 한다.

- 그러므로 불편 추정량을 가정하면 $MSE(\hat{\theta})$ 최소 추정량은 MVUE 추정량과 동일하므로 통계적 추론에서는 가장 좋은 추정량으로 사용된다.

### 4.2.3 점추정

- 추정하려는 모수의 값을 단일 값으로 추정하는 것을 점(point) 추정이라 하며 MVUE을 사용한다.
- 점추정량을 구할 때는 추정량의 샘플링 분포를 몰라도 문제 없다.

**모비율** 모집단 비율($\theta = p$)에 대한 MVUE은 표본평균($\hat{p}= \dfrac{no.of\,1's}{n}$)이다.

**모평균** 모집단 평균($\theta = \mu$)에 대한 MVUE은 표본평균($\hat{\mu}= \overline{x}$)이다.

### 4.2.4 구간추정

- MVUE 샘플링 분포를 활용하여 모수에 대한 구간추정(interval estimator)을 구하게 된다.
- MVUE 샘플링 분포는 모집단 분포함수를 가정하거나 중심극한정리(표본합, 표본평균)를 이용하여 구하게 된다.
- MVUE 샘플링 분포는 모수를 포함하고 있으므로 이를 이용하여 모수에 대한 구간 추정량을 구하게 된다.
- MVUE 샘플링 분포에 포함된 모수를 MVUE 항으로 옮겨 그 MVUE 함수의 샘플링 분포가 모수를 포함하지 않는 경우 이를 주축 변량(pivot quantity)이라 한다. 이를 이용하여 모수의 구간 추정량을 구하게 된다.

**모평균** 모집단 평균($\theta = \mu$)에 대한 MVUE 표본평균은 ($\overline{x} \sim N(\mu, \dfrac{\sigma}{\sqrt{n}})$)이다. 그러므로 $\dfrac{\overline{x} - \mu}{\sigma / \sqrt{n}} \sim N(0,1)$이 주축 변량이다.

- 추축변량의 확률분포함수의 꼬리 부분은 균등하게 배분($\alpha/2$)한 후 가운데 범위를 구간 추정량이라 한다.
- $100(1-\alpha)\%$ 신뢰구간:
  $P(L(\hat{\theta}) < \theta < U(\hat{\theta})) = 100(1-\alpha)\%$,
  $L(\hat{\theta})$는 하한 구간 추정량,
  $U(\hat{\theta})$는 상한 구간 추정량이다.

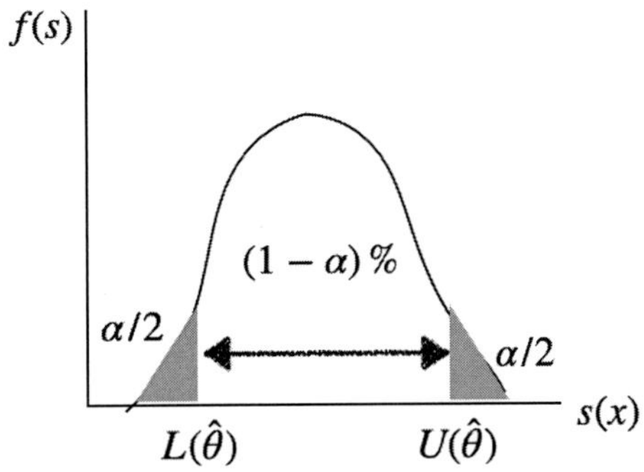


- 양쪽 $\alpha/2$ 균등 배부: 좌우 대칭인 분포에서는 신뢰구간의 폭이 가장 작아지기 때문이다. 동일한 신뢰수준에서 구간의 폭이 작을수록 추정의 효율성은 높다.
- 좌우대칭이 아닌 경우 치우친 부분에 적은 확률을 배분하면 신뢰구간의 폭을 줄일 수 있으나 단측검정을 하는 경우가 대부분이고 매번 고려하는 것이 쉽지 않아 검정 분포의 형태에 관계없이 양측에 동일하게 확률 배분한다.

(a) 95% 신뢰구간 해석
- 신뢰구간 추정량 구하는 공식에 의해 모수에 대한 신뢰구간을 100번 계산(확률표본 100번 추출)하면 95번은 모수를 포함하고 5번은 모수를 포함하지 않음(실제 잘못된 결론, 이는 가설검정의 1종 오류, 유의수준 5%와 동일)
- 그러나 실제로는 확률표본 데이터 수집 1번으로 신뢰구간을 계산하므로 모수가 이 구간에 포함될 가능성이 95%라고 기술하여도 무방하다.

### 4.2.5 추정방법

(1) 적률법
- 모집단의 적률과 표본적률 같다는 방정식을 풀어 추정량을 구한다.
- 예를 들어 모집단 평균(1차 적률 $E(X)=\mu$)과 표본 1차 적률($\overline{x}$)을 같게 놓고 $\overline{\mu}=\overline{x}$ 풀면 $\mu$에 대한 점 추정량으로 $\overline{\mu}=\overline{x}$ 얻게 된다.
- 모수가 한 개 이상이면 적률에 의한 방정식을 모수의 수만큼 얻어 사용하면 된다.
  (예) 모집단 평균($\mu$)과 분산($\sigma^2$)을 추정: $E(X): \mu=\overline{x}$, $E(X^2): \sigma^2+\mu^2=s^2+\overline{x}^2$

**예제** $(x_1, x_2, \cdots, x_n) \sim f(x) = U(0, \theta)$을 으로부터 확률표본이라 하자. 모수 $\theta$에 대한 점 추정량을 적률 방법에 의해 구하시오.

모집단 1차 적률 $E(X) = \theta/2$ , 표본 1차적률 $\overline{x} = \sum x_i/n$, 그러므로 $\hat{\theta}/2 = \overline{x} \Rightarrow \hat{\theta} = 2\overline{x}$

---

**예제** $(x_1, x_2, \cdots, x_n) \sim f(x) = Gamma(\alpha, \beta)$을 으로부터 확률표본이라 하자. 모수 $(\alpha, \beta)$에 대한 점 추정량을 적률 방법에 의해 구하시오.

모집단 1차 적률 $E(X) = \alpha\beta$, 2차적률 $E(X^2) = V(X) + E(X)^2 = \alpha\beta^2 + (\alpha\beta)^2 = \alpha\beta^2(1+\alpha)$

표본 1차 적률 $\overline{x} = \sum x_i/n$, 2차 적률 $\sum x_i^2/n \Rightarrow \hat{\alpha}\hat{\beta} = \sum x_i/n$, $\hat{\alpha}\hat{\beta}^2 = \sum x_i^2/n$

---

성질

- 구하기 쉬우나 모수를 적률로 표현할 수 있을 때만 사용할 수 있다.
- 적률에 의한 추정량은 일치성은 보장하지만 불편성이나 MVUE 성질을 만족하지 않을 수 있다.

### (2) 최대우도추정량

MVUE를 구하기 위하여 (1) Factorial criterion에 의해 충분 통계량을 구하고 (2) 충분 통계량의 함수이면서 불편성을 갖는 추정량을 구하면 Rao-Blackwell 정리에 의해 이것이 MVUE이다.

추출된(수집된) 확률표본(데이터) 값들이 모집단의 어떤 모수 값일 경우 관측될 가능성이 가장 높은가? 이를 최대우도 추정량(maximum likelihood estimator)이라 한다.

**예제** 주머니 속에 공이 3개 들어 있다. 공의 색깔은 하양, 파랑일 수 있다. 그러나 각 몇 개씩 들어 있는지는 모른다고 가정하자. 2개의 공을 뽑아 색을 보고 주머니에 있는 공의 색을 맞춘다고 하자. 공 2개를 뽑았더니 파랑이었다. 그럼? 주머니의 남은 공의 색깔은?

흰공일 확률$= 1/3$, 파란공일 확률$= 1 \Rightarrow$ 결론적으로, 파랑공일 가능성이 더 높아 파랑색이라 한다.

---

(a) MLE 구하기

모수를 포함한 확률표본의 결합밀도함수, 우도함수를 최대화 하는 모수 값을 최대우도추정량(MLE)이라 한다.

- 우도함수: $L(x_1,\ x_2,\ \cdots,\ x_n;\ \theta) = \Pi[f(x_i;\ \theta)]$, $f(x;\theta)$=모집단 확률분포함수
- MLE: $\min_\theta L(\underline{x};\theta)$, 우도함수를 최대화 하는 $\hat{\theta}$를 최대우도추정량이라 한다.
- 우도함수는 0보다 크므로 우도함수를 최대화 하는 것이나 로그 우도함수를 최대화 하는 것은 동일하다.

---

**예제** $(x_1, x_2, ..., x_n)$은 모집단 확률분포함수 $B(1,p)$으로부터 확률표본이라 하자. 모수(모비율) $p$에 대한 MLE를 구하시오.

(1) 우도함수: $L(\underline{x};p) = \Pi p^{x_i}(1-p)^{1-x_i} = p^{\sum x_i}(1-p)^{n-\sum x_i}$

(2) 로그우도함수: $\ln(L(\underline{x};p)) = \sum x_i \ln p + (n - \sum x_i)\ln(1-p)$

(3) 로그우도함수를 모수 $p$로 미분하고 0으로 놓고 방정식을 푼다.

$\dfrac{\sum x_i}{\hat{p}} + \dfrac{n-\sum x_i}{1-\hat{p}} = 0$ => $\hat{p} = \sum x_i / n$이 MLE 추정량이다.

---

**예제** $(x_1,\ x_2,\ \cdots,\ x_n) \sim f(x) = U(0,\ \theta)$을 으로부터 확률표본이라 하자. 모수 $\theta$에 대한 MLE 구하시오.

$L(x_1,\ x_2,\ \cdots,\ x_n;\ \theta) = \left[\dfrac{1}{\theta}\right]^n 1_{(0,\ \theta)}$ ⇒ 최대화 $\hat{\theta} = x_{(n)}$

---

(b) 성질

- 모집단의 확률분포함수를 알아야 계산할 수 있다.
- MLE는 추정량의 MVUE 성질을 만족한다.
- MLE Invariance 성질: 모수 $\theta$에 대한 MLE 추정량을 $\theta_{mle}$이라 하면 모수의 함수 $g(\theta)$의 MLE 추정량은 $g(\hat{\theta}_{mle})$이다. 단 함수 $g$는 일대일 함수이다.

**예제** $(x_1, x_2, ..., x_n)$은 모집단 확률분포함수 $B(1,p)$으로부터 확률표본이라 하자. 모수(분산) $pq = p - p^2$에 대한 MLE를 구하시오.

(1) 모수 $p$에 대한 MLE가 $\overline{x}$임을 보였다.

(2) 그러므로 MLE invariance 성질에 의해 모분산의 MLE는 $(\overline{x} - \overline{x}^2)$ 이다.

## 4.2.6 베이지안추정(optional)

(1) 개념

- Frequentist: 모수는 모르는 값이지만 고정된 값이다.
- 베이지안은 모수 $\theta$는 확률변수이고 확률분포함수를 갖는다. 이를 사전확률분포함수라 하고 $\pi(\theta)$라 표현한다.

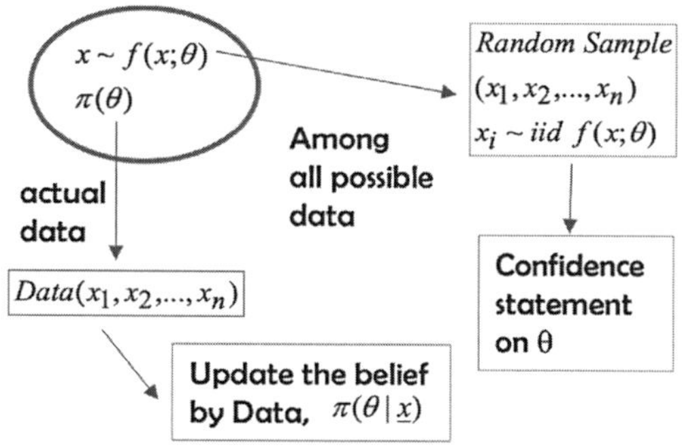


- 데이터가 주어진 경우 확률변수 모수의 조건부 확률분포함수를 사후확률이라 하고 $\pi(\theta \mid x)$으로 표현한다. 즉 사후확률은 데이터에 의해 업데이트된 모수 정보이다.

(2) 추정 방법

모집단 모비율$(\theta = p)$ 추정을 사례로 설명한다.

① 사전확률 설정

- 비율은 (0, 1) 사이의 값만 가지므로 $\pi(p) \sim U(0,\ 1)$ 혹은 $\pi(p) \sim Beta(\alpha,\ \beta)$ 분포 가정이 필요하다.
- Conjugate 사전확률 권장: 사전확률분포함수와 사후확률분포함수 형태가 동일한 경우를 말하므로 Conjugate 사전확률이라 한다. 그러므로 모비율 사전확률분포로 베타분포를 사용하는 것이 적절하다.

② 우도함수 도출

$$L(\underline{x};p) = \Pi p^{x_i}(1-p)^{1-x_i} = p^{\sum x_i}(1-p)^{n-\sum x_i}$$

③ 사후확률 계산 $\pi(\theta \mid x) \propto \pi(\theta)L(x;\, \theta)$

$\pi(p \mid \bar{x}) \propto Beta(\alpha, \beta)p^{\sum x_i}(1-p)^{n-\sum x_i}$이므로 사후확률은 베타 $(\alpha + \sum x_i,\ n + \beta - \sum x_i)$분포를 따른다.

④ 베이즈 추정량 계산

- 사후확률 평균 by squared error loss function: $Loss(\hat{\theta}) = (\hat{\theta} - \theta)^2$
- 사후확률 중앙값 by absolute error loss function: $Loss(\hat{\theta}) = |\hat{\theta} - \theta|$
- 그러므로 제곱오차비용함수에 의해 사후확률(베타분포) 평균을 구하면 베이지안 추정량이다. $\hat{p} = \dfrac{\alpha + \sum x_i}{n + \alpha + \beta - \sum x_i}$

## 4.3 가설검정

### 4.3.1 개념

- 설정한 이론을 통계적 방법으로 테스트 할 수 있도록 세운 가설을 통계적 가설이라 하며 통계적 가설은 모수의 값에 관한 것이다.
- [예1] 기존의 약에 비해 두통에 효과적인 새로운 약을 개발하였다고 하자. 두통 완화에 걸리는 시간의 차이가 있나? 통계적 가설: 기존약 두통 완화에 걸리는 평균시간($\mu_1$)과 새로운 약의 평균시간($\mu_2$)의 차이는 0(기존 약과 동일) 혹은 〈0(새로운 약의 효과 있음) 관계가 성립하다.
- [예2] 불량률이 5%인 제조 공정을 개선하기 위한 새로운 공정이 제안되었다. 새로운 공정의 불량률은 5% 미만인가? 통계적 가설: 새로운 공정의 불량률 $p$는 5% 혹은 5% 미만(새로운 공정 개선 효과 있음)이다.
- [예3] 수능성적과 GPA의 선형 모형 관계가 있는가? 학점$= \alpha + \beta$수능성적, 선형모형이 성립여부는 $\beta = 0$ 가설을 검정하는 것과 동일하다.

우리가 지지하는 가설을 연구가설(research hypothesis), 혹은 대립가설(alternative hypothesis)이라 한다. 대립가설과 반대되는 가설을 귀무가설(null hypothesis)라 한다.

가설검정은 무죄 추정의 원칙으로 범인의 유죄여부를 배심원의 결정과정과 동일하다.

'범인은 무죄이다'를 시작으로 '검사가 제시한 여러 증거'(표본 데이터)를 기반하여 범인의 유죄, 무죄를 판결한다.

가설검정도 귀무가설, 대립가설을 설정하고 데이터 기반하여 "귀무가설 기각" 혹은 "귀무가설 채택" 둘 중 하나를 결정한다.

### 4.3.2 통계적 가설

통계적 가설은 모수 값에 대한 설정이고 모수의 범위가 상호 배타적인 귀무가설과 대립가설로 2개의 가설로 구성되어 있음

(1) 귀무가설

- "귀무"(null)의 의미는 아무 것도 없다는 것이다.
- 모수 단일 값으로 설정하거나 '차이가 없다', '영향을 미치지 않는다', '(상관, 회귀)관계가 없다'로 나타낸다.
- 통계적 가설검정 결과는 귀무가설 채택 혹은 귀무가설 기각(대립가설 채택)으로 결정된다.

(2) 대립가설

- 귀무가설에 설정한 단일 모수 값 이외 모든 모수 값을 연구가설이라고 함, 효과가 있음, 차이가 있음, 이처럼 우리의 관심 가설이다.
- 대립가설의 형태는 모수의 한쪽 범위에 관심을 갖는 단측가설($H_0 : \theta > \theta_0$ 혹은 $H_0 : \theta < \theta_0$)과 귀무가설에서 설정한 모수 값을 제외한 모든 모수 범위로 구성된 양측가설($H_0 : \theta \neq \theta_0$)이 있음

### 4.3.3 검정 오류

(1) 1종 오류 & 2종 오류

| 실제 / 검정결과 | 귀무가설 진실 | 대립가설 진실 |
|---|---|---|
| 귀무가설 기각 | 1종 오류($\alpha$) | 옳은 결정 |
| 귀무가설 채택 | 옳은 결정 | 2종 오류($\beta$) |

- 1종 오류(type I error): 귀무가설이 참인데 귀무가설을 기각할 오류
- 2종 오류(type II error): 대립가설이 참인데 귀무가설을 채택할 오류

(2) 검정력 test power

- 검정력(test power): 검정력=1-(2종 오류), 대립가설이 참인데 귀무가설을 기각할 확률

(3) 유의수준

- 통계적 가설 검정 결과는 2가지 종류의 오류가 발생하는데 두 오류를 동시에 줄이는 가설검정법은 없다.
- 하여, 두 오류 중 하나를 고정한 후, 우리 관심이 대립가설에 있으므로 1종 오류를 고정하고(대립가설을 채택하고 싶어 이 정도 오류는 허용하자) 검정력을 최대화 하는 검정방법을 찾는다.
- 고정된 1종 오류를 유의수준(significant level)이라 정의하며, 허용된 오류로 해석된다.
- 유의하다는 것은 귀무가설이 기각되었다는 것을 의미하며, 유의수준 5% 유의, 1% 매우 유의, 10% 약간 유의로 해석한다.
- 유의수준과 신뢰수준 관계: 95% 신뢰수준의 구간 추정결과와 5% 유의수준 통계적 가설검정은 동일하다. 95% 신뢰구간에 속한 모수 값이 귀무가설에 설정되면 유의수준 5% 가설검정 결과 귀무가설은 기각되지 못한다.

## 4.3.4 검정통계량과 기각역

(1) 검정통계량

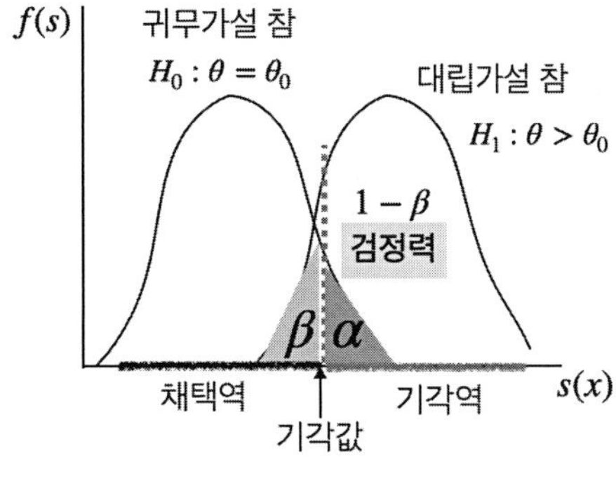


- 통계적 가설의 진위 여부를 판단하기 위하여 표본 데이터로부터 계산된 통계량을 검정 통계량(test statistic)이라 한다.
- 검정 통계량은 귀무가설에 설정된 모수의 MVUE 추정량이 기반되고 구간추정을 구할 때 사용한 주축(pivot) 통계량이다. 검정통계량의 샘플링 분포와 귀무가설의 모수 값이 옳다는 가정 하에 귀무가설을 기각할 범위(기각역)를 설정한다.

(2) 기각역

- 귀무가설 하에서의 검정통계량의 샘플링분포의 꼬리 부분 영역의 확률이 설정한 유의수준(귀무가설이 참인데 귀무가설을 기각할 확률)인 범위를 기각역(critical region)이라 정의한다.
- 기각역은 유의수준 크기에 의해 범위가 결정되며 검정통계량이 이 범위에 속하면 귀무가설을 기각(대립가설 채택)하며, 범위에 속하지 않으면 귀무가설을 채택한다.
- 기각역이 시작되는 값을 기각값(critical value)이라 한다.
- 대립가설이 양측가설이면 유의수준을 1/2씩 양쪽으로 배정하고 단측가설은 유의수준 전체를 한 쪽에 배정하여 기각역을 구한다.
- 확률표본으로부터 구한 검정통계량은 한 값이므로 양측 대립가설에서도 한 쪽 기각역만 사용된다. 그러므로 양측 대립가설의 경우 검정통계량이 기각역에 속하면 단측 대립가설에서도 기각역에 속하게 된다.

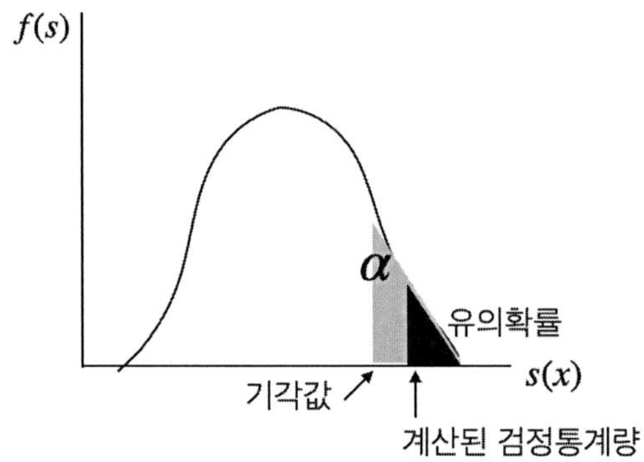


### 4.3.5 유의확률

- 귀무가설을 기각할 최소의 유의수준(계산된 1종 오류)을 유의확률(p-value)이라 한다.
- 계산된 유의수준 혹은 데이터 기반 유의수준이라 하며 사전 설정된(허용된) 유의수준과 비교하여 귀무가설 기각, 채택 여부를 결정한다.
- 양측대립가설인 경우 단측에서 계산된 유의확률을 2배 하여 설정한 유의수준과 비교해야 한다.
- 만약 유의확률이 유의수준 작거나 같으면 귀무가설을 기각하고 유의확률>유의수준이면 귀무가설을 채택한다.

## 4.3.6 신뢰구간과 유의수준 관계

일대일 관계, 동일한 추론 결과

- 유의수준 5%에서 데이터 수집하여 양측 대립가설에 대한 가설검정 결과 귀무가설을 채택되면 95%(양측) 신뢰구간에 귀무가설에 설정된 모수 값이 포함된다.
- 반대로 귀무가설이 기각 되면 신뢰구간에는 귀무가설 설정 모수 값이 포함되지 않는다.

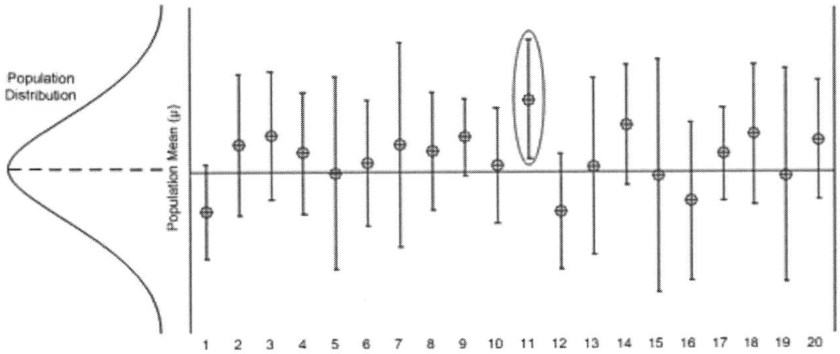

## 4.4 추론 사례

### 4.4.1 연구문제 정의

(1) 연구문제 및 통계적 문제(모수) 정의

- 기독교 대학인 H대는 본교의 재학생의 흡연이 전국 20대 평균(21.1%) 보다 낮을 것이라 주장하였다.
- 이 주장의 사실여부를 검정하려고 한다. 흡연률에 대한 추론이므로 모집단 비율 추론이다.

(2) 데이터 수집

단과대학별 차이, 성별 차이를 고려하여 층화 추출방법으로 200명을 조사한 결과 40명이 흡연한다고 응답하였다.

### 4.4.2 추정

점추정

[MVUE] 표본비율 $\hat{p}= 40/200 = 20\%$

95%신뢰구간

- 표본비율의 샘플링분포를 얻는다. 중심극한정리에 의해 $\hat{p} \sim N(p, \sqrt{\frac{pq}{n}})$이 성립하므로 주축 변량, $\frac{\hat{p}-p}{\sqrt{pq/n}}$은 표준정규분포($N(0,1)$)을 따른다.
- 95% 신뢰구간: $(\hat{p}- z_{0.975}\sqrt{\hat{p}(1-\hat{p})/n}, \hat{p}+ z_{0.975}\sqrt{\hat{p}(1-\hat{p})/n})$, 추정 식의 간단화를 위하여 분모의 $p$에 $\hat{p}$를 사용한다.

```
import scipy.stats as st
n=200
sumx=40
phat=sumx/n
lb=phat-st.norm.ppf(0.975,0,1)*(phat*(1-phat)/n)**(0.5)
```

```
ub=phat+st.norm.ppf(0.975,0,1)*(phat*(1-phat)/n)**(0.5)
print("(%4.3f, %4.3f)" % (lb, ub))
```

```
(0.145, 0.255)
```

## 4.4.3 통계적 가설 설정

- 귀무가설: $H_0 : p = 21.1\%$
- 대립가설: $H_0 : p < 21.1\%$: 단측 하한가설, 전국 평균 흡연율보다 낮다는 주장에 대한 가설이다.

## 4.4.4 검정통계량 및 유의확률 계산

- $ts = \dfrac{\hat{p} - p_0}{\sqrt{p_0(1-p_0)/n}} = \dfrac{0.2 - 0.21}{\sqrt{0.21(1-0.21)/200}} = -0.381$
- 중심극한정리에 의해 $ts \sim Z = N(0,1)$이므로 $p-value = P(Z \leq -0.381) = 0.35$이다. 유의확률이 35.2%로 유의수준 5%보다 크므로 귀무가설 채택한다.

```
import scipy.stats as st
H0=0.211
ts=(phat-H0)/(H0*(1-H0)/n)**0.5
p_value=st.norm.cdf(ts,0,1)
print("검정통계량=%4.3f, 유의확률=%4.3f)" % (ts, p_value))
```

```
검정통계량=-0.381, 유의확률=0.352)
```

## 4.4.5 결론

H대 학생 흡연율은 20%로 전국 평균(21.1%)보다 조금 낮으나 통계적으로 유의한 수준의 낮음은 아니다. 그러므로 H대의 주장은 틀리다.

PART 05

# 일변량 데이터

5.1 개념
5.2 모비율 추론
5.3 모평균 추론
5.4 모평균 차이 추론
5.5 시계열 데이터

"
*I'm actually as proud of many of the things we haven't done as the things we have done.*

*- Steve Jobs*

# PART 05 일변량 데이터분석

## 5.1 개념

### 5.1.1 사례 데이터

여객선 타이타닉은 1912년 4월 10일 영국의 사우샘프턴에서 출항해 프랑스의 셸부르와 아일랜드의 퀸즈타운에 기항한 후 미국 뉴욕을 향해 출항했다. 출항한지 4일 후 4월 14일 밤 11시 40분, 높이 20m미만의 빙산에 충돌하여 침몰하였다.

```
import pandas as pd
df=pd.read_csv('http://wolfpack.hnu.ac.kr/Stat_Notes/example_data/titanic_data.csv')
df.info()
```

```
RangeIndex: 1310 entries, 0 to 1309
Data columns (total 14 columns):
 #   Column     Non-Null Count  Dtype
---  ------     --------------  -----
 0   pclass     1309 non-null   float64
 1   survived   1309 non-null   float64
 2   name       1309 non-null   object
 3   sex        1309 non-null   object
 4   age        1046 non-null   float64
 5   sibsp      1309 non-null   float64
 6   parch      1309 non-null   float64
 7   ticket     1309 non-null   object
 8   fare       1308 non-null   float64
 9   cabin      295 non-null    object
 10  embarked   1307 non-null   object
 11  boat       486 non-null    object
 12  body       121 non-null    float64
 13  home.dest  745 non-null    object
```

- pclass: 탑승권 등급, 1(upper), 2(middle), 3(lower)
- survived: 생존여부, 1=생존, 0=사망
- name: 탑승자 이름
- sex: 성별, male/female
- age: 탑승자 나이
- sibsp: 동반 탑승한 형제자매, 배우자 수
- parch: 탑승한 부모자녀 수
- fare: 탑승권 지불요금
- cabin: 선실명
- embarked: 출항항구, C = Cherbourg, Q = Queenstown, S = Southampton
- boat: 탑승한 구명보트 번호
- body: 사망 인식번호, 번호 없으면 실종
- home.dest: 도착지

### 5.1.2 분석방법

확증적 접근

표본 데이터 수집이 완료되면 조사 목적에 적절한 통계 분석을 실시한다. 통계분석이라 함은 표본으로부터 계산된 통계량을 이용하여 ①모집단 모수(parameter: 모집단 평균, 비율, 분산)를 추정하거나(점 추정, 구간 추정) estimation ②모수에 대한 가설의 유의성을 검정하거나 hypothesis testing ③설정한 모형에 대한 유의성을 진단하게 된다. 고전적 통계분석 방법은 확증적 분석방법에 해당된다.

탐색적 접근

빅데이터 시대에서는 통계량이나 시각화 분석을 통하여 1차 정보를 얻고 얻은 정보에 대한 통계적 가설이나 모형에 대하여 확증적 분석을 실시하게 된다. 타이타닉 사례 데이터 분석은 탐색적 데이터 분석에 해당된다.

### 5.1.3 일변량 개념

- 수집된 (다변량) 데이터를 구성한 개별 변수를 일변량 변수라 하고 그 변수를 개별적으로 분석하는 것을 일변량 분석이라 한다.

  ㉮ 확률변수 $X$: 생존여부, 성별, 나이, 출항지 등
- 타이타닉 데이터는 모집단 전체 데이터이므로 히스토그램이나 커널추정방법으로 확률분포함수 $f(x;\theta)$의 모양을 알 수 있으나 유명 확률분포(정규분포, $t-$분포)와 같이 간편한 수식 형태는 도출은 불가능하다.
- 표본 데이터 경우에도 히스토그램, 커널추정방법 등으로 모집단 확률분포함수를 추정할 수 있으나 유명 분포함수와 같은 수식으로 표현할 수 없다. 그러므로 모집단 분포함수를 가정하여 표본 통계량의 샘플링 분포를 이용하여 모수에 대한 추론을 하게 된다.

### 5.1.4 모수

일변량 분석의 경우 (확률)변수의 종류에 따라 모수와 요약 통계량이 달라진다.

| 변수 종류 | 모수 | 시각 요약 | 숫자 요약 |
|---|---|---|---|
| 범주형(명목) | 비율 | 바차트 | 비율, 최빈값 |
| 측정형<br>(구간, 순서, 비율) | 평균, 분산 | 히스토그램 /<br>상자수염그림 | 평균, 중앙값, 분산,<br>사분위범위 |
| 시계열데이터 | 예측 | 시계열 도표 | 이동평균값, 지수평활 |

- 집단이 2개인 경우도 일변량 분석에 포함한다.
  예) 성별에 따른 생존률 차이(모비율 차이), 성별에 따른 탑승 요금 차이(모평균 차이)
- 집단이 3개 이상인 경우에는 분산분석을 이용한다.
  예) 출항지별 탑승 요금 차이(3집단 모평균 차이)

### 5.1.5 분석 절차

(1) 연구문제 정의

- 모집단 분석인지 표본 데이터 분석인지 결정한다. (필요 시 데이터 수집방법을 결정한다) 분석하려는 것이 대한 모수(관심 특성)을 결정한다.

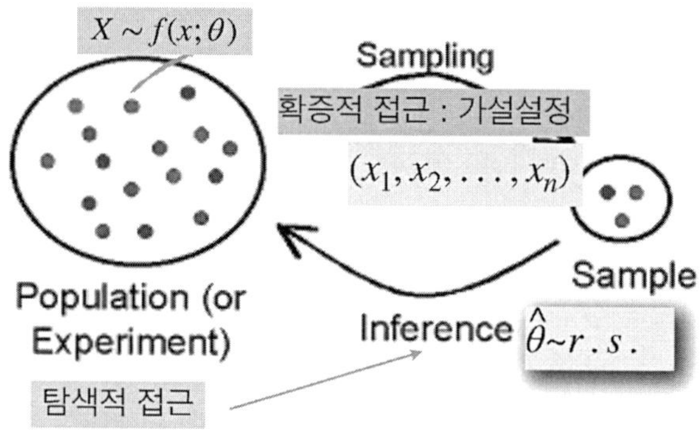


(2) 모집단 분석
(모집단 전수 데이터 확보 시)

- 변수의 종류: 측정형, 범주형인지 판단한다.
- 시각적 표현과 주요 통계량 계산으로 데이터를 요약한다.
- 필요 시 연구문제를 도출하여 3) 통계적 추론을 실시한다.

(3) 통계적 추론

- 정의된 연구문제에 합당한 확률표본 데이터를 수집한다.
- 모수에 대한 점 추정치(MVUE)를 계산하고 샘플링 분포를 이용하여 신뢰구간(구간 추정량)을 계산한다
- 통계적 가설 설정 및 검정통계량 계산 및 유의확률 계산: 연구문제에 대한 통계적 판단을 결정한다.

## 5.2 모비율 추론

범주형 데이터(확률변수)는 각 범주의 (상대)빈도(relative frequency)가 확률분포함수이고 관심 범주의 비율이 모수이다.

### 5.2.1 1집단 모비율 추론

(1) 설정

- 확률변수 $X$는 성공, 실패 두 개의 결과만 갖는 베르누이 시행 결과
- 모집단 확률분포함수는 모수가 $p$인 베르누이분포를 따른다.
- 확률표본의 $i-$번째 관측치 $x_i$의 값은 0(실패) 혹은 1(성공)이다.
- 모비율 MVUE 추정량: 표본비율 $p = \dfrac{\# \ of \ 성공}{n}$

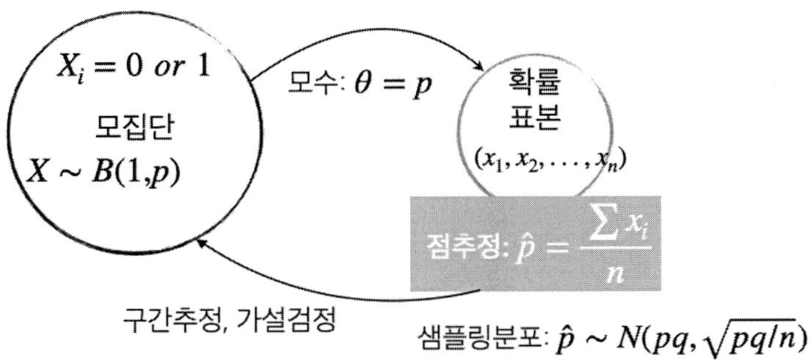


(2) 요약 통계량

그래프 요약

- 바차트: 확률분포함수

숫자요약

- 표본 비율

**예제** 타이타닉 생존여부(사망, 생존) 확률변수에 대한 바차트를 그리고 생존율을 계산하시오. 데이터 크기는 1310개이나 생존여부 결측값이 1개 존재하여 총 1309명이다.

```
n=1309 #survived 1309 non-null float64
df_table=pd.DataFrame(df['survived'].value_counts()/n)
df_table
```

```
df_table.plot(kind="bar",title="Survived")
```

| | survived |
|---|---|
| **0.0** | 0.618029 |
| **1.0** | 0.381971 |

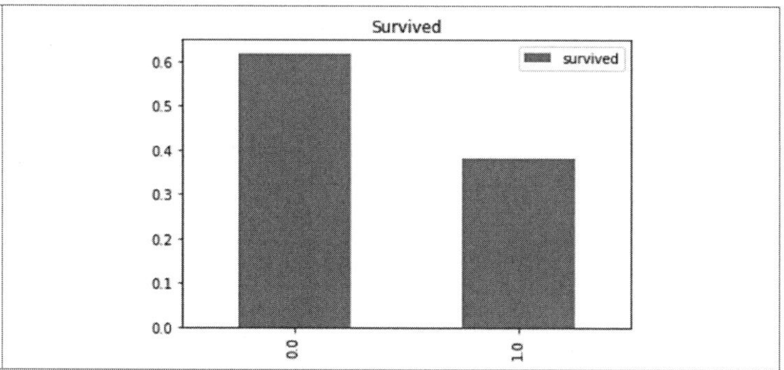


(3) 통계적 추론

① 연구문제 정의

1900년 대 대형 유람선 사고 시 탑승객 생존율은 40%라고 발표되었다. 그럼 타이타닉 사고의 생존율은 그 당시 유람선 사고 생존율보다 낮은지 분석하고자 한다. 모비율에 대한 가설검정이다. $p$=타이타닉 탑승객 생존율

② 점추정(MVUE) 계산

- 모수, 모비율의 MVUE 추정량은 표본 비율이다. $\hat{p}=\frac{500}{1309}=38.2\%$
- 타이타닉 사고

③ 구간추정

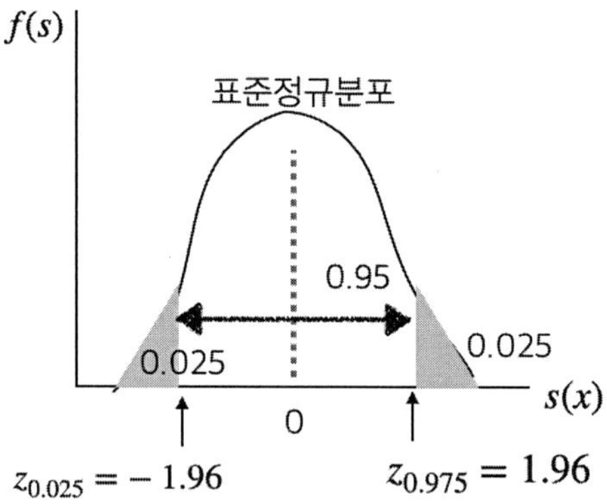


- 점 추정량($\hat{p}$) 샘플링 분포는 중심극한 정리에 의해 정규분포($N(pq, \sqrt{pq/n})$)를 따른다. $s(\hat{p})=\sqrt{pq/n}$은 표준오차(standard error)이다.
- 그러므로 주축변량 $\frac{\hat{p}-p}{\sqrt{pq/n}}$은 표준정규분포($Z$)를 따른다.
- $100(1-\alpha)\%$ 신뢰구간: $(\hat{p}-z_{(1-\alpha/2)}\sqrt{\hat{p}(1-\hat{p})/n}, \hat{p}+z_{(1-\alpha/2)}\sqrt{\hat{p}(1-\hat{p})/n})$

**예제** 타이타닉 생존율에 대한 95% 신뢰구간 추정하시오.

타이타닉 탑승객 생존율 95% 신뢰구간은 (35.6%, 40.8%)이므로 그 당시 유람선 평균 생존율 40%를 포함하고 있으므로 생존율이 낮다고 할 수 없다.

```
import scipy.stats as st
phat=df_table.iloc[1]
lb=phat-st.norm.ppf(0.975,0,1)*(phat*(1-phat)/n)**(0.5)
ub=phat+st.norm.ppf(0.975,0,1)*(phat*(1-phat)/n)**(0.5)
print("(%4.3f, %4.3f)" % (lb, ub))
```

```
(0.356, 0.408)
```

④ 가설검정

통계적 가설

- 귀무가설: 타이타닉 생존율은 40% 이다.
  $H_0 : p = 0.4 = p_0$
- 대립가설: 타이타닉 생존율은 40% 가 아니다. $H_0 : p < 0.4$

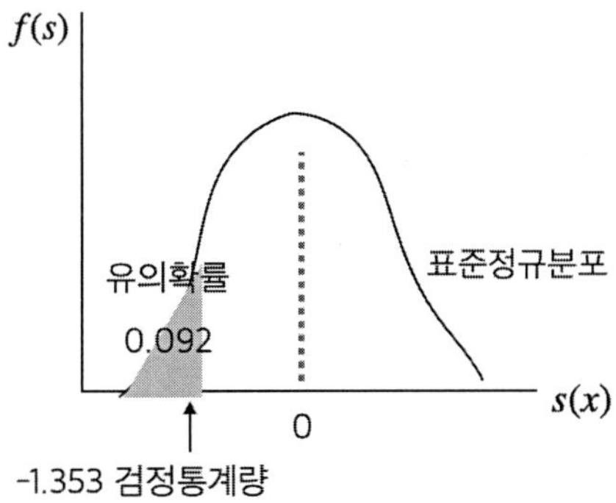


검정통계량

- $ts = \frac{\hat{p} - p_0}{\sqrt{p_0(1-p_0)/n}} = \frac{0.382 - 0.4}{\sqrt{0.382(1-0.382)/1309}} = -1.331$
- 검정통계량의 샘플링 분포는 표준정규분포를 따른다.

유의확률계산

- 유의확률: $P(z \leq -1.331) = 0.092$
- 유의확률 9.2%는 유의수준 5%보다 작고 10%보다 크므로 약간 유의하다.
- 즉 유의수준 10%로 하면 귀무가설이 기각되어 타이타닉 생존율 38.2%은 그 당시 유람선 평균 생존율 40%보다 낮다고 결론 내릴 수 있다.

```
import scipy.stats as st
H0=0.4
ts=(phat-H0)/(H0*(1-H0)/n)**0.5
p_value=st.norm.cdf(ts,0,1)
print("검정통계량=%4.3f, 유의확률=%4.3f" % (ts, p_value))
```

```
검정통계량=-1.331, 유의확률=0.092
```

(4) 파이썬 함수 활용

proportion_confint() 함수는 첫 번째 결과는 신뢰구간 하한, 두 번째 결과는 상한 값을 출력하므로 이를 각각 lb, ub에 저장하였다.

```
from statsmodels.stats.proportion import proportion_confint
lb, ub=proportion_confint(count=500, nobs=n, alpha=0.05, method='normal')
print("(%4.3f, %4.3f)" % (lb, ub))
```

```
(0.356, 0.408)
```

proportion_ztest() 함수의 매개 변수 value에는 귀무가설 모수 값을 설정한다. prop_var 옵션을 사용하지 않으면 분모에는 $p_0$을 사용하지 않고 $\hat{p}$을 사용하여 계산하므로 반드시 이 옵션을 지정해야 한다. alternative 매개변수에는 양측 대립가설이면 지정이 필요 없고 단측가설인 경우에는 smaller, greater를 설정하면 된다.

```
from statsmodels.stats.proportion import proportions_ztest
stat, pval = proportions_ztest(count=500,nobs=1309,value=0.4, alternative='smaller',prop_var
=0.4)
print('test statistics= %3.3f, p-value= %.3f' %(stat, pval))
```

```
test statistics= -1.331, p-value= 0.092
```

**연습** 성별(남자, 여자) 각각 생존율에 대한 95% 신뢰구간을 구하시오.

```
pd.crosstab(df['sex'],df['survived'],margins=True)
```

| survived | 0.0 | 1.0 | All |
|---|---|---|---|
| sex | | | |
| female | 127 | 339 | 466 |
| male | 682 | 161 | 843 |
| All | 809 | 500 | 1309 |

## 5.2.2 독립인 두 모집단 비율 차이

(1) 설정

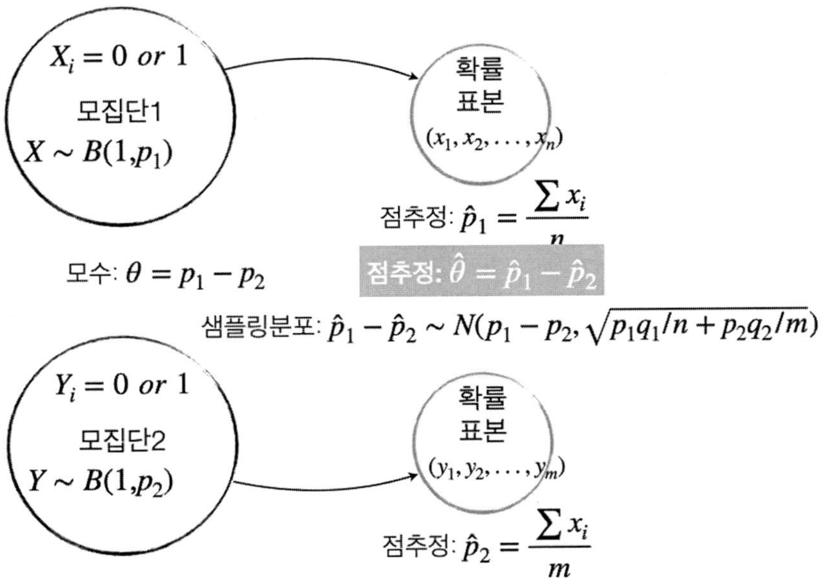


(2) 요약 통계량

① 그래프 요약

- 집단별 바차트: 확률분포함수

② 숫자요약

- 집단별 표본 비율

**예제** 객실 등급에 따른 생존율의 차이를 보기 위한 교차표와 바차트를 그려보자.

```
df_cross=pd.crosstab(df['pclass'],df['survived'],margins=True)
df_cross
```

```
df_cross2=pd.crosstab(df['pclass'],df['survived']).apply(lambda r: r/r.sum(), axis=1)
df_cross2.plot(kind="bar",title="Survived")
```

| survived | 0.0 | 1.0 | All |
|---|---|---|---|
| **pclass** | | | |
| **1.0** | 123 | 200 | 323 |
| **2.0** | 158 | 119 | 277 |
| **3.0** | 528 | 181 | 709 |
| **All** | 809 | 500 | 1309 |

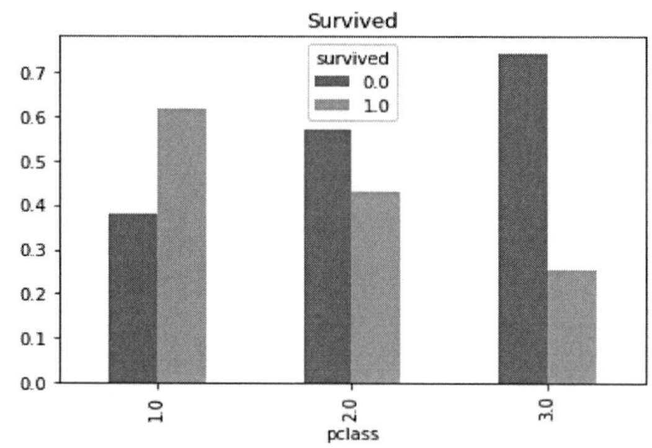


(3) 통계적 추론

① 연구문제 정의

타이타닉 사고에서(1등급, 2등급) 객실 요금등급별 생존율 차이가 있는지 알아보고자 한다. 1등급 객실 승객 생존율과 2등급 객실 승객 생존율의 차이 비교는 독립인 두 집단 모비율 차이 검정이다.

② 점추정

```
n=df_cross.iloc[0,2]
m=df_cross.iloc[1,2]
p1_hat=df_cross.iloc[0,1]/n
p2_hat=df_cross.iloc[1,1]/m
print('1등급 생존율= %.3f, 1등급 생존율= %.3f' %(p1_hat,p2_hat))
```

```
1등급 생존율= 0.619, 1등급 생존율= 0.430
```

- 1등급 객실 승객 생존율: $p_1 = 200/323 = 0.619$
- 2등급 객실 승객 생존율: $p_2 = 119/277 = 0.43$
- (1등급 객실 생존율, $p_1$)−(2등급 객실 생존율 $p_2$): $\widehat{p_1 - p_2} = 0.619 - 0.43 = 0.189$

③ 구간추정

- 점추정치의 표준오차: $s(\widehat{p_1} - \widehat{p_2}) = \sqrt{p_1 q_1/n + p_2 q_2/m}$
- 점추정치의 샘플링 분포: $\widehat{p_1} - \widehat{p_2} \sim N(p_1 - p_2,\ se(\widehat{p_1} - \widehat{p_2}))$ (중심극한정리)
- $100(1-\alpha)\%$ 모비율 차이$(p_1 - p_2)$ 신뢰구간:

$$(\widehat{p_1} - \widehat{p_2}) - z_{1-\alpha/2}\, se(\widehat{p_1} - \widehat{p_2}),\ \widehat{p_1} - \widehat{p_2} + z_{1-\alpha/2}\, se(\widehat{p_1} - \widehat{p_2}))$$

- 95% 신뢰구간 (0.111, 0.268) 안에 0이 포함되지 않으므로 1등급 승객 생존율과 2등급 승객 생존율의 차이가 유의하며 1등급 생존율(61.9%)이 2등급(43%)보다 크므로 1등급 승객의 생존율이 높다.

```
import scipy.stats as st
se=(p1_hat*(1-p1_hat)/n+p2_hat*(1-p2_hat)/m)**(0.5)
lb=(p1_hat-p2_hat)-st.norm.ppf(0.975,0,1)*se
ub=(p1_hat-p2_hat)+st.norm.ppf(0.975,0,1)*se
print("95%% confidence interval=(%4.3f, %4.3f)" % (lb, ub))
```

```
95% confidence interval=(0.111, 0.268)
```

④ 통계적 가설검정

- 귀무가설: 1등급 승객 생존율과 2등급 승객 생존율은 동일하다. $H_0 : p_1 - p_2 = 0$
- 대립가설: 1등급 승객 생존율이 2등급 승객보다 높다. $H_0 : p_1 - p_2 > 0$
- 검정통계량: $\dfrac{\hat{p_1} - \hat{p_2} - (p_1 - p_2)}{se(\hat{p_1} - \hat{p_2})} \sim N(0,1)$, $se(\hat{p_1} - \hat{p_2}) = \sqrt{\hat{p}\hat{q}(1/n + 1/m)}$

  통합비율 $\hat{p} = \dfrac{\sum x_i + \sum y_i}{n+m}$

**예제** 왜 통합비율을 사용하나? 귀무가설(두 비율은 차이가 없다) 하에서 검정통계량 값을 계산하므로 두 모집단 비율은 동일하다. 그러므로 통합 비율로 추정하는 것이 적절하다.

```
phat=(200+119)/(n+m)
se=(phat*(1-phat)*(1/n+1/m))**(1/2)
from scipy.stats import norm
ts=(p1_hat-p2_hat)/se
p_value=1-st.norm.cdf(abs(ts),0,1)
print('검정통계량=%.2f, 유의확률=%.3f'%(ts,p_value))
```

```
test statistics= 4.64, p-value= 0.00000
```

⑤ 결론

- 유의확률이 유의수준 1%보다 작아지므로 귀무가설이 기각된다.
- 1등급 승객의 생존율 61.9%이 2등급 43%보다 매우 유의적으로 높았다.

(3) 파이썬 함수 활용

```
from statsmodels.stats.proportion import proportions_ztest
stat, pval = proportions_ztest(count=(200,119),nobs=(323,277), value=0,alternative='larger')
print('test statistics= %3.2f, p-value= %.5f' %(stat, pval))
```

```
test statistics= 4.64, p-value= 0.00000
```

**연습** 2등급 승객, 3등급 생존율의 차이가 있는지 유의수준 5%에서 검정하시오.

### 5.2.3 짝진 집단 비율 차이 검정

(1) 연구문제(시나리오)

- 동일한 개체로부터 이진형(성공, 실패) 변수를 서로 다른 기간에 측정하여 기간에 따른 효과가 있는지 알아보는 방법이다.

| Severe colds at age 12 | Severe colds at age 14 | | Total |
|---|---|---|---|
| | Yes | No | |
| Yes | 212 A | 144 B | 356 |
| No | 256 C | 707 D | 963 |
| Total | 468 | 851 | 1319 |

- [사례] Bland(2000)은 1,319명 어린이에 대하여 12살에 독감에 걸릴 가능성은 나이가 14살이 되면 어떻게 변동하는 알아보기 위하여 조사한 결과이다. 즉 1,319명 어린이를 12살에 한 번 14살에 다시 조사한 결과이다[7].

(2) 통계적 가설

- 귀무가설: $p_B = p_C$, 12살에 독감 결렸던 어린이가 14살에 걸리지 않을 확률과 12살에 걸리지 않았던 어린이가 14살에 걸릴 확률은 동일하다. 독감 걸릴 확률은 나이와 관계없이 동일하다.
- 대립가설: 나이에 따른 독감 걸릴 확률은 달라진다.

① 점추정

- 12살 감기 걸릴 확률: $p_1 = 356/1319 = 0.267$
- 14살 감기 걸릴 확률: $p_2 = 468/1319 = 0.355$

7) https://www.medcalc.org/manual/mcnemartest2.php

② 검정통계량 및 샘플링 분포

- 동일 어린이에 대한 조사 데이터이므로 독립 집단(12살, 14살)이 아니므로 독립인 모비율 차이 검정방법을 적용할 수 없다
- 검정통계량: $ts = \frac{(b-c)^2}{b+c} = \frac{(144-256)^2}{144+256} = 31.36 \sim \chi^2(1)$
- 유의확률: 유의수준 1%보다 작으므로 귀무가설 기각한다.

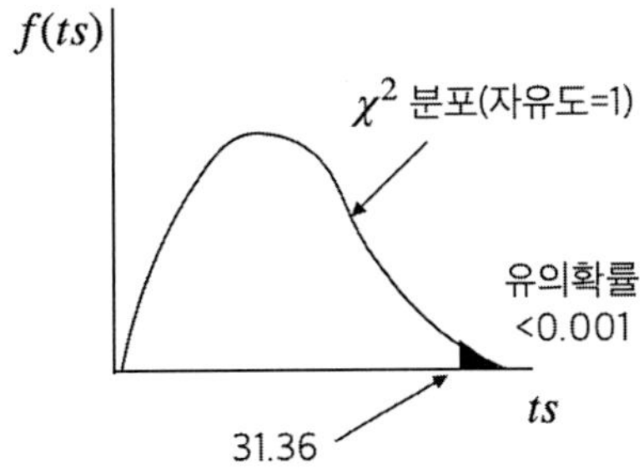


③ 결론

- 12살 독감 걸릴 확률(26.7%)과 14살 독감 걸릴 확률(35.5%)은 동일하지 않다.
- 결론적으로 나이가 많아지면 독감 걸릴 가능성이 높아진다.

**연습** 음주운전 교육의 효과가 있는지 알아보기 위하여 100명 교육생을 대상으로 교육 전 후 음주여부를 조사한 결과이다. 교육 효과가 있는지 검정하시오.

| 교육 전 \ 교육 후 | 음주운전 | 하지 않음 |
|---|---|---|
| 음주운전 | 36 | 4 |
| 하지 않음 | 10 | 50 |

## 5.2.4 알아두기

### (1) 소표본

- 모비율 검정 시 검정통계량의 분포는 대표본 이론(중심극한정리)에 의해 정규분포를 가정한다.
- 그러나 표본의 크기가 작은 경우 $\min(np,\ n(1-p)) \le 5$에는 대표본 이론이 성립하지 않는다.
- 소표본인 경우는 $\sum x_i \sim B(n,\ p_0)$ 샘플링 분포를 이용하여 가설을 검정한다.
- 유의확률: $p = P(\sum x_i \ge k)$or $P(\sum x_i \le k)$ 단측가설에 대한 유의확률 값이며 양측 대립가설의 경우에는 2배하여 활용한다.

**예제** 학생 흡연 비율이 20% 미만이라고 발표했다. 맞는지 알아보기 위하여 학생 20명을 표본 추출하여 흡연 여부를 알아본 결과 3명이 흡연하고 있다고 조사되었다. 발표가 맞는지 유의수준 5%에서 검정하시오.

- 점 추정량: $\hat{p}=\dfrac{3}{20}=0.15$
- 귀무가설: $H_0: p=0.2$
- 대립가설: $H_0: p<0.2$
- 유의확률: $p=P(\sum x \le 3 \mid \sum x \sim B(20,\ 0.2))=0.41$, 귀무가설 기각할 수 없으므로 학생 흡연률은 20% 미만이라 할 수 없다.

(2) Wilson 통계량

- 표본크기 $n$에 비해 성공횟수 $\sum x$가 매우 작은 경우 모비율 추정치로 표본비율 대신 $\tilde{p}=\dfrac{\sum x+2}{n+4}$을 제안하였다. 구간 추정이나 가설검정은 표본비율 추론과 동일하게 진행하면 된다.

## 5.3 모평균 추론

측정형 데이터(확률변수)는 개별(구간) 값에 대한 (상대)빈도가 확률분포함수이고 모집단 요약 값인 평균, 분산 등이 모수이다.

### 5.3.1 설정

- 확률변수 $X$는 측정형이며 평균 $\mu$, 표준편차 $\sigma$ 이고 확률분포함수 $f(x)$을 따른다.

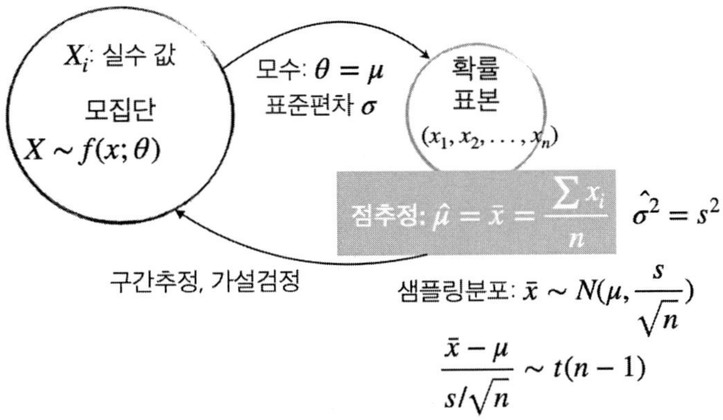


- 확률표본의 $i-$번째 관측치($x_i$) 측정형 값이다.
- 모수($\mu$, $\sigma^2$) 중 모집단 평균인 $\mu$은 관심 모수이며 모집단 분산($\sigma^2$)은 보조(ancillary) 모수이다.
- MVUE 추정량: 표본평균 $\hat{\mu}= \overline{x}\frac{\sum x_i}{n}$, 표본분산 $\hat{\sigma^2}= s^2 = \frac{\sum(x_i - \overline{x})^2}{n-1}$이다.

### 5.3.2 사례 데이터

은행이 기업 대출 시 여성/남성 CEO에 따라 차별하는지 알아보기 위하여 조사한 자료이다. 작년 대출신청한 남성 CEO 1,050명, 여성 CEO 115명에 대하여 승인여부, 대출이자율, 비즈니스 타입(1=개인소유 proprietorship, 2=공동소유 partnership 3=기업형태 corporation), 기업 매출액(백만불), 기업설립연수(년) 조사한 데이터이다[8].

8) 본 데이터는 "Managerial Statistics" - Keller 8th edition - 예제 데이터임

```
import pandas as pd
bank=pd.read_csv('http://wolfpack.hnu.ac.kr/2015_Fall/D4BE/Bank2.csv')
bank.info()
```

```
<class 'pandas.core.frame.DataFrame'>
RangeIndex: 1053 entries, 0 to 1052
Data columns (total 5 columns):
 #   Column    Non-Null Count  Dtype
---  ------    --------------  -----
 0   Gender    1053 non-null   object
 1   Rate      1053 non-null   float64
 2   Business  1053 non-null   int64
 3   Sales     1053 non-null   int64
 4   Age       1053 non-null   int64
```

- gender: amle, female
- Rate: 대출 이자율(단위: %)
- Business: 기업유형
- Sales: 일년 매출액(단위: 백만불)
- Age: 기업 설립연수(단위: 연)

은행 대출 이자율 0%인 데이터 제외한 1022가 최종 데이터이다.

```
bank=bank[bank['Rate']>0]
bank.shape
```

```
(1022, 5)
```

### 5.3.3 그래프 요약

(1) 히스토그램

- 범주형 데이터의 바 그래프(x-축: 범주, y-축: (상대)빈도)와 동일하다. 측정형 데이터의 x-축은 데이터의 범위를 동일 간격으로 구성한 구간이 된다.
- 데이터를 크기 순으로 정렬한 후 최댓값과 최솟값을 이용하여 데이터의 범위를 구한다.
- 빈(bin) 혹은 계급 (class) 개수를 결정하고 범위를 계급 개수로 나누어 계급 구간 넓이(폭)을 결정한다. 구간 폭이 의미를 갖도록 가능하면 정수 단위로 조정한다.
- 계급 개수는 8~12개가 적당하다. Sturges 규칙: $k = 1 + 3.322\log(n)$ 표본 크기가 $n$인 경우 적절한 계급 개수는 $k$이다.
- 각 구간의 범위에 속한 데이터 (상대)빈도를 구하고 빈도크기를 막대 높이로 표현하면 히스토그램(histogram)이 그려진다.

(진단 내용)

- 데이터의 확률분포함수 형태를 알 수 있다. 치우침, 첨도
- 봉우리(최빈값)의 개수를 알 수 있다.

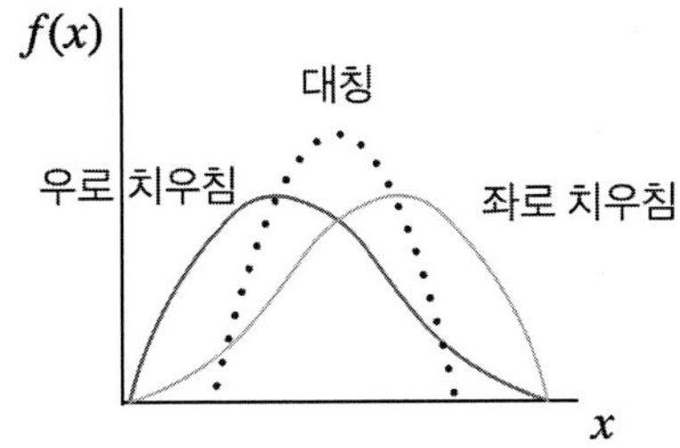


① 치우침(skewness)

- 좌우대칭(bell-shaped, symmetric): 종모양의 분포를 가진다. (평균=중위값) 종모양 분포의 왜도(skewness, $E(\frac{X-\mu}{\sigma})^3$)는 0이다.
- 우로(right, positive) 치우침: 오른쪽 꼬리가 길다. (평균>중위값), 왜도는 음의 값을 갖는다.
- 좌로(left, negative) 치우침: 왼쪽 꼬리가 길다. (평균<중위값)

② 첨도

- Mesokurtic: 정규분포의 첨도 3(평균 중심화 하면 0)을 갖는 분포형태를 의미한다. $X \sim N(\mu, \sigma)$인 경우 첨도는 $E(\frac{X-\mu}{\sigma})^4$로 정의된다.
- Platykurtic: 정규분포보다 넓게 퍼진 분포 형태
- Leptokurtic: 정규분포보다 뾰족한 분포 형태

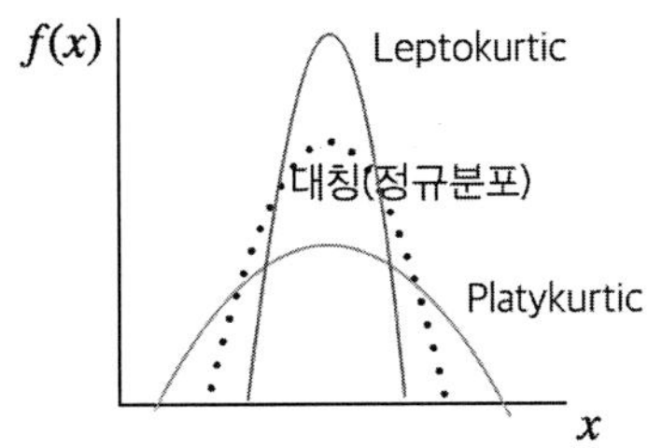


③ 봉우리 개수

평균의 차이가 매우 유의한 2개 이상의 집단 데이터에 대한 히스토그램을 그리는 경우 봉우리 개수가 집단의 개수만큼 나타난다. 나무상자 그림에서는 봉우리 개수를 알 수 없다.

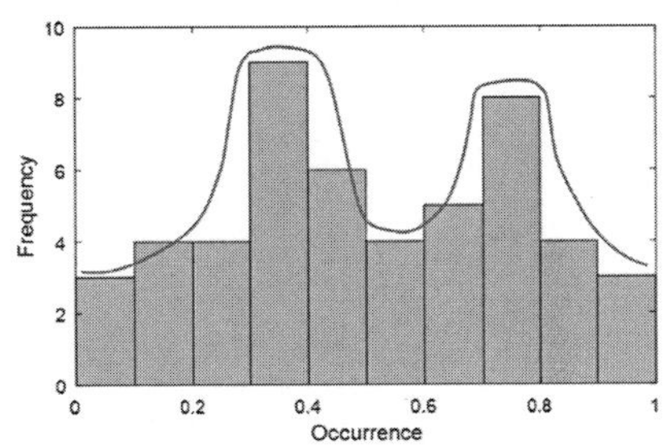


예제 히스토그램은 시험 공부한 집단과 그렇지 않은 집단의 통계학 시험 성적 히스토그램이다. 이처럼 봉우리가 2개인 히스토그램이 그려지면 상이한 집단 데이터가 혼합되어 있다는 의미이므로 집단을 분리할 수 있는 집단 변수를 탐색하여 집단으로 나누어 분석하는 것이 적절하다.

### (2) 나무상자 그림

#### ① 순서통계량

확률표본 데이터($x_1, x_{2,} \dots, x_n$)를 크기 순으로 정렬한 통계량을 순서통계량이라 하며 $(x_{(1)}, x_{(2)}, \dots, x_{(n)})$으로 표현한다

- 최댓값 maximum: 데이터 관측값 중 가장 큰 값으로 순서통계량 $x_{(n)}$
- 최솟값 minimum: 데이터 관측값 중 가장 작은 값으로 순서통계량 $x_{(1)}$
- 범위 range: 최댓값과 최솟값의 차이, $R = x_{(n)} - x_{(1)}$
- 중위값 median: 데이터의 순서통계량 중 가장 가운데 값, $x_{(MD)}$
- 중위값 위치 median depth: $MD = \dfrac{n+1}{2}$, 만약 MD 값이 정수가 아닌 경우 전후 정수 순서통계량의 평균이 중위값이다. ㉮ 표본크기가 21인 경우 $MD = 11$이므로 $x_{(11)}$이 중위값이다. 표본크기 20인 경우 $MD = 10.5$이므로 $\dfrac{x_{(10)} + x_{(11)}}{2}$가 중위값이다.
- 사분위값 quartile: 순서통계량의 25% 위치의 값을 제1사분위($Q_1$), 50% 위치 값을 제2사분위($Q_2$, 중위값), 75% 위치 값을 제3사분위($Q_3$)라 한다.
- 사분위 위치 quartile depth: $QD = \dfrac{\llcorner MD \lrcorner + 1}{2}$ ($\llcorner MD \lrcorner$는 $MD$를 넘지 않는 최대 정수, $\llcorner 9.5 \lrcorner$인 경우 9임) ㉮ 표본크기가 20인 경우 $MD = 10.5$이므로 사분위 위치는 $QD = 5.5$이다. 그러므로 제1사분위 값은 $Q_1 = \dfrac{x_{(5)} + x_{(6)}}{2}$, 제3사분위 값은 $Q_3 = \dfrac{x_{(15)} + x_{(16)}}{2}$이다.
- $p$% 백분위값 percentile: 순서통계량의 백분위 위치에 있는 값, $x_{(n*p\%)}$(㉮ 만약 $n = 22$이면, 80% 백분위의 위치는 $0.8*22 = 17.6$이므로, $x_{(17)}$와 $x_{(18)}$을 활용한 보간법으로 (0.4 : 0.6) 배분하여 80% 백분위를 구한다.

#### ② 나무 상자 그리기

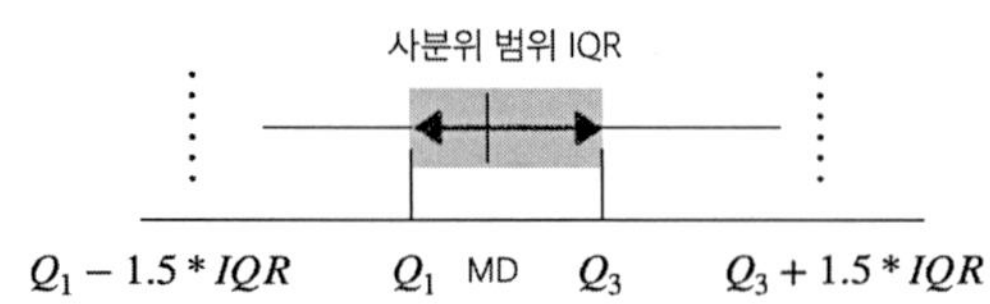


- 5개 주요 통계량(최소, 1사분위값, 중위값, 3사분위값, 최대)을 구한다.

- 1사분위값, 3사분위값을 이용하여 상자를 그린다. 상자를 중위값으로 나눈다. 그러므로 $Q_1$과 중위값($MD$) 사이에 데이터가 25%, 중위값과 $Q_3$에 데이터의 25%가 있으므로 좌우 대칭인 분포는 중위값 선이 상자를 이등분한다. 우로 치우친 분포 데이터는 중위값이 $Q_1$에 가까이 놓인다.
- 사분위 범위(Inter Quartile Range)를 구한다. $IQR = Q_3 - Q_1$
- 사분위 범위를 이용하여 이상치(outliers) 진단을 위한 가상선(imaginary line)을 그린다.
- 가상선: $(Q_1 - 1.5*IQR,\ Q_1)$, $(Q_3,\ Q_3 + 1.5*IQR)$, 극심(severe) 이상치 진단을 위해서는 1.5대신 3을 사용하여 가상선을 긋는다. 실제 상자수염 그림에는 가상선이 나타나지 않는다.
- 가상선을 벗어나는 관측값(이상치)가 존재하면 *로 표현한다.
- 이상치가 아닌 관측값 중 최솟값, 최댓값을 이용하여 가상선 이내에 수염(whisker) 선을 긋는다.

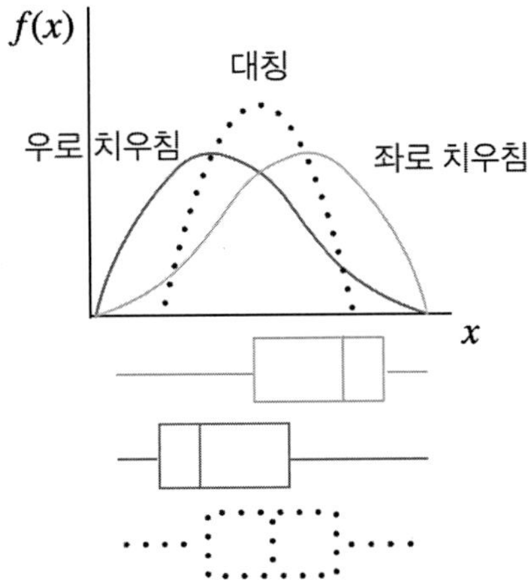


③ 진단 내용

- 데이터의 확률분포함수 형태를 알 수 있다. 치우침은 판단할 수 있으나 봉우리 개수 판단을 불가능하다.
- 이상치 존재여부를 진단한다.

**예제** 은행 대출 이자율에 대한 히스토그램과 상자수염 그림을 그리고 해석해 보자.

```
import matplotlib.pyplot as plt
import seaborn as sns
plt.figure(1)
plt.subplot(211)
from scipy.stats import norm
sns.distplot(bank['Rate'],fit=norm, bins=20,color='blue')
plt.title('histogram / box-plot for interest rate(%)')
plt.subplot(212)
```

```
sns.boxplot(bank['Rate'],color='green')
plt.show()
```

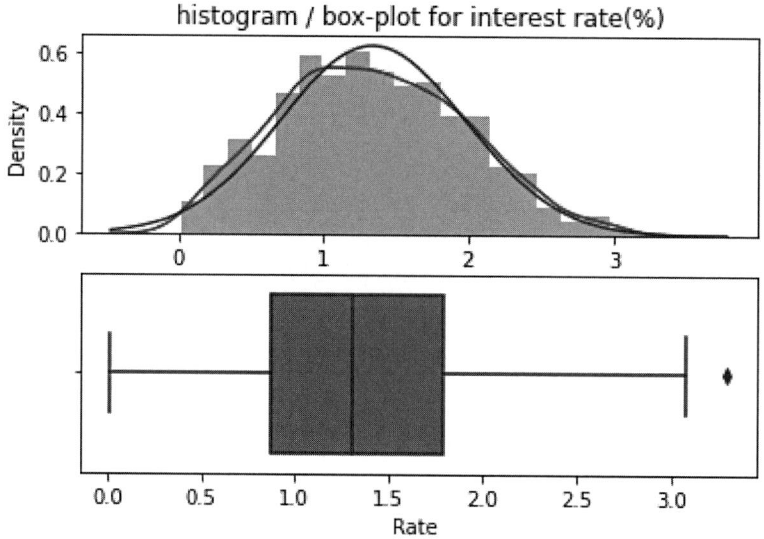


- 오른쪽 치우침이 약간 있는 분포형태를 갖는다. 히스토그램의 검은 선을 데이터 분포를 정규분포에 근사시킨 것이고 파랑 분포는 데이터 분포의 커널추정 확률분포 함수(히스토그램의 분포함수)이다. 만약 데이터가 정규분포를 따른다면 검은 분포와 파랑 분포는 정확하게 일치한다. 데이터의 분포가 정규분포를 따르는지에 대한 검정은 분포 적합성(Goodness of Fits)이라 한다.
- 히스토그램을 보면 봉우리가 2개로 보인다. CEO가 남성, 여성인 데이터를 혼합하여 분석하였기 때문이다.
- 나무상자 그림을 보면 이상치(은행 대출 이자율이 매우 높은 기업)가 존재한다.

봉우리의 원인을 탐색하기 위하여 성별로 히스토그램, 나무상자를 보았다.

- 예상대로 성별에 의한 은행 대출 이자율의 차이가 있음을 발견하였다.

```
import plotly.express as px
fig = px.histogram(bank,x='Rate',color='Gender', marginal="box",histnorm='probability')
fig.show()
```

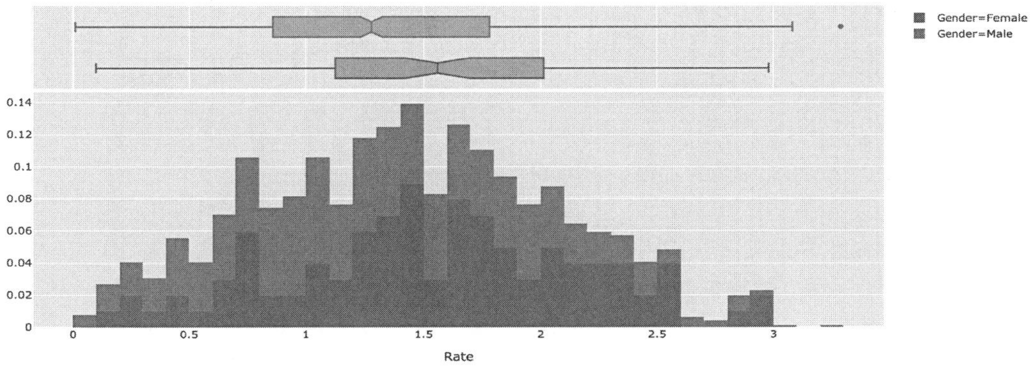


## 5.3.4 숫자요약

데이터: $(x_1, x_2, \cdots, x_n)$

(1) 중앙위치

① 평균 mean

- 기호: 모집단 평균 $\mu$, 표본 평균 $\overline{x}$
- 계산식: $\mu = \dfrac{\sum x_i}{N}$, $\overline{x} = \dfrac{\sum x_i}{n}$ 표본평균은 모평균의 MVUE 추정량이다.
- [장점] 표본평균 샘플링 확률분포함수를 알 수 있어(중심극한정리) 신뢰구간 및 가설검정 추론이 가능하다.
- [단점] 데이터의 분포가 좌우 대칭이 아닌 치우침이 있는 경우 평균이 커지거나(우로 치우친 분포) 작아지는(좌로 치우친 분포) 왜곡이 발생할 수 있다.
- 그러므로 데이터의 분포를 좌우 대칭(정규변환)으로 만든 후 통계분석을 하는 것이 적절하다.

② 중위값 median

- 계산식: $x_{(md)}$, 중앙위치 median depth$=(n+1)/2$
- [장점] 치우침의 영향이 적어 중앙 위치 통계량으로 가장 적절하다.
- [단점] 중위값 통계량의 샘플링 분포함수를 구하기 어려워 모수에 대한 추론이 불가능하다. 중위값을 이용한 통계분석을 비모수통계방법(non-parametric, distribution free 방법)이라 한다.

### (2) 흩어짐(산포) 척도

① 범위 range

- 계산식: $R = x_{(n)} - x_{(1)}$
- 치우침과 이상치에 영향이 커 자주 사용하지 않는다.

**활용** Empirical Rule에 의하여 데이터 대부분은 $\mu \pm 3 * \sigma$ 구간에 들어간다. 그러므로 $R = 6 * \sigma$이므로 범위를 알면 $\sigma = R/4$로 추정한다. 6으로 나누지 않는 이유는 과소 추정을 막기 위함이다. 필드에서 표준편차를 과소 추정하면 표본크기 결정 등에 왜곡이 발생할 수 있기 때문이다.

② 사분위범위

- 계산식: $IQR = Q_3 - Q_1$
- 치우침, 이상치에 영향을 받지 않아 좋은 산포 척도이나 샘플링 분포를 구하기 어려워 추론에는 사용하지 않는다.

**활용** 국내 대학은 수능성적을 공시할 때 입학생의 평균 수능성적만 공시하나 미국의 경우에는 사분위 범위, 즉 상위 25%~하위 25% 성적을 공지한다. 서로 다른 집단의 산포를 비교하는데 가장 적절한 척도이다.

③ 분산 variance, 표준편차 standard deviation

- 기호: 모집단분산 $\sigma^2$, 표본분산 $s^2$
- 계산식: $\sigma^2 = \sum \frac{(x_i - \mu)^2}{N}$, $s^2 = \sum \frac{(x_i - \overline{x})^2}{n-1}$, 표본분산은 모분산의 MVUE 추정량이다. 분산의 양의 제곱근을 표준편차라 정의한다.
- 치우침과 이상치의 영향을 많이 받지만 샘플링 분포가 알려져 있어 추론에 사용된다.
- 그러므로 치우침과 이상치가 있는 경우는 이를 해결한 후 추론을 진행하는 것이 적절하다.

④ 변동계수

변동계수(coefficient of variation, $CV$)
상대 표준 편차(relative standard deviation, $RSD$)

- 표준편차를 평균으로 나눈 값: $CV = RSD = \frac{s}{x} * 100(\%)$
- 측정단위가 서로 다른 자료의 산포를 비교할 때 사용한다.
- ㉮ 공대생의 일주일 공부시간 평균= 10시간, 표준편차= 5, 문과생은 평균 5시간, 표준편차= 3시간이다. 누가 더 꾸준히 공부하는가? 꾸준하다는 것은 공부 시간의 편차가 작다는 것이다. 그럼 문과생이 더 꾸준한가? 아니다. 공대생의 $CV = 0.5$이고 문과생은 0.6이므로 공대생이 더 꾸준히 공부한다.

**예제** 은행 대출 이자율에 대한 숫자 요약 통계량을 계산해 보자.

```
bank['Rate'].describe()
```

```
count    1022.000000
mean        1.342896
std         0.638797
min         0.010000
25%         0.872500
50%         1.310000
75%         1.800000
max         3.290000
```

표본평균=1.3(%), 표준편차=0.67(%), 중위값=1.29(%), 사분위범위=(1.79-0.85)%

```
bank['Rate'].describe()[2]/bank['Rate'].describe()[1]*100 #cv
```

```
47.56857586941998
```

은행 이자율 변동계수는 51.3%이다.

### 5.3.5 데이터 검증

평균, 분산은(치우침, 이상치)에 영향을 받는 척도이므로 일변량 분석 전에 이를 해결하지 않으면 추론 결과가 왜곡될 수 있다. 데이터의 치우침, 이상치 여부를 진단하고 해결하는 과정을 데이터 전처리(preprocess)라 한다. 또한 변수들 간 연관분석(통계모형)에서도 데이터 전처리 과정은 반드시 필요하다.

(1) 치우침

① 진단

(a) 통계량 활용

- 수리 왜도 skewness: $\widetilde{\mu_3} = E(\frac{X-\mu}{\sigma})^3$
- 피어슨 왜도: $skew = \frac{3(\text{평균} - \text{중위값})}{\text{표준편차}}$
- 사분위 왜도: $skew = \frac{Q_3 + Q_1 - 2MD}{IQR}$
- [진단방법] 정규분포(좌우대칭 분포)의 왜도는 0, 우로 치우친 분포의 왜도는 양의 값, 좌로 치우친 분포의 왜도는 음의 값을 가지므로 이를 이용하여 치우침 여부를 판단할 수 있으나 왜도 값을 절대 크기로 치우침 정도를 판단할 수 없다. 왜냐하면 왜도는 치우침을 검정하는 검정통계량이 아니기 때문이다.
- 1 이상이면 우로 치우침이, $-1$ 이하이면 좌로 치우침이 매우 강하고 $\pm 0.5$ 이상/이하이면 약한 치우침이 있다고 판단한다.

(b) 정규성 검정

- 분포의 치우침의 없다는 것은 좌우대칭, 벨 모양의 분포를 갖는다는 의미이다. 치우침은 평균, 분산과 같은 관측값들의 크기에 의해 계산되는 통계량을 왜곡시켜 관련 모수에 대한 추론이나 통계모형의 분석에도 영향을 미쳐 분석한 정보의 신뢰성을 낮춘다.

정규성 검정은 데이터의 분포가 이론적 정규분포를 따르는지 검정하는 적합성 검정이다. 정규성 검정의 통계적 가설은 다음과 같다.

- 귀무가설: 데이터 모집단 분포는 정규분포이다
- 대립가설: 정규분포를 따르지는 않는다 ⇔ 그러나 어떤 분포인지는 모른다.

(i) Shapiro Wilk W 통계량

- 검정 통계량: $W = \frac{\sum a_i x_{(i)}}{\sum (x_i - \overline{x})^2}$, $x_{(i)}$=순서통계량,

  $\overline{x}$: 표본평균, $(a_1, a_2, \ldots, a_n) = \frac{m' V^{-1}}{C}$

놈 벡터: $C=(m'V^{-1}V^{-1}m)^{1/2}$, m=정규순서통계량의 기댓값, V=정규순서통계량 공분산

- 기각값은 몬테칼로방법에 의해 계산되어 제공되고 있다.

```
import scipy.stats as st
st.shapiro(bank['Rate'])
```

```
(0.9902456998825073, 2.6544175852905028e-06)
```

- 검정통계량=0.99, 유의확률 $<0.001$이므로 귀무가설(데이터는 정규분포를 따른다) 기각되어 은행 이자율 데이터는 정규분포를 따르지 않는다.

(ii) Kolmogorov Smirnov D 통계량

- $D=\max_x|F_n(x)-\Phi(x)|$: 데이터 누적분포($F_n(x)$)와 정규 누적분포($\Phi(x)$)의 차이가 가장 큰 관측값이 통계량이다.
- 기각값은 몬테칼로방법에 의해 계산되어 제공되고 있다.

```
import scipy.stats as st
st.kstest(bank['Rate'],'norm')
```

```
KstestResult(statistic=0.6022341202296472, pvalue=0.0)
```

- 검정통계량=0.602, 유의수준 $<0.001$이므로 귀무가설(데이터는 정규분포를 따른다) 기각되어 은행 이자율 데이터는 정규분포를 따르지 않는다.

(iii) Anderson-Darling AD 통계량

- 검정통계량: $A^2=n\int\frac{(F_n(x)-\Phi(x))^2}{\Phi(x)(1-\Phi(x))}dF(x)$

```
import scipy.stats as st
st.anderson(bank['Rate'],dist='norm')
```

```
AndersonResult(statistic=1.8404394328301805,
critical_values=array([0.574, 0.653, 0.784, 0.914, 1.088]),
significance_level=array([15. , 10. ,  5. ,  2.5,  1. ]))
```

- 검정통계량=1.84, 유의수준 1% 기각값=1.088보다 크므로 귀무가설(데이터는 정규분포를 따른다) 기각되어 은행 이자율 데이터는 정규분포를 따르지 않는다.
- dist= {'expon', 'logistic', 'gumbel', 'gumbel_l', 'gumbel_r', 'extreme1'}

어떤 방법이 적절한가? 분석자의 결정이나 자연과학에서는 Shapiro-Wilks 방법, 사회과학에서는 AD 방법이 가장 많이 사용된다.

② 해결방안

(a) 간단한 정규변환

- 우로 치우침: $\sqrt{x} \rightarrow \log(x) \rightarrow \frac{1}{x}$
- 좌로 치우침: $\sqrt{\max(x+1)-x} \rightarrow \log(\max(x+1)-x) \rightarrow \frac{1}{\max(x+1)-x}$

(b) Box-Cox 변환

- $x_i^{(\lambda)} = \begin{cases} \frac{x_i^{\lambda}-1}{\lambda} & \text{if } \lambda \neq 0 \\ \log(x_i) & \text{if } \lambda = 0 \end{cases}$
- 최적의 $\lambda$ 값은 MLE 방법에 의해 찾음

(3) Tukey Ladder of Powers 변환

- Box-Cox 변환과 유사하며 치우침 문제뿐 아니라 이분산 문제도 함께 해결하는 방법이다.

```
from scipy import stats
xt, lmbda = stats.boxcox(bank['Rate'])
print(lmbda)
```

```
0.7456390346835671
```

- 최적 람다 값은 0.7456이다. 그리고 정규변환된 데이터는 $xt$에 저장된다.

```
import scipy.stats as st
st.shapiro(xt)
```

```
(0.9949750900268555, 0.0018179778708145022)
```

- 정규변환된 $xt$에 대한 정규성 검정 결과 여전히 정규분포를 따르지 않는다. 정규분포에 가장 가까운 람다를 찾았다는 것이지, 변환한다고 모두 정규분포를 따르는 것은 아니다.

Cox-Box 정규성 변환은 가장 적절하나 필드에서는 우로 치우친 경우에는 제곱근 변환, 로그 변환 정도 사용한다.

```
import scipy.stats as st
st.shapiro(bank['Rate']**0.5)
```

```
(0.9839845895767212, 3.7084946225007798e-09)
```

```
import scipy.stats as st
import numpy as np
st.shapiro(np.log(bank['Rate']))
```

```
(0.8719205856323242, 3.9426017632929777e-28)
```

제곱근 변환이 로그변환보다 더 크므로 제곱근 변환($\lambda = 0.5$) 더 적절하다.

```
import matplotlib.pyplot as plt
import seaborn as sns
plt.figure(1)
plt.subplot(211)
from scipy.stats import norm
sns.distplot(xt,fit=norm, bins=20,color='blue')
plt.title('histogram / box-plot for interest rate(%)')
plt.subplot(212)
sns.boxplot(xt,color='green')
plt.show()
```

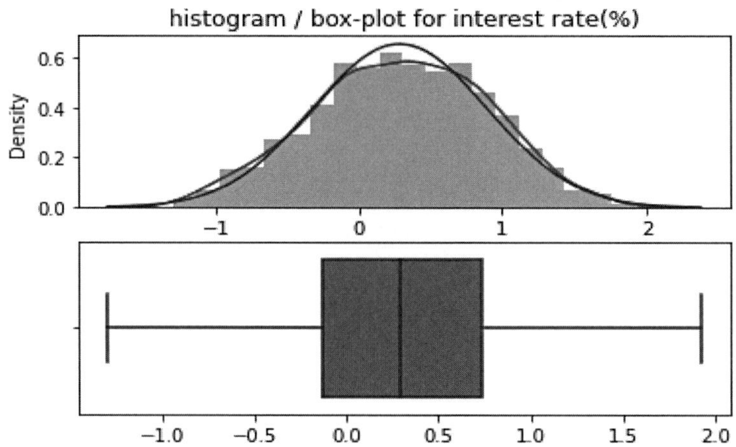


BOX COX 변환 데이터 정규성 검정결과 유의하지 않았으나 시각적 판단으로는 치우침이 보이지 않는다. 정규분포를 따르지 않는 이유는 쌍봉(여성, 남성 이자율 유의적 차이) 분포이기 때문일 가능성 높다. 또한 원 데이터에는 이상치 한 개가 있었으나 변환 후에는 정상 범위 값으로 들어왔다. 그러므로 이상치 진단은 정규성 변환 후 하는 것이 적절하다.

## (2) 이상치

### ① 진단

(a) 실증적 규칙 활용

- 실증적 규칙에 의하면 평균$\pm k$표준편차 구간 안에는 데이터의 $k=2$인 경우 데이터의 95%, $k=3$이면 대부분(99.7%)의 데이터가 포함된다.
- 표준화($z_i=\dfrac{x_i-\overline{x}}{s(x)}$) 값이 3을 벗어나면 이상치로 판단한다.

```
import scipy.stats as st
import numpy as np
z=st.zscore(bank['Rate'])
print(np.where(abs(z) > 3))
```

```
(array([429]),)
```

표준화 값이 $\pm 3$ 이상인 관측값이 하나 있으며 429 행의 데이터이다. 이상치는 CEO 성별 남성, 은행 이자율 3.29%, 비즈니스 유형=기업, 매출액 918만불, 기업연수 8년인 회사이다.

```
bank.iloc[429,:]
```

```
Gender       Male
Rate         3.29
Business        3
Sales         918
Age             8
```

(b) 나무상자 그림 활용

- 이상치 outliers: 가상선(수염) $(Q_1 - 1.5 * IQR,\ Q_1)$, $(Q_3,\ Q_3 + 1.5 * IQR)$선을 벗어나는 관측값, 이상치가 존재하지 않으면 최소, 최댓값까지만 수염 선을 긋는다.

해결방안

- 통계적 추론의 경우 이상치를 제거한다.
- 데이터의 정보를 얻는 분석에서는 이상치(왜 이 기업은 은행 대출 이자율을 높게 받았나)에 대한 정보의 가치는 높다.

```
import seaborn as sns
ax = sns.boxplot(x=bank['Rate'])
```

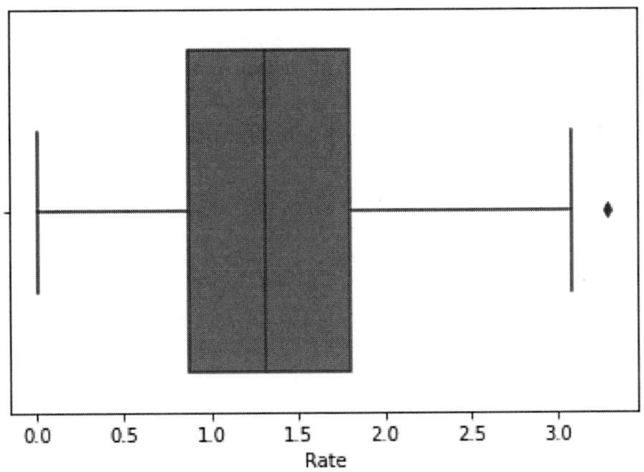


```
Q1=bank['Rate'].quantile(0.25)
Q3=bank['Rate'].quantile(0.75)
IQR=Q3-Q1
np.where((bank['Rate']<(Q1-1.5*IQR)) | (bank['Rate']>(Q3+1.5*IQR)))
```

```
(array([429]),)
```

[최종 분석 데이터] 이상치 한 개를 제외한 데이터

```
bank2=bank[(bank['Rate']>(Q1-1.5*IQR)) & (bank['Rate']<(Q3+1.5*IQR))]
bank2.shape
```

```
(1021, 5)
```

### 5.3.6 추정

(1) 점 추정

- 모집단 평균 MVUE 추정량: 표본평균 $\overline{x} = \sum \frac{x_i}{n}$

```
xbar=bank2['Rate'].mean()
print("표본평균=%.3f" % xbar)
```

```
표본평균=1.341
```

(2) 구간 추정

- 표본평균의 샘플링분포: [대표본, 중심극한정리] $\overline{x} \sim N(\mu, se(\overline{x}))$, $se(\overline{x}) = \frac{\sigma}{\sqrt{n}}$

  (표준오차, standard error)

- 표본평균의 샘플링분포: [소표본, 모집단 정규분포 가정] $\frac{\overline{x} - \mu}{s/\sqrt{n}} \sim t(df = n-1)$,

  $s$(표본 표준편차, sample standard devition)

- 표본분산 $s^2$은 모집단, 분산 $\sigma^2$은 MVUE 추정량이다.
- 대표본인 경우에도 최근에는 표본평균의 샘플링분포는 t-분포를 이용한다.

$t$-분포: 표준정규분포와 동일한 좌우 대칭 형태이며 평균도 0으로 동일하다. 자유도가 $n$인 경우 분산만 $n/(n-1)$으로 표준정규분포 1보다 크므로 꼬리부분이 표준정규분포보다 두텁다. 자유도가 커지면 분산이 1로 근사하여 $t$-분포는 표준정규분포에 근사한다.

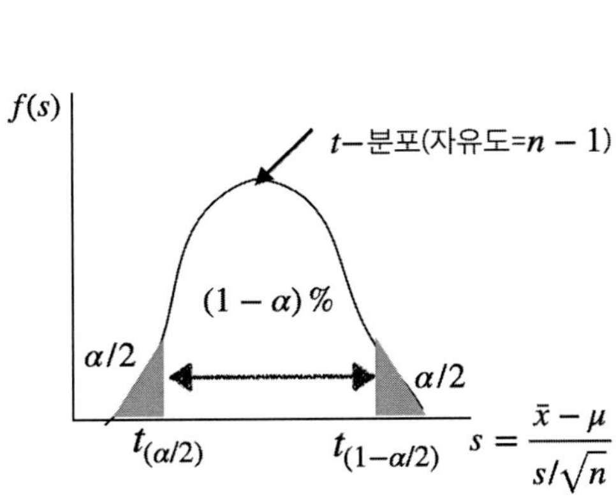


자유도(degree of freedom): 데이터가 가진 정보. $n$개 데이터는 서로 독립적으로 정보를 가지고 있어 자유도는 $n$이나 평균을 계산한 후에는 하나의 데이터를 잃어도 평균으로부터 그 데이터 값을 추정할 수 있다. 그러므로 모집단 평균의 분포의 자유도는 $(n-1)$이 된다.

- 모평균 $100(1-\alpha)\%$ 신뢰구간:

$t_{(\alpha/2)} < \dfrac{\overline{x}-\mu}{s/\sqrt{n}} < t_{(1-\alpha/2)}$을 이용하여

$\overline{x}-t_{(1-\alpha/2)}\dfrac{s}{\sqrt{n}} < \mu < \overline{x}+t_{(1-\alpha/2)}\dfrac{s}{\sqrt{n}}$ 모평균 신뢰구간을 구한다. $se(\overline{x})=\dfrac{s}{\sqrt{n}}$

```
import numpy as np
import scipy.stats as st
n,xbar=bank2.shape[0],bank2['Rate'].mean()
se=bank2['Rate'].std()/np.sqrt(n)
lb=xbar-st.t.ppf(0.975,n-1)*se
ub=xbar+st.t.ppf(0.975,n-1)*se
print('표본평균=%.3f (하한=%.4f, 상한=%.4f)' %(xbar,lb,ub))
```

```
표본평균=1.341 (하한=1.3019, 상한=1.3801)
```

```
st.norm.interval(alpha=0.95,loc=xbar,scale=se)
```

```
(1.3019659568313346, 1.3800124956662185)
```

### 5.3.7 가설검정

(1) 연구문제

작년 은행의 기업 대출 이자율 평균은 1.35%였다. 경기 부양을 위하여 대출 이자율을 낮추었다고 했는데 이 주장이 적절한지 유의수준 5%에서 검정하시오.

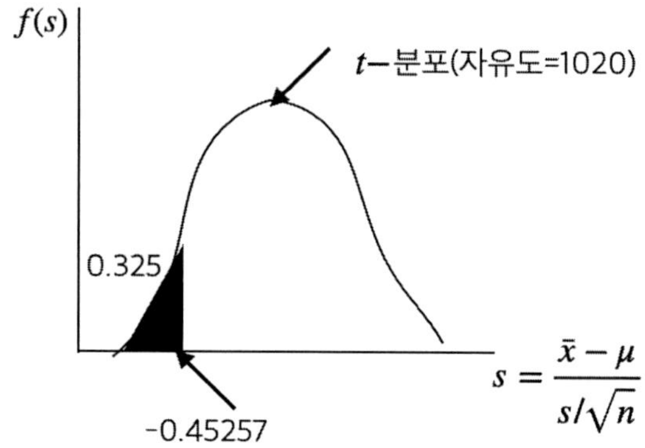


(2) 통계적 가설

- 귀무가설: $\mu = \mu_0 = 1.35$, 올해 평균 대출 이자율은 작년과 동일한 1.35%이다.
- 대립가설: $\mu < 1.35$, 올해 평균 대출 이자율은 작년보다 낮아졌다.

(3) 검정통계량 및 유의확률

- 검정통계량: $ts = \dfrac{\overline{x} - \mu_0}{s/\sqrt{n}} = \dfrac{1.341 - 1.35}{0.0199} = -0.45257 \sim t(n-1)$

유의확률

- $p\_value = P(ts \le -0.45257 \mid ts \sim t(df = n-1)) = 0.325$

(4) 결론

- 유의확률이 5%보다 크므로 귀무가설을 기각하지 못한다. 올해 평균 대출 이자율은 1.341%로 작년 1.35%보다 낮으나 유의하지 않다.

```
ts=(xbar-1.35)/se
import scipy.stats as st
print('검정통계량=%.3f, 유의확률=%.3f)' %(ts,st.t.cdf(ts,n-1)))
```

```
검정통계량=-0.453, 유의확률=0.325)
```

## 5.4 모평균 차이 추론

### 5.4.1 개념

비교하는 2개의 집단은 "독립" independent, "짝진" paired 으로 나뉜다. 독립과 짝진의 구별은 관측 대상이 동일개체인지 상이한 개체인지에 의해 결정된다.

| | 독립 집단 | 짝진 집단 |
|---|---|---|
| 모집단 | 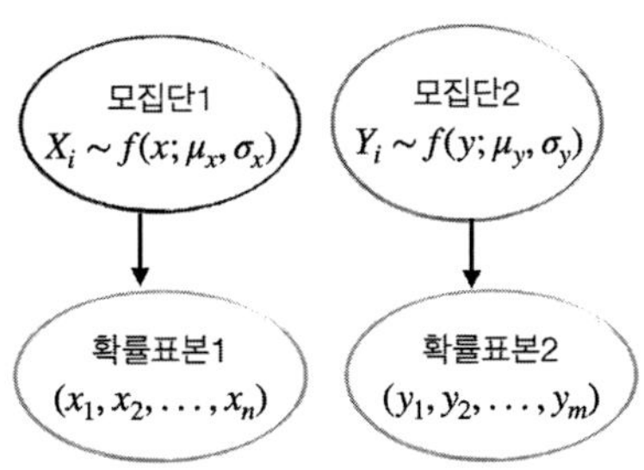 | 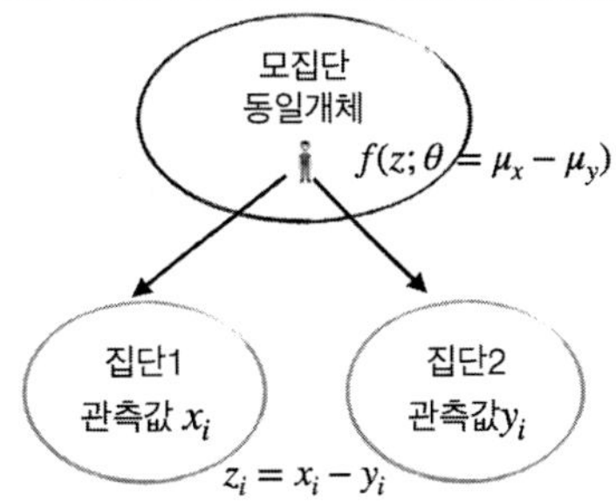 |
| MVUE | $\widehat{\mu_x}=\overline{x},\ \widehat{\mu_y}=\overline{y}$ | $\hat{\theta}=\overline{z}$ |
| 샘플링분포 | $\dfrac{(\overline{x}-\overline{y})-(\mu_x-\mu_y)}{se(\overline{x}-\overline{y})} \sim t(df)$ | $\dfrac{\overline{z}-\mu_z}{se(\overline{z})} \sim t(n-1)$ |
| 사례 | 통계학 전공자와 경영학 전공자의 초임 연봉의 차이가 있는지 알아보고자 H대학에서 통계학 전공자 30명, 경영학 전공자 50명을 임의추출하여 조사하였다. | 통계학 전공자와 경영학 전공자의 초임 연봉의 차이가 있는지 알아보고자 30개 대학에서 통계학과, 경영학과 최우수 졸업생 1명씩 조사하였다. |

### 5.4.2 독립집단

(1) 점추정

모수

- 모수: $\mu_x-\mu_y$, $\mu_x$=집단1 모평균, $\mu_y$=집단2 모평균
- 보조 모수: $\sigma_x$=모집단1 표준편차, $\sigma_y$=모집단2 표준편차

점추정

- 점추정치(MVUE): $\widehat{\mu_x-\mu_y}=\overline{x}-\overline{y}$, $se(\overline{x}-\overline{y})=\sqrt{\dfrac{\sigma_x^2}{n}+\dfrac{\sigma_y^2}{m}}$

- 통합분산(pooled variance): $s_p^2 = \dfrac{(n-1)s_x^2 + (m-1)s_y^2}{n+m-2}$

샘플링분포

- 등분산: $\dfrac{(\overline{x}-\overline{y})-(\mu_x - y_y)}{s_p\sqrt{1/n+1/m}} \sim t(n+m-2)$
- 이분산: $\dfrac{(\overline{x}-\overline{y})-(\mu_x - y_y)}{\sqrt{s_x^2/n+s_y^2/m}} \sim t(Welch's\,df)$

모평균 차이 검정 시 모집단 분산이 동일한지 검정해야 하는 이유?

두 독립인 모집단의 평균이 동일하더라도($\mu_x = \mu_y$) 분산이 서로 다르면 분산이 큰 데이터 확률 추출 시 꼬리 부분에서 표본이 추출된다면 평균이 왜곡된다.

그리고 검정통계량으로 사용되는 분산이 과다 추정될 가능성이 있어 이를 고려해야 한다.

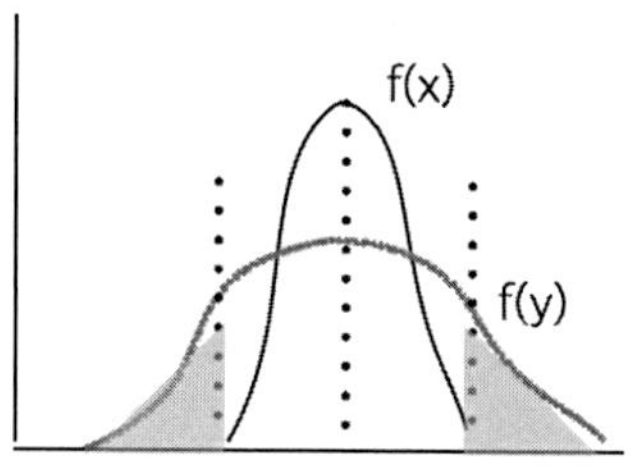


등분산 검정 Homoscedasticity Test

귀무가설: 두 모집단 분산은 동일하다. $\sigma_x^2 = \sigma_y^2$

대립가설: 두 모집단 분산은 상이하다. $\sigma_x^2 \neq \sigma_y^2$

검정통계량 및 샘플링 분포: $ts = \dfrac{\max(s_x^2, s_y^2)}{\min(s_x^2, s_y^2)} \sim F(df_1, df_2)$, $df_1$=분자 자유도, $df_2$=분모의 자유도

$100(1-\alpha)\%$ 신뢰구간: $(\overline{x}-\overline{y}) \pm t(1-\alpha/2; n+m-2)\sqrt{\dfrac{s_x^2}{n}+\dfrac{s_y^2}{m}}$

(2) 가설검정

통계적 가설

- 귀무가설: 두 모집단 평균은 동일하다. $\mu_x = \mu_y$
- 대립가설: 두 모집단 평균은 다르다. $\mu_x \neq \mu_y$

검정통계량 및 샘플링 분포

- 등분산: $\frac{(\overline{x}-\overline{y})}{s_p\sqrt{1/n+1/m}} \sim t(n+m-2)$
- 이분산: $\frac{(\overline{x}-\overline{y})}{\sqrt{s_x^2/n+s_y^2/m}} \sim t(Welch's\,df)$

(3) 사례

은행 대출 이자율이 남자보다 여성이 더 높은지 유의수준 5%에서 검정하시오.

통계적 가설

- 귀무가설: 남성, 여성 은행 대출 이자율 평균은 동일하다. $\mu_M - \mu_F = 0$
- 대립가설: 여성 평균 대출 이자율이 남성보다 높다. $\mu_M < \mu_F$

나무상자 그림 [시각적 진단]

```
import matplotlib.pyplot as plt
import seaborn as sns
sns.set(style="ticks", palette="pastel")
sns.boxplot(x='Gender',y='Rate',palette=["m", "g"],data=bank2)
plt.title('Box plot of Interest Rate by Gender'); plt.show()
```

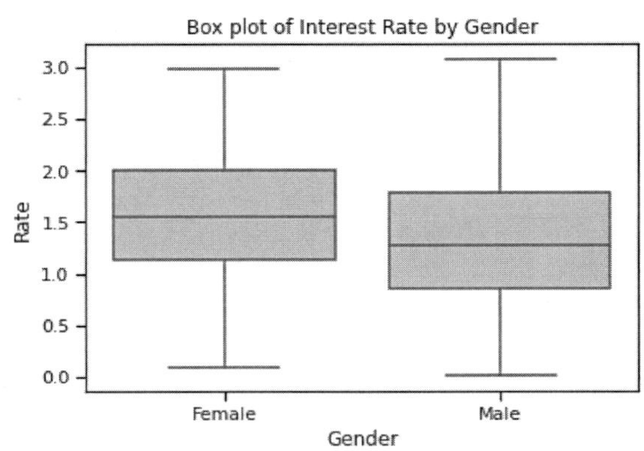


분포의 형태가 유사하다. 여성 은행 대출이자율 평균이 남성보다 높아 보인다.

기초통계량 출력

```
bank2.groupby('Gender').describe()['Rate']
```

101명 여성 CEO 대출 이자율 평균은 1.55%, 표준편차는 0.637%, 920명 남성은 평균 1.32%, 표준편차 0.632%이다. 여성이 남성보다 평균 0.23% 이자율이 높다.

| Gender | count | mean | std | min | 25% | 50% | 75% | max |
|---|---|---|---|---|---|---|---|---|
| Female | 101.0 | 1.545446 | 0.636721 | 0.10 | 1.13 | 1.56 | 2.01 | 2.98 |
| Male | 920.0 | 1.318543 | 0.632463 | 0.01 | 0.86 | 1.28 | 1.78 | 3.08 |

등분산 검정 equal variance

- 귀무가설: 남성과 여성의 평균대출이자율의 분산은 같다.
- 검정통계량: $ts = \frac{0.6367^2}{0.6325^2} = 1.0135 \sim F(101-1, 920-1)$
- 유의확률: $p-value = 2^* P(F \geqq 1.0135) = 0.896$
- 귀무가설은 채택되어 등분산 가정이 만족한다.

```
num=bank2.groupby('Gender').describe()['Rate'].iloc[0,2]**2
denum=bank2.groupby('Gender').describe()['Rate'].iloc[1,2]**2
import scipy.stats as st
ts=num/denum
print('검정통계량=%.4f, 유의확률=%.3f)' %(ts,(1-st.f.cdf(ts,100,919))*2))
```

```
검정통계량=1.0135, 유의확률=0.896)
```

Levene 검정은 F-검정과는 달리 비모수 등분산검정 방법이므로 검정통계량과 유의확률은 위의 F-검정과는 다르다. 그리고 F-검정은 모집단 분포가 정규분포를 따른다는 가정이 필요하다.

```
import scipy.stats as st
st.levene(bank2.Rate[bank2['Gender']=='Male'],bank2.Rate[bank2['Gender']=='Female'])
```

```
LeveneResult(statistic=0.04544350129677791, pvalue=0.8312332525331676)
```

모집단 차이 검정

- 검정통계량: $(\overline{x} - \overline{y})\frac{=-3.41}{s_p\sqrt{1/n+1/m}} \sim t(n+m-2)$ [등분산 가정 만족]

- 유의확률 <0.001이므로 귀무가설은 기각된다. 여성 CEO 대출 평균 이자율은 1.55%로 남성 1.32%보다 유의적으로 높다.

```
import scipy.stats as st
st.ttest_ind(bank2.Rate[bank2['Gender']=='Male'],bank2.Rate[bank2['Gender']=='Female'],equa
l_var=False)
```

```
Ttest_indResult(statistic=-3.401870825580431, pvalue=0.0009041109361586816)
```

**실습** 타이타닉 사례 데이터

남자와 여자의(집단변수: sex) 탑승 요금(fare) 차이가 있는지 유의수준 5%에서 검정하시오. 또 생존자가 사망자에 비해 탑승 요금이 높았는지도 검정하시오.

## 5.4.3 짝진집단

### (1) 점추정

모수

- 모수: $\theta = \mu_z$, $z_i = x_i - y_i$, 단일 모수로 일변량 모수와 동일하다.

점추정

- 점추정치(MVUE): $\hat{\theta} = \widehat{\mu_z} = \bar{z}$

샘플링분포

- $\dfrac{\bar{z} - \mu_z}{se(z)} \sim t(n-1)$, $se(\bar{z}) = \dfrac{\sigma_z}{\sqrt{n}} = \dfrac{s_z}{\sqrt{n}}$

**사례연구** Keller's Managerial Statistics, 8판, 예제 데이터

MBA 전공 재무, 마케팅 연봉을 조사한 자료이다. 성적(GPA)에 따른 차이가 있을 가능성을 고려 하여 (4, 3.92) = 1그룹, (3.92, 3,84) = 2그룹 2, …, 총 25개 그룹에서 한 명씩 임의추출하여 연봉을 조사하였다. 유의수준 5%에서 재무전공(Finance), 마케팅(Marketing) 전공의 연봉 차이가 있는지 검정하시오.

```
import scipy.stats as st
df=pd.read_csv('http://wolfpack.hnu.ac.kr/Stat_Notes/elem_stat/Stat_methods/mba2.csv')
st.ttest_rel(df.Finance,df.Marketing)
```

```
Ttest_relResult(statistic=3.80968841351656, pvalue=0.000851085987
```

```
df.describe().loc[['mean','std']][['Finance','Marketing']]
```

| | Finance | Marketing |
|---|---|---|
| **mean** | 65438.200000 | 60373.680000 |
| **std** | 21094.591949 | 21666.605287 |

유의확률이 $<0.001$이므로 귀무가설 기각되어 재무 전공자의 초봉이 6.54만불로 마케팅 6.03만불보다 유의적으로 높다.

사례연구 ✎ http://203.247.53.31/2015_Fall/D4BE/ambulance.csv

소방차에 응급장비를 장착하는 문제에 대한 논쟁이 벌어져, (1) 콜센터 전화를 받고 소방차가 응급 차보다 1분 먼저 도착하고 (2) 8분 이내 도착하는 비율이 소방차가 높다면 응급장비를 소방차에 장착하기로 시의회에서 결정하였다. (Cambridge, Waterloo, Kitchner) 3개 지역 중 장착 가능한 도시는 어디인가? [Keller "Mana-gerialStatistics" $9^{th}$ edition]

## 5.5 시계열 데이터

### 5.5.1 개요

(1) 개념

- 시계열(time series) 데이터는 관측치가 시간적 순서를 가지게 된다. 일정 시점에 조사된 데이터는 횡단(cross-sectional) 자료라 한다.
- KOSPI 주가, △△기업 월별 매출액, 소매물가지수, 실업률, 환율 등이 시계열 자료이다.

- 데이터 표현: $\{Y_t;\ t=1,\ 2,\ 3,\ \cdots,\ T\}$, 횡단자료의 관측 데이터는 $Y_i$로 $i$기호를 사용한다.
- 시간 $t$는 시각을 나타내는 기호로 시, 분, 초, 일, 주, 월, 분기, 년으로 시각 순서대로 정렬

(2) 분석 목적

- 가장 중요한 목적은 미래 값을 예측: trend analysis, smoothing, decomposition, ARMA model
- 시스템 시계열 데이터 이해와 특성 파악: spectrum analysis, intervention analysis, transfer func- tion analysis
- 시계열 데이터의 특성을 파악: 경향(trend), 주기(cycle), 계절성(seasonality), 불규칙성(irregular) 등
- 데이터의 과거 흔적(정보)을 활용하여 미래 값을 예측하는 것이다. 향후 일주일간 주가 예측, 다음 달 매출액 예측 등

(3) 역사

- 17세기 태양의 흑점 자료나 밀 가격 지수 변동을 나타내는 함수로 Sine, Cosine 곡선을 이용하였다.
- Yule(1926)은 ARMA에 대한 개념을 제시하였고 Walker(1937)는 ARMA모형을 제안하였다. 이 기간동안 주기적 변동을 제거하기 위하여 이동 평균법이 제안되었다.
- ARMA 모형에 대한 추정은 Durbin(1960), 그리고 Box & Jenkins(1970)에 의해 이루어졌다. 'Time Series Analysis' 고전 책 발간
- Holt(1957)는 지수 평활법(exponential smoothing)을, Winter(1960)는 계절성(seasonal) 지수 평활법을 제안하였다.
- 미국 Bureau of the Census는 경기지수에 대한 계절 변동 분해방법으로 X-11을 제안하였다(1967년).
- X-11은 이동 평균 개념을 사용하므로 초기 관측치와 마지막 관측치를 사용할 수 없는 문제점을 안고 있다. 해결책으로 1975년 캐나다는 X11-ARMA 방법을 제안하였

다. 우리나라는 현재 캐나다 방법을 사용하고 있다.

- Box-Jenkins 모델에서 기인한 시계열 개발의 또 다른 행은 ARCH(AutoRegressive Conditional Heteroscedasticity) 및 GARCH(General) 모델과 같은 비선형 일반화이다. 이 모델을 사용하면 매개 변수화 및 비상수 분산예측이 가능하다. 따라서 이러한 모델은 금융 시계열에 매우 유용하다.

## 5.5.2 시계열 데이터 가져오기

주식 관련 데이터

- 주식관련 데이터 가져오기 모듈(FinanceDataReader)을 설치하고 기업(주가 코드) 정보를 가져오는 코딩이다.

```
!pip install -U finance-datareader
import FinanceDataReader as fdr
df_krx=fdr.StockListing('KRX')
df_krx.info()
```

```
Int64Index: 6538 entries, 0 to 6537
Data columns (total 10 columns):
 #   Column          Non-Null Count  Dtype
---  ------          --------------  -----
 0   Symbol          6538 non-null   object
 1   Market          6538 non-null   object
 2   Name            6538 non-null   object
 3   Sector          2421 non-null   object
 4   Industry        2402 non-null   object
 5   ListingDate     2421 non-null   datetime64[ns]
 6   SettleMonth     2421 non-null   object
 7   Representative  2421 non-null   object
 8   HomePage        2245 non-null   object
 9   Region          2421 non-null   object
```

- 관심 기업 관련 정보 얻는 코딩이다.

```
name=input('주식 코드 기업명 ?') #find 종목코드 및 정보
df_krx[df_krx['Name'].str.contains(name)]
```

··· 주식 코드 기업명 ?하이닉스 기업명을 입력하고 엔터 키를 친다.

| | Symbol | Market | Name | Sector | Industry | ListingDate | SettleMonth | Representative | HomePage | Region |
|---|---|---|---|---|---|---|---|---|---|---|
| 1863 | 000660 | KOSPI | SK하이닉스 | 반도체 제조업 | 반도체,컴퓨터,통신기기 제조,도매 | 1996-12-26 | 12월 | 이석희 | http://www.skhynix.com | 경기도 |

- 관심 기업 주가 관련 데이터 읽어 저장하기. 날짜를 한 번만 입력하면 그 날부터 오늘 현재 주가를 불러온다. 불러오는 정보는 종가(Close), 시작가(Open), 장중 최고가(High), 최저가(Low), 거래량(Volumn), 전일대비 종가 기준 증감율(Change)이다.

```
kospi=fdr.DataReader('KS11','2018-01-01') #코스피
SE=fdr.DataReader('005930','2018-01-01') #삼성전자
SKH=fdr.DataReader('000660','2018-01-01') #SK하이닉스
SB=fdr.DataReader('207940',end='2018-01-01') #삼성바이오로직스
kospi.head(3)
```

2018년 1월 1일부터 불러오기를 지정했는데 1월 2일부터 시작하는 이유는 1월 1일에는 주식 장이 열리지 않았기 때문이다.

| Date | Close | Open | High | Low | Volume | Change |
|---|---|---|---|---|---|---|
| **2018-01-02** | 2479.65 | 2474.86 | 2481.02 | 2465.94 | 262200000.0 | 0.0049 |
| **2018-01-03** | 2486.35 | 2484.63 | 2493.40 | 2481.91 | 331100000.0 | 0.0027 |
| **2018-01-04** | 2466.46 | 2502.50 | 2502.50 | 2466.45 | 333840000.0 | -0.0080 |

- end= 옵션은 불러오는 최종 날짜를 지정한다. 만약 SB처럼 start= 설정하지 않으면 상장 일(삼성바이오로직스 상장일은 16년 11월 10일임)부터 불러온다.

```
SB.head(3)
```

| Date | Open | High | Low | Close | Volume | Change |
|---|---|---|---|---|---|---|
| **2016-11-10** | 135000 | 148000 | 125500 | 144000 | 7179018 | NaN |
| **2016-11-11** | 149500 | 186500 | 142000 | 161500 | 8140539 | 0.121528 |
| **2016-11-14** | 165000 | 177500 | 165000 | 175500 | 2977177 | 0.086687 |

- 환율, 미국 다우존스지수, 비트코인 가격 등도 불러올 수 있다.

| 심볼 | 설명 |
|---|---|
| USD/KRW | 달러당 원화 환율 |
| USD/EUR | 달러당 유로화 환율 |
| USD/JPY | 달러당 엔화 환율 |
| CNY/KRW | 위엔화 원화 환율 |
| EUR/USD | 유로화 달러 환율 |
| USD/JPY | 달러 엔화 환율 |
| JPY/KRW | 엔화 원화 환율 |
| AUD/USD | 오스트레일리아 달러 환율 |
| EUR/JPY | 유로화 엔화 환율 |
| USD/RUB | 달러 루블화 |

| 심볼 | 설명 |
|---|---|
| DJI | 다우존스 지수 |
| IXIC | 나스닥 지수 |
| US500 | S&P 500 지수 |
| VIX | S&P 500 VIX |

| 심볼 | 설명 |
|---|---|
| JP225 | 닛케이 225 선물 |
| STOXX50E | Euro Stoxx 50 |
| CSI300 | CSI 300 (중국) |
| HSI | 항셍 (홍콩) |
| FTSE | 영국 FTSE |
| DAX | 독일 DAX 30 |
| CAC | 프랑스 CAC 40 |

| 심볼 | 설명 |
|---|---|
| KS11 | KOSPI 지수 |
| KQ11 | KOSDAQ 지수 |
| KS50 | KOSPI 50 지수 |
| KS100 | KOSPI 100 |
| KRX100 | KRX 100 |
| KS200 | 코스피 200 |

| 심볼 | 설명 |
|---|---|
| BTC/USD | 비트코인 달러 가격 |
| ETH/USD | 이더리움 달러 가격 |
| XRP/USD | 리플 달러 가격 |
| BCH/USD | 비트코인 캐시 달러 가격 |
| EOS/USD | 이오스 달러 가격 |
| LTC/USD | 라이트 코인 달러 가격 |
| XLM/USD | 스텔라 달러 가격 |

```
DJI=fdr.DataReader('DJI','2021-02-10')
USD_WON=fdr.DataReader('USD/KRW','2021-02-10')
fdr.DataReader('BTC/KRW','2021-02-10') #비트코인 원화
```

| Date | Close | Open | High | Low | Volume | Change |
|---|---|---|---|---|---|---|
| 2021-02-10 | 48580000 | 48645000 | 48645000 | 47970000 | 1810.0 | -0.0014 |
| 2021-02-11 | 51504000 | 48579000 | 51504000 | 48579000 | 2010.0 | 0.0602 |
| 2021-02-12 | 50835000 | 51482000 | 51482000 | 50835000 | 1060.0 | -0.0130 |
| 2021-02-13 | 50571000 | 50879000 | 51210000 | 50571000 | 1110.0 | -0.0052 |

### 5.5.3 시간도표

정의

- 시계열 자료는 시간적 순서를 가지므로 Y축은 값, X축을 시간 순서로 하여 관측값을 연결한 산점도 그래프를 시간도표(time plot)이라 한다.
- 시간적 순서를 가진 시계열 데이터 값의 시간적 변동(변화)를 보기 위한 그래프로 시계열 자료의 구조(4가지 성분 파악)를 파악하는데 도움이 되며 시계열 분석의 시작이다.

활용

- 관측값의 시간적 변화 패턴: 시계열 성분 경향, 계절성에 대한 시각적 진단
- 주기 폭(분산)에 대한 시각적 진단: 이분산 모형 ⇔ 정상성 stationarity

사례 삼성전자 종가에 대한 (2018년 1월부터 오늘까지) 시간도표를 그려보자.

```
import matplotlib.pyplot as plt
plt.rcParams["figure.figsize"] = (10,6)
plt.plot(SE['Close'])
plt.title('Time plot: Samsung Electronics Close')
plt.show()
```

삼성전자 종가는 이차식의(2019년 1월까지 감소하다가 이후 증가, 2020년 4월 급격한 변화) 경향이 있고 주기의 폭(분산, 변동)은 일정해(이분산 문제 없음) 보인다.

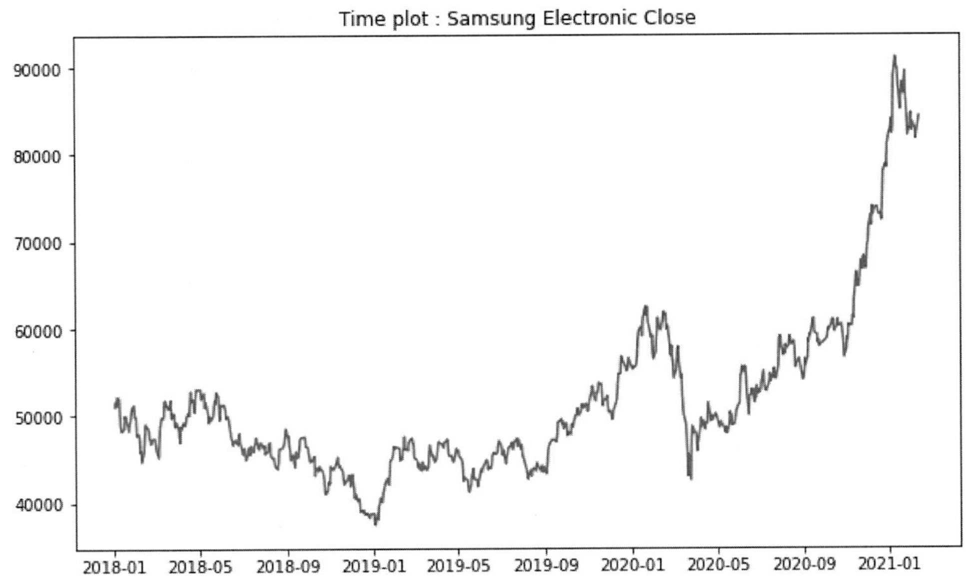


## 5.5.4 성분 및 모형

(1) 시계열 성분 모형

시계열 데이터는 $\{Y_t;\ t=0,\ 1,\ \cdots,\ T\}$ 다음의 4가지 성분으로 구성되어 있다.

$Y_t = C_t + T_t + S_t + I_t$

경향과 계절성은 차분에 의해 제거한 후 주기에 대한 패턴을 인식한다.

경향(Trend)

- (장기간 패턴) 시계열 데이터가 증가(감소)하는 경향이 있는지 혹은 안정적인지 알 수 있다. 직선 경향, 이차 경향이 있으며 장기변동 요인에 의해 발생한다.

순환(cycle)

- 경향 선(trend level)을 기준으로 오름 내림을 반복한다. 일정한 주기(진폭)마다 유사한 변동이 반복된다. sin 함수와 같이 일정 간격으로 높은 곳과 낮은 곳이 반복된다.

계절성(seasonality)

- 동일한 순환 형태가 일정한 주기로 반복된다. 주별, 월별, 분기별, 년별 유사 순환 패턴이 반복된다.

불규칙성(irregular)

- 일정한 패턴을 파악할 수 없는 시계열 형태이며 백색잡음(오차항)이 여기에 해당된다.

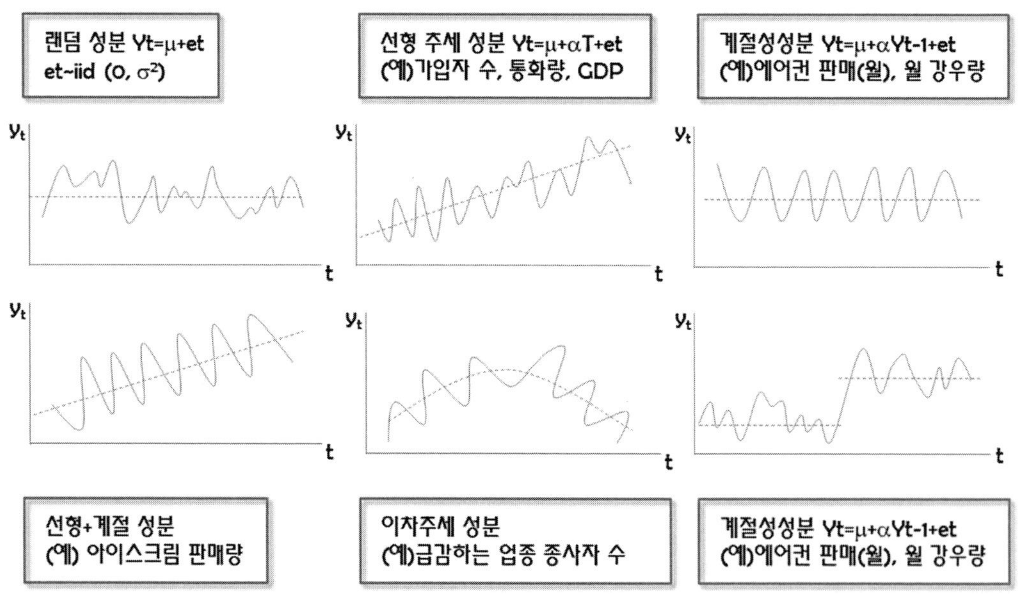

(2) 시계열 성분 모형

가법모형( Additive model): $Y_t = C_t + T_t + S_t + I_t$

승법모형(Multiplicative model): $Y_t = C_t \times T_t \times S_t \times I_t$

- 승법모형은 성분들의 곱 형태이므로 로그 변환하면 가법모형으로 변환된다.
- 아래 오른쪽 그림에서 볼 수 있듯이 승법모형은 이분산 문제를 포함하고 있다. 이분산 문제를 해결하는 적절한 방법은 로그변환이다. 즉, 승법모형을 가법모형으로 변환하면 이분산 문제가 해결된다.

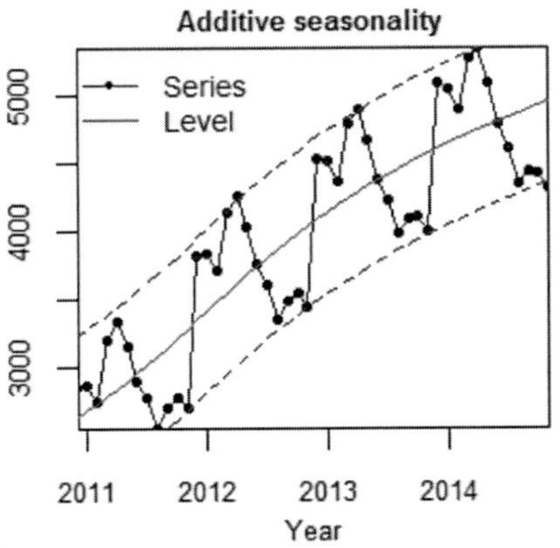


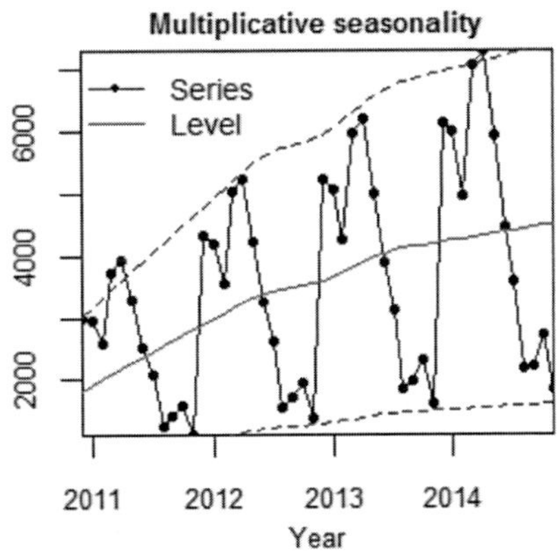


## 5.5.5 분석 방법

회귀분석(계량경제) 방법, BOX-JENKINS 방법, 지수 평활법, 시계열 분해 방법이 있다. 회귀분석 방법(설명변수가 있는 시계열 모형을 계량경제(econometrics) 모형)과 BOX-JENKINS 방법(ARMA)은 수학적 이론 모형에 의존하고 시간에 따라 변동이 많은(빠른) 시계열 자료에 적용된다. 지수 평활법이나 시계열 분해 방법은 다소 직관적인 방법이며 시간에 따른 변동이 느린 데이터를 분석하는데 사용된다.

(1) 평활법: 과거 값의 평균으로 미래 값을 예측하는 방법

- 이동 평균법(moving average): 최근 데이터의 평균을(혹은 중앙치) 예측치로 사용하는 방법이다. 각 과거치에는 동일한 가중치가 주어지면 과거 패턴 인식이 주목적이다.
- 지수 평활법(exponential smoothing): 현재 가까운 시점에 가장 많은 가중치를 주고 멀어질수록 낮은 가중치를 주는 방법이다. 경향이나 계절성 존재여부에 따라 단순

지수, 이중지수, 삼중지수, 계절지수 평활법 등이 있다.

(2) ARIMA 모형: 시계열 데이터 과거 관측값과 오차에 의한 모형

$$Y_t = \mu + \alpha_1 Y_{t-1} + \cdots + \alpha_p Y_{t-q} + \beta_1 e_{t-1} + \cdots + \beta_q e_{t-q} + e_{t-1}$$

데이터($\{Y_t\}$)에 대한 모형화를 통하여 미래 값을 예측하는 방법이다. 설명변수가 종속변수 자신의 과거 값인 AR(Auto Regressive) 모형, 설명변수가 오차항의 과거 값인 MA(Moving Average) 모형, 그리고 AR과 MA 모형의 결합인 ARMA 모형이 있다.

(3) 회귀모형: 계량경제 Econometrics Model

$$Y_t = \mu + \alpha_1 X_{1t} + \cdots + + \alpha_p X_{pt}$$

$\{Y_t\}$ 종속변수로 하고 ($X_1$, $X_2$, ⋯, $X_p$)을 설명변수로 하는 회귀분석 모형으로 시계열 변수의 자기상관 특성으로 모형 도출이 어려우며 종속변수 예측을 위하여 설명변수의 예측값도 알아야 하는 한계가 있다.

(4) 성분 관련 분석

- 추세분석: 추세 성분을 파악한다.
- 변동 분해: 3개 주요 성분(주기, 계절성, 경향)을 분해하는 방법

## 5.5.6 시계열 프로세스

### (1) 백색잡음

평균이 0이고 분산이 $\sigma^2$인 동일분포로부터 독립적으로($iid$) 얻어진 시계열 데이터 $\{Y_t\}$을 백색 잡음(white noise) process라 한다. 데이터의 평균을 $\mu$라 하면 백색잡음 시계열 데이터의 모형은 다음과 같이 쓸 수 있다. $Y_t = \mu + e_t \cdot e_t \sim N(0,\ \sigma^2)$

만약 $Y_0 = \mu$라 하면 $Y_t = Y_0 + e_t + e_{t-1} + ... + e_1$가 되는데 이를 random walk process라 한다. 백색 잡음 모델은 패턴 인식이 불가능하여 예측이 불가능하다.

### (2) 정상 프로세스

$F(y_{t1},\ y_{t2},\ \cdots,\ y_{tn}) = F(y_{t1+k},\ y_{t2+k},\ \cdots,\ y_{tn+k})$을 만족하는 시계열을 강한 정상 프로세스 (strongly stationary process)이라 한다. 일정한 기간의 시계열 데이터 결합밀도 함수는 동일한 분포를 가진다는 것을 의미한다.

다음 조건을 만족하는 시계열 데이터는 약한(weakly) 정상 프로세스라 정의한다.

① 평균이 일정하다. $E(Y_t) = \mu$

② 분산이 존재하며 일정하다. $V(Y_t) = \sigma^2 < \infty$

③ 두 시점의 자기 공분산(auto-correlation) $COV(Y_{t_1},\ Y_{t_2}) = COV(Y_{t_1+k},\ Y_{t_2+k})$은 시간의 차이($k$)에 의존한다.

- (평균, 분산, 공분산)은 시간에 따른 변동 없이 일정하다.
- 정상 시계열 데이터만 모형 적용이 가능하다.

### (3) 시계열 모형

- $AR(1)$ 모형: $Y_t = \phi Y_{t-1} + e_t$
- $|\phi| = 1$: 단일근, 랜덤 워크(random walk) 모형, 비정상 프로세스
- $|\phi| > 1$: 발산(diverge) 시계열, 비정상 프로세스
- $|\phi| < 1$: 정상 프로세스

### (4) Dickey-fuller 단일근 검정

- 귀무가설: 단일근 모형이다. $|\phi| = 1$ ⇔ 모형 설정 불가, 비정상성

- 대립가설: 단일근 문제가 없다. $|\phi| \neq 1$, $|\phi| < 1$일 경우 모형 설정이 가능하다. 정상 프로세스이다.

삼성전자 종가 단일근 검정

```
from statsmodels.tsa.stattools import adfuller
adfuller(SE['Close'])
```

```
(0.7226046006869078,
 0.9902783537298623,
 0,
 766,
 {'1%': -3.438915730045254,
  '10%': -2.5687831424305845,
  '5%': -2.8653205426302253},
 12362.113295324167)
```

검정통계량
유의확률
사용된시차
데이터 개수
유의수준별 기각값
Information 값

유의확률이 0.990이므로 귀무가설이 채택되어 단일근 모형으로 비정상 프로세스이다.

```
adfuller(SE['Close'])[0:2]
```

```
(0.7226046006869078, 0.9902783537298623)
```

[0 : 2]의 의미는 출력결과 중 0(1번째) 라인 - 검정통계량과(2 − 1) = 1(2번째) 라인 유의확률만 출력하라는 의미이다.

(4) Kwiatkowski-Phillips-Schmidt-Shin(KPSS) 경향 정상성 검정

- 귀무가설: 시계열은 직선 추세 정상성을 따른다. regression='ct', 직선 추세 정상성을 따르면 차분으로 정상성을 갖는다.
- 귀무가설: 시계열은 정상성(상수, constant)을 따른다. regression='c', 시계열은 정상 프로세스이다.
- 대립가설: 시계열은 단일근 문제를 갖는다.

삼성전자 종가는 추세 정상(유의확률〈0.01), 상수 정상(유의확률〈0.01) 모두 기각되어 비정상 프로세스이다.

```
from statsmodels.tsa.stattools import kpss
kpss(SE['Close'],regression='ct')
```

```
(0.5293380837751773,
 0.01,
 20,
 {'1%': 0.216, '10%': 0.119, '2.5%': 0.176, '5%': 0.146})
```

```
from statsmodels.tsa.stattools import kpss
kpss(SE['Close'],regression='c')
```

```
(1.9466006899016868,
 0.01,
 20,
 {'1%': 0.739, '10%': 0.347, '2.5%': 0.574, '5%': 0.463})
```

## 5.5.7 정상성 만들기

분석대상 시계열데이터가 비정상인 경우 이를 해결하는 방법은 다음과 같다.

(1) 차분

추세성으로 인한 정상성 위반의 경우 차분으로 해결 가능하다. 추세성이 직선인 경우 1차 차분, 이차식 형태인 경우 2차 차분으로 stationary로 만들 수 있음

- $\Delta Y_t = Y_t - Y_{t-1} = Y_t - BY_t$: Back shift 기호 $BY_t = Y_{t-1}$
- pd.diff(): 1차 차분 값 계산, 첫번째 관측치는 결측치(NaN)

(2) 계절 차분

- 계절성이 있는 비정상 시계열은 계절 차분으로 정상이 되는 시계열 데이터로 변환 가능하다.
- 계절 주기 $= s$ 인 경우: $\Delta_s Y_t = Y_t - Y_{t-s} = Y_t - B^s Y_t$

(3) 변수변환

변동 주기의 폭이 증가하거나 감소하는 경우 로그변환, 제곱근 변환으로 안정적 데이터를 만들 수 있음

$\Delta log Y_t = log Y_t - log Y_{t-1}$

삼성전자 종가의 1차 차분 데이터를 추세 정상(유의확률>10%) 귀무가설 채택되어 1차 차분은 정상 프로세스를 만들 수 있음을 알 수 있다.

```
df=SE['Close'].diff(1)
df=df.dropna()
from statsmodels.tsa.stattools import kpss
kpss(df,regression='ct')
```

```
(0.053535879224091074,
 0.1,
 20,
 {'1%': 0.216, '10%': 0.119, '2.5%': 0.176, '5%': 0.146})
```

### 5.5.8 시계열 데이터 이분산 검정

시계열 데이터 이분산은 시계열데이터를 $Y$(종속변수), 시간을 설명변수로 하여 회귀모형 추정 후 잔차의 이분산성을 검정하면 된다. 즉 주기의 폭이 시간에 따라 증가하거나 감소하게 되면 이분산 문제가 발생한다.

White's Lagrange Multiplier Test for Heteroscedasticity - Greene section 11.4.1 5th edition p. 222 now test statistic reproduces Greene 5th, example 11.3

데이터 SAS 예제 데이터(1949.01~1960.12) 월별 항공 이용 고객 수(천명)

```
import pandas as pd
airline=pd.read_csv('http://wolfpack.hnu.ac.kr/Stat_Notes/example_data/airline-passengers.csv')
airline.set_index(['Month'],inplace=True)
airline.head(3)
```

| | Passengers |
|---|---|
| **Month** | |
| **Jan.49** | 112 |
| **Feb.49** | 118 |
| **Mar.49** | 132 |

```
import matplotlib.pyplot as plt
airline['Passengers'].plot()
plt.title('Airline Passengers(in Thousands) 1949.01~1960.12')
plt.show()
```

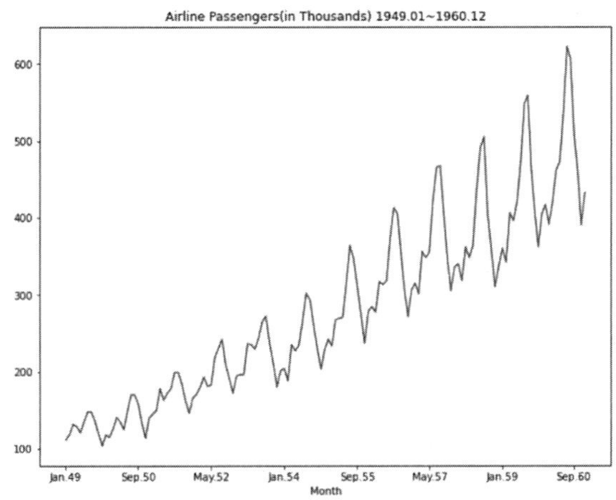


직선적으로 증가하는 추세(경향)이 있고 분산도 증가하여 이분산 문제가 있다고 진단할 수 있음

## (1) 계열 안정성 진단

```
from statsmodels.tsa.stattools import kpss, adfuller
print('adfuller',adfuller(airline['Passengers'], autolag='AIC')[0:2],
'KPSS_ct',kpss(airline['Passengers'], regression='ct')[0:2])
```

단일근 검정: Dickey-fuller Test

- 귀무가설: 단일근 모형, 비정상 프로세스.

```
adfuller (0.8153688792060418, 0.9918802434376409)
```

- 유의확률이 0.992로 귀무가설이 채택되어 승객 수는 단일근 모형이다.

추세 정상성 검정: KPSS test

- 귀무가설: 시계열은 추세 정상성을 따른다. regression='ct'
- 유의확률이 0.036로 귀무가설이 기각되어 승객 수는 추세 정상(차분을 하여 추세를 제거해도 정상 프로세스가 아님)하지 않다.

```
KPSS_ct (0.16273657405822659, 0.036052854951477836)
```

Dickey 단일근 귀무가설 채택, KSPP 추세 정상성 귀무가설 기각되었다.

(2) 차분

1차 차분결과 증가 추세는 사라지나 여전히 이분산 문제는 존재한다.
정상성 진단은 시각으로 판단 불가하다.

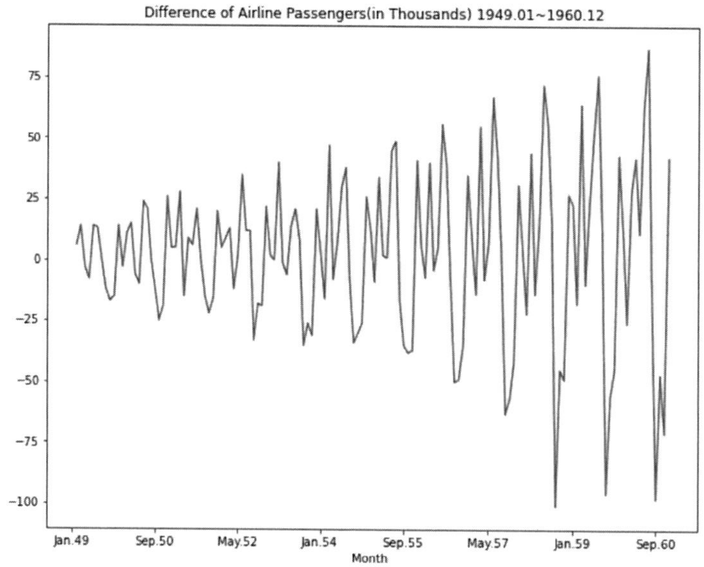


```
from statsmodels.tsa.stattools import adfuller
df=airline['Passengers'].diff(1).dropna()
adfuller(df)[0:2], kpss(df,regression='c')[0:2]
```

```
((-2.8292668241699976, 0.0542132902838257 45), (0.05300976189850529, 0.1))
```

유의수준 10%에서 단일근 귀무가설 기각, KPSS 상수 안정성 귀무가설 채택되어 차분한 승객 수는 정상 프로세스이다. 그러나 여전히 이분산 문제는 남아 있다.

---

White's Lagrange Multiplier Test for Heteroscedasticity

---

이분산 문제를 진단해야 하나, 여기서는 스킵한다. 이분산 문제 해결은 로그 변환이나 제곱근 변환이 가장 적절하다. 다음은 로그변환 후 차분한 시계열(로그 변환을 먼저한

이유는 차분한 경우 음수가 발생하여 로그 값이 존재하지 않기 때문이다.) 데이터는 아래 시간도표에서 볼 수 있듯이 이분산 문제는 해결되었다.

```
import numpy as np
df2=np.log(airline['Passengers']).diff(1).dropna()
import matplotlib.pyplot as plt
df2.plot()
plt.title('Log Transformation of First Difference')
plt.show()
```

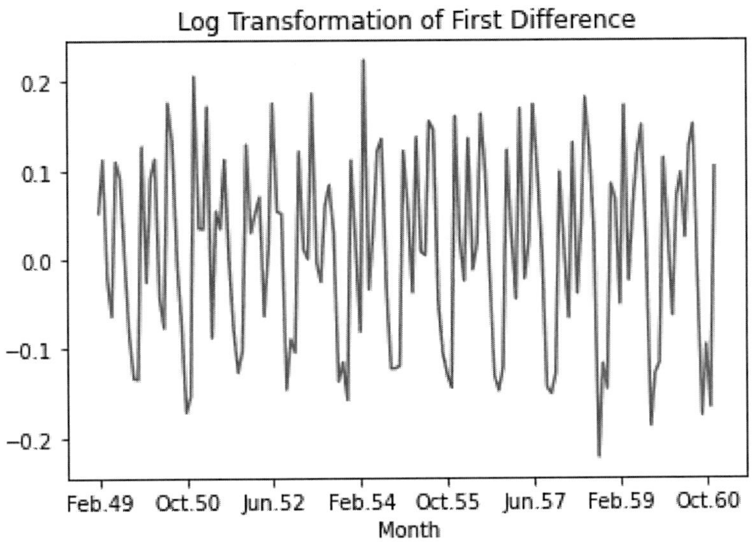


## 5.5.9 추세분석

### (1) 개념

- 시계열 데이터: $Y_t = f(t) + e_t (trend + stochastic\ variation)$
- 대립가설: $f(t)$는 시간 $t$에 의해 결정되는 함수로 추세함수
- 추세 $f(t)$가 시간 $t$에 의존하지 않으면 추세가 없음 - 귀무가설: $f(t)$는 시간 $t$의 함수가 아닌 상수이다.

시간 순서를 갖는 시계열 데이터의 특성을 고려하여 시간의 함수로 표현하는 방법으로 다항추세모형(polynomial trend model)이 가장 널리 사용된다.

$Y_t = b_0 + b_1 t + b_2 t^2 + ... + b_p t^p + e_t$

- $p = 0$: 상수평균모형 constant mean model
- $p = 1$: 선형추세모형 linear trend model
- $p = 2$: 이차추세모형 quardratic trend model
- 계절추세모형 seasonal trend model: 동일 패턴이 일정한 주기를 가지고 반복됨

(2) 추세모형

- 단순 선형 Simple Linear: $f(t) = a + b^* T$
- 제곱근 root: $f(t) = a + b^* \sqrt{T}$
- 역함수: $f(t) = a + b^*(1/T)$
- 이차 Qurdratic: $f(t) = a + b^* T + c^* T^2$
- 로그모형: $f(t) = a + b^* ln(T)$
- 지수 exponential: $f(t) = a + b^* exp(T)$
- 역지수 Negative exponential: $f(t) = a + b^* exp(-T)$
- 성장 Growth: $f(t) = a + b^T$
- $S-$곡선: $f(t) = (10^a)/(a + b^* c^T)$

(3) 다항추세모형

상수평균모형 $Y_t = b_0 + e_t$

- 불규칙 성분만 있음
- 추정치 $\hat{b}_0 = \overline{Y} = \sum \frac{Y_t}{T}$: 시계열 데이터 총평균
- L기 이후 예측치: $\hat{Y}_t + L = \hat{b}_0$ | 예측오차: $\hat{e}_t + L = b_0 + e_{t+L} - \overline{Y}$
- 예측오차 분산 추정: $\hat{V}(\hat{e}_{t+L}) = (1 + 1/n)s^2,\ s^2 = \frac{(Y_t - \overline{Y})^2}{(T-1)}$

직선추세성분 모형 $Y_t = b_0 + b_1 t + e_t$

- 직선추세만 있는 경우
- 추정치: 설명변수 $t$, 절편 $b_0$, 기울기 $b_1$의 추정치는 회귀계수 OLS 추정

이차추세성분 모형 $Y_t = b_0 + b_1 t + b_2 t^2 + e_t$

- 직선, 이차식 추세 있는 경우
- 추정치: 설명변수 $t$, $t^2$, $(b_0,\ b_1,\ b_2)$ 회귀계수 OLS 추정

계절성분만 있는 모형

- $Y_t = b_0 + b_1 \sin(\frac{2\pi t}{s}) + b_2 \cos(\frac{2\pi t}{s}) + e_t$

추세와 계절성분 있는 모형

- $Y_t = b_0 + b_1 t + b_2 \sin(\frac{2\pi t}{s}) + b_3 \cos(\frac{2\pi t}{s}) + e_t$

비선형 추세모형

- Gompertz 모형 $E(Y_t) = Kexp(-b_0 exp(-b_1 t))$
- Von Bertalantiff 곡선 $E(Y_t) = [1 - b_0 exp(-b_1 t)]^3$
- Logistic 곡선 $E(Y_t) = \frac{K}{[1 + exp(b_0 + b_1 t)]}$

---

최적 모형 선택 통계량

---

- $\widehat{Y_t}$: 시계열 데이터 $Y_t$의 예측치
- $\widehat{e_t} = Y_t - \widehat{Y_t}$: 예측오차 forecast error
- $MAE = \frac{1}{T}\sum|\widehat{e_t}|$: 평균절대오차 mean absolute error
- $MAPE = \frac{1}{T}\sum|\frac{\widehat{e_t}}{Y_t}|$: 평균절대퍼센트오차 mean absolute percentage error
- $MSE = \frac{1}{T}\sum\widehat{e_t}^2$: 평균제곱오차 mean squared error
- $RMSE = \sqrt{MSE}$: 평균제곱오차제곱근 root mean squared error

### 5.5.10 이동평균법

시계열 데이터는 주기나 불규칙성을 가지고 있으므로 과거의 몇 개 관측치를 평균하여 전반적인 추세를 파악할 수 있는 방법을 이용하여 예측치를 구할 수 있는데 이를 이동평균법(Moving average)이라 한다.

이동 평균법은 과거 몇 개의 과거치의 평균으로 미래 값을 예측하는 방법이다. 지수평활법과는 달리 이동 평균법에서는 과거치에 적용되는 가중치는 동일

모형 $Y_t = \mu + e_t,\ e_t \sim N(0,\ \sigma^2)$

관측치: $\{Y_t;\ t = 1,\ 2,\ \cdots,\ T\}$, 평균모수-$\mu$

이동평균 계산 방법(주기 $m$)

- (일반) 이동평균: $MA_t = \widehat{Y}_t = \frac{1}{m}\sum_{k=1}^{m} Y_{t-k}$ - 가장 널리 사용된다.
- 중심점 이동평균 Centered MA: $MA_t = \widehat{Y}_t = \frac{1}{m}\sum_{k=-m/2}^{m/2} Y_{t-k}$
- 예측 $\widehat{Y}_{t+1} = MA_t$: 차기 1만 예측가능

주기 $m$ 결정

- 주기의 배수를 활용
- 주가의 경우: $M = 5$, 20(한달), 60(분기), 120(반년)
- 월별데이터: $M = 12,\ 24,\ 36,\ \cdots$

특징

- 계절성, 불규칙성을 제거하여 전반적인 추세 파악 가능하여 직관적 정보를 제공하여 가장 많이 사용되는 평활법이다.
- 주기가 길면 장기 패턴, 짧으면 단기 패턴을 진단할 수 있다. 주기가 길어질수록 주기(사이클)는 사라지고 직선 형태가 된다.
- 자신의 과거치(pattern, trace)를 이용하여 미래 값을 예측한다.
- 자신의 $m$개의 관측치 평균으로 시계열 자료 $\{Y_t\}$의 패턴을 인식한다.
- 가중치는 $1/m$으로 동일하다.

이동평균법 문제점

- 과거치에 대한 가중치가 동일하다. 시간이 먼 관측값과 가까운 값의 영향을 동일한 가중치를 부여하여 최근 관측치 정보의 반영 정도가 낮아 급격한 변동에 대한 예측이 어렵다.

**예제** 삼성전자 종가(2018년 1월 1일부터 2021년 2월 15일까지) 주기 $m=5$, 20, 60 이동평균선을 그리시오.

중심이동선을 그리려면 rolling(window=5,center=True)를 사용하면 된다.

```
df=fdr.DataReader('005930','2018-01-01','2021-02-15')['Close']
import matplotlib.pyplot as plt
df_ma5=df.rolling(window=5).mean()
df_ma20=df.rolling(window=20).mean()
df_ma60=df.rolling(window=60).mean()
plt.figure(figsize=[12,8])
plt.title('Moving Avaerage: Samsung Elec.')
plt.plot(df,label='original')
plt.plot(df_ma5,label='m=5')
plt.plot(df_ma20,label='m=20')
plt.plot(df_ma60,label='m=60')
plt.legend(loc=2)
plt.show()
```

## 5.5.11 골든 크로스

골든 Golden 크로스는 단기(20일~60일) 이동평균선이 장기(120일~240일) 이동평균선을 밑에서 위로 치고 올라가면서 만나는 때를 말한다 일반적으로 이 순간을 강력한 매수신호로 해석한다 단기 상승추세가 지속된다는 것을 전제로 골든 크로스는 매수신호로 간주된다 이때 거래량의 변화에도 주목해야 한다 거래량 증가는 강력한 매수신호가 되고 결국 강세장으로 전환될 가능성이 높다는 의미이다

데드 Death 크로스는 반대로 단기 이동평균선이 장기 이동 평균선을 위에서 아래로 뚫고 내려가는 모습을 말한다 즉 단기 이동평균선이 하락하고 있다는 것이다 따라서 데드크로스는 단기 하락추세가 이어진다는 전제로 약세장으로의 전환신호로 받아들여지고 있다 데드크로스 일 때의 거래량 추이는 대체로 감소하는 모습을 나타낸다.

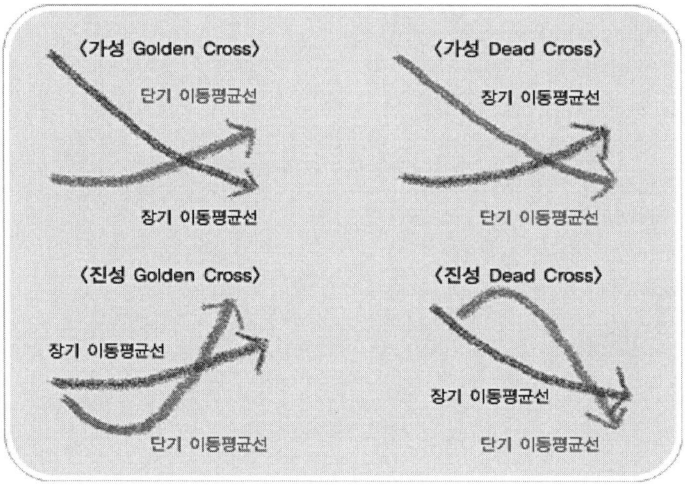


삼성전자 종가(2018년 1월 1일부터 2021년 2월 15일까지) 단기 50일, 장기 200일 기준 이동평균선을 그리고 골든 크로스 데드 크로스를 판단해 보자.

삼성전자 주가는 동그라미 부분(2020년 7월 29일)에서 골든 크로스가 발생하였고 데드 크로스는 발생하지 않았다.

```
df=fdr.DataReader('005930','2018-01-01','2021-02-15')['Close']
import matplotlib.pyplot as plt
df_ma_s=df.rolling(window=50).mean()
```

```
df_ma_l=df.rolling(window=200).mean()
plt.figure(figsize=[12,8])
plt.grid(True)
plt.title('Moving Average: ')
plt.plot(df,label='original')
plt.plot(df_ma_s,label='short')
plt.plot(df_ma_l,label='long')
plt.legend(loc=2)
plt.show()
```

[골든 크로스, 데드 크로스 발생 요일 찾는 코딩]

```
import pandas as pd
df_ma_s=df.rolling(window=50).mean()
df_ma_L=df.rolling(window=200).mean()
df_all=pd.concat([df_ma_s, df_ma_L], axis=1)
df_all.columns=['ma50','ma200']
df_all['ma50_diff']=df_all['ma50'].diff()
df_all['ma200_diff']=df_all['ma200'].diff()
df_all.dropna(inplace=True)
```

```
#Golden Cross
for k in range(0,df_all.shape[0]):
    if (df_all.ma50_diff[k]>0) & (df_all.ma50_diff[k-1]>0) &
    (df_all.ma50_diff[k]>df_all.ma50_diff[k-1]) & (df_all.ma200_diff[k]>0) &
    (df_all.ma200_diff[k-1]>0) & (df_all.ma200_diff[k]>df_all.ma200_diff[k-1]):
        if (df_all.ma50[k-1]<df_all.ma200[k-1]) & (df_all.ma50[k]>df_all.ma200[k]):
            print('Golden Cross happens on',df_all.index[k])
```

```
Golden Cross happens on 2020-07-29 00:00:00
```

```
#Dead Cross
for k in range(0,df_all.shape[0]):
    if (df_all.ma50_diff[k]<0) & (df_all.ma50_diff[k-1]<0) &
    (df_all.ma50_diff[k]<df_all.ma50_diff[k-1]) & (df_all.ma200_diff[k]<0) &
    (df_all.ma200_diff[k-1]<0) & (df_all.ma200_diff[k]<df_all.ma200_diff[k-1]):
        if (df_all.ma50[k-1]>df_all.ma200[k-1]) & (df_all.ma50[k]<df_all.ma200[k]):
            print('Dead Cross happens on',df_all.index[k])
```

## 5.5.12 지수평활법

모든 관측치에 동일한 가중치를 부여하는 이동평균법은 최근 관측치나 오래된 관측치나 동일한 가중치를 사용하므로 정보를 동일하게 이용하는 단점이 있고 과거 추세 패턴을 인지하는 장점이 있으나 최근 추세 반영이 어렵다. 하여, 최근 관측치에 높은 가중치, 멀어질수록 지수적으로 가중치 값 감소시키는 방법이 지수평활법(exponential smoothing)이다.

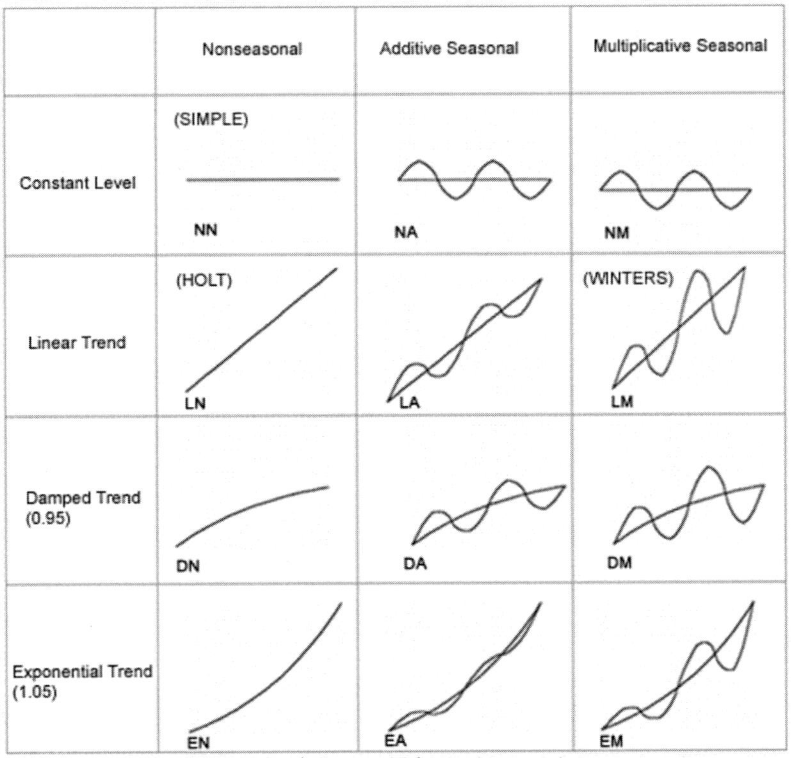


모수

level = $\alpha$

trend = $\beta$

damping = $\varphi$

seasonality = $\gamma$

### (1) 단순지수평활법

단순지수 평활법(simple exponential smoothing)은 주기만 있고 추세(경향)와 계절성이 없는 시계열 데이터 $\{Y_t\}$에 적용된다.

- 모형: $Y_t = \alpha Y_{t-1} + \alpha(1-\alpha) Y_{t-2} + + \alpha(1-\alpha)^2 Y_{t-2} + \cdots + e_t$
- $\alpha = 0$: 평균 모형, $\alpha = 1$: Unit root(단일근) 모형이다.

- 예측 방정식 forecast equation: $\widehat{Y_{t+h}} = S_t$
- 평활 방정식 smoothing equation: $S_t = \alpha Y_t + (1-\alpha)S_{t-1}$
- 단순 지수 평활의 예측치는 flat으로 미래 $h$차까지 모두 동일하므로 1차까지만 예측이 가능하다.

초기값 설정

- $S_0 = \sum_{i=1}^{T} Y_t / T,\ T = 6$ or $\frac{n}{2}$: 초기 6개 관측치 평균 혹은 표본 데이터 초반 1/2개 데이터 평균 사용한다.

가중치 설정

- $SSE = \sum (Y_t - \widehat{Y_t})^2$ 최소화 하는 $\alpha$를 계산한다.
- 이동평균 주기($m$)와 단순지수 평활 가중치($\alpha$) 관계: $m = \frac{2-\alpha}{\alpha}$ 주기가 5인 주가의 경우 최적 가중치는 $\alpha = 1/3$이다.
- Montgomery & Johnson은 가중치로 $1-0.8$^(1/추세 기울기)을 제안하였다. 그러므로 추세 기울기가 1인 경우 최적 가중치는 $\alpha = 0.2$이다.

**예제** 삼성전자 종가(2018년 1월 1일부터 2021년 2월 15일까지) 단순지수 평활법 모형을 추정하시오.

fit() 안에 level($\alpha$)옵션을 지정하지 않으면 가장 적합한 알파 값을 찾는다.

```
df=fdr.DataReader('005930','2018-01-01','2021-02-15')['Close']
from statsmodels.tsa.api import SimpleExpSmoothing
ssm1=SimpleExpSmoothing(df).fit(smoothing_level=0.3,optimized=False)
ssm2=SimpleExpSmoothing(df).fit(smoothing_level=0.7,optimized=False)
ssm0=SimpleExpSmoothing(df).fit()
print('optimal alpha',ssm0.model.params['smoothing_level'])
```

```
optimal alpha 1.0
```

최적 가중치는 1이었다. 이는 삼성전자 종가의 경우 추세 안정 프로세스이므로 Random Walk모형이다. 랜덤워크 모형의 경우 $Y_{(t-1)}$의 가중치 1이기 때문이다.

**예제** 각 가중치에 대하여 RMSE를 계산하고 최적 모형을 구하시오.

위의 가중치에 의해 추정된 값을 이용하여 RMSE(낮을수록 추정 정도가 높음)가 낮은지 계산해 보았다. 예상대로 가중치 1인 경우 RMSE가 가장 낮았다. ssm1.sse는 가중치 0.3에 의해 추정된 관측값에 의해 계산된 추정오차제곱합(SSE, sum of squared error)이다. 이를 관측치 개수로 나누고 제곱근을 구하면 평균제곱오차제곱근(RMSE)이다.

```
ssm1_rmse=(ssm1.sse/df.shape[0])**0.5
ssm2_rmse=(ssm2.sse/df.shape[0])**0.5
ssm0_rmse=(ssm0.sse/df.shape[0])**0.5
ssm1_rmse,ssm2_rmse,ssm0_rmse
```

```
(2298.9899994621715, 1376.771007061833, 955.9362326193205)
```

**예제** 최적 가중치를 이용하여 추정치(적합치)와 향후 5일 종가 예측치를 구하시오.

최적 가중치는 1이나 최근 마지막 관측치에만 가중치를 부여하는 것은 극단적이어서 주관적이지만 0.7을 최적 가중치로 설정하였다.

- ssm2.fittedvalues: 분석기간 내 ($\alpha = 0.7$ 단순지수평활법) 모형으로 추정한 값을 구하게 된다.
- ssm2.forecast(5): 향후 5일 후 ($\alpha = 0.7$ 단순지수평활법) 모형으로 예측치를 구하게 된다. 단순지수평활법에 의한 예측은 향후 1차기 예측만 가능하다.

```
1   ssm2.fittedvalues
```

```
Date
2018-01-02    51020.000000
2018-01-03    51020.000000
2018-01-04    51440.000000
2018-01-05    51188.000000
2018-01-08    51840.400000
                  ...
2021-02-05    83071.988467
2021-02-08    83371.596540
2021-02-09    83111.478962
2021-02-10    82823.443689
2021-02-15    81967.033107
```

```
1   ssm2.forecast(5)
```

```
/usr/local/lib/python
  ValueWarning)
767    83530.109932
768    83530.109932
769    83530.109932
770    83530.109932
771    83530.109932
```

date_rng: 5일 예측값을 위한 날짜 인덱스 만들고 5일 예측 데이터프레임의 인덱스를 재설정 한다. 이유는 추정 데이터 프레임(ssm0.fittedvalues)의 인덱스와 동일하게 만들어야 두 데이터 프레임을 append로 세로 합치기가 가능하다. fit0 데이터프레임에는 분석기간 내 추정치와 향후 5일 예측치가 있다.

```
import pandas as pd
date_rng=pd.date_range(start='2021-02-16',end='2021-02-20')
fcast2=pd.Series(ssm2.forecast(5))
fcast2.index=date_rng
fit2=pd.Series(ssm2.fittedvalues).append(fcast2)
```

삼성전자 종가 시간도표, 추정치와 예측치를 함께 그리면 다음과 같다.

```
import matplotlib.pyplot as plt
plt.figure(figsize=[10,6])
plt.title('SamSung Elec.')
plt.plot(fit2,label=('sm optimal: '+str(ssm0.model.params['smoothing_level'])))
plt.plot(df,label='original')
plt.legend(loc=2)
plt.show()
```

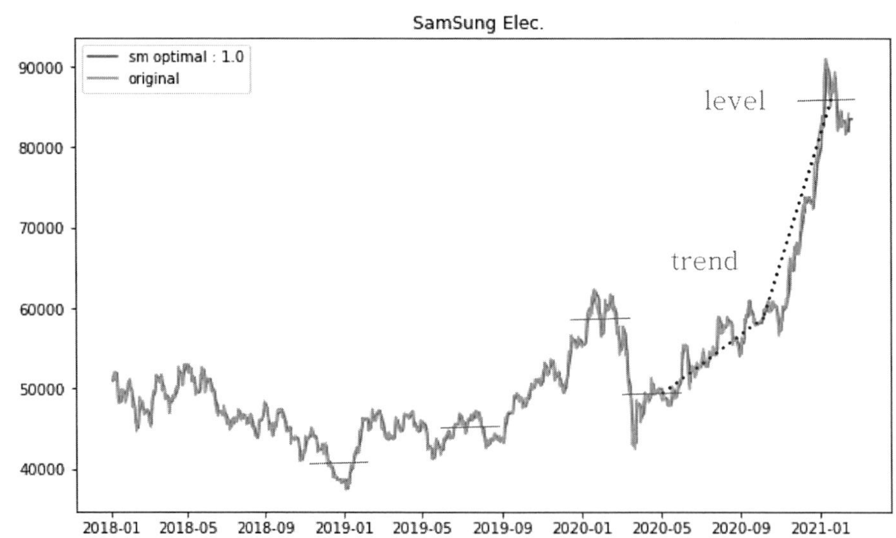

### (2) 홀트 평활법

홀트(Holt) 평활법은 시간 추세(경향)가 직선형태를 가진 시계열 데이터 예측에 적합한 평활법이다. 단순 평활법의 가중치는 하나이나 홀트 평활은 2모수($\alpha$, $\beta$)이다.

- 예측 방정식 forecast equation: $\widehat{Y_{t+h}} = l_t + hb_t$
- 수준(level) 방정식: $l_t = \alpha y_t + (1-\alpha)(l_{t-1} + b_{t-1})$, $\alpha$=수준 평활 모수
- 추세(trend) 방정식: $b_t = \beta(l_t - l_{t-1}) + (1-\beta)b_{t-1}$, $\beta$=추세 평활 모수

Damped Trend Method

- 위의 Holt 모형은 추세가 지속적으로 감소하거나 증가하는 경우를 가정하므로 추세가 감쇄(damped)하는 모형에는 적합하지 않다. 이 경우 모수 $\phi$를 이용하여 추세를 감쇄시킨다. $\phi = 1$이면 위의 Holt 평활과 동일하고 $\phi = 0$이면 단순 지수평활 모형이다.
- 예측 방정식 forecast equation: $\widehat{Y_{t+h}} = l_t + (\phi + \phi^2 + ... + \phi^h)b_t$
- 수준(level) 방정식: $l_t = \alpha y_t + (1-\alpha)(l_{t-1} + \phi b_{t-1})$
- 추세(trend) 방정식: $b_t = \beta(l_t - l_{t-1}) + (1-\beta)\phi b_{t-1}$

**예제** 삼성전자 종가(2018년 1월 1일부터 2021년 2월 15일까지) Holt 평활법 모형을 추정하시오.

- 수준 모수$\alpha = 0.7$, 추세(경향)모수 $\beta = 0.3$으로 (1)홀트 가법모형, (2) 일반 지수모형, 그리고 (3)damped 모형으로 추정하였다.

```
from statsmodels.tsa.api import ExponentialSmoothing, SimpleExpSmoothing, Holt
holt1=Holt(df).fit(smoothing_level=0.7, smoothing_slope=0.3, optimized=False)
fcast1=holt1.forecast(5).rename("Holt's linear trend")
holt2=Holt(df, exponential=True).fit(smoothing_level=0.7, smoothing_slope=0.3, optimized=
False)
fcast2=holt2.forecast(5).rename("Exponential trend")
holt3=Holt(df,damped=True).fit(smoothing_level=0.7, smoothing_slope=0.3)
fcast3=holt3.forecast(5).rename("Additive damped trend")
```

(3) damped 모형의 RMSE가 가장 낮으므로 최적 모형이다. 그러나 단순지수 평활법 ($\alpha = 0.7$) RMSE=955.

```
(holt1.sse/df.shape[0])**0.5,(holt2.sse/df.shape[0])**0.5,(holt3.sse/df.shape[0])**0.5
```

```
(1053.9299502385625, 1055.3675615874452, 979.7934513059308)
```

(3) damped 모형의 모수 값이 출력된다. 그리고 향후 5일 예측 결과이다.

```
holt3.params
```

```
fcast3
```

```
{'damping_slope': 0.5900368221695682,
 'initial_level': 50827.57742743943,
 'initial_seasons': array([], dtype=float64),
 'initial_slope': 516.3380264667873,
 'lamda': None,
 'remove_bias': False,
 'smoothing_level': 0.7,
 'smoothing_seasonal': nan,
 'smoothing_slope': 0.3,
 'use_boxcox': False}
```

```
767    83661.067085
768    83775.976998
769    83843.778077
770    83883.783211
771    83907.387713
```

### (3) 홀트 윈터스 평활법

이전 설명한 지수 평활법과는 달리 홀트 윈터스 평활법은 계절성이 있는 시계열 데이터에 적합하다.

- 윈터스 모형에는 가법모형과 승법모형이 있고 변동분해법과 유사한 추정 절차를 거친다.
- 윈터스 방법은 각 성분을 평활법으로 추정하고 이를 이용하여 시계열 값을 예측한다.
- 예측 방정식 forecast equation: $\widehat{Y_{t+h}} = l_t + hb_t + S_{t+h-s}$
- 수준(level) 방정식: $l_t = \alpha(y_t - S_{t-s}) + (1-\alpha)(l_{t-1} + b_{t-1})$
- 추세(trend) 방정식: $b_t = \beta(l_t - l_{t-1}) + (1-\beta)b_{t-1}$
- 계절(seasonal) 방정식: $S_t = \gamma(y_t - l_t) + (1-\gamma)S_{t-s}$

가법모형 additive model: $\widehat{Y_{t+h}} = l_t + hb_t + S_{t+h-s}$

- 계절성이 존재하고 시계열 변동 폭이 시간의 흐름에 따라 변동이 없는 경우 사용된다.

승법모형 multiplicative model: $\widehat{Y_{t+h}} = (l_t + hb_t)S_{t+h-s}$

- 시계열 변동 폭이 시간의 흐름에 따라 커지는 없는 경우 사용(이분산 모형)된다.
- 이분산 시계열 데이터는 (G)ARCH(General Auto-Regressive Heteroskadicity) 모형을 적용하여 예측한다.

---

삼성전자 종가(2018년 1월 1일부터 2021년 2월 15일까지) Holt 윈터스 평활법 모형을 추정하시오. 계절 주기는 보이지 않으나 주식에 사용되는 $m=5$를 사용하였고 주기의 폭의 증가는 보이지 않아 가법모형(seasonal='add')을 사용하였으며 추세는 (가법, 승법) 모두 적용해 보았다.

---

(추세=승법, 계절=가법) 모형의 RMSE이 낮으나(차이가 거의 없음) 홀트 평활법의 RMSE=979.9보다 크다. 계절성이 없는 데이터이므로 홀트 평활법이 낮은 것이 당연하다.

```
from statsmodels.tsa.holtwinters import ExponentialSmoothing as HWES
model1=HWES(df, seasonal_periods=5,trend='add', seasonal='add')
model2=HWES(df, seasonal_periods=5,trend='mul', seasonal='add')
fitted1=model1.fit()
fitted2=model2.fit()
(fitted1.sse/df.shape[0])**0.5, (fitted2.sse/df.shape[0])**0.5
```

```
(997.0905458115451, 997.936053869609)
```

**예제** 삼성전자 종가(2018년 1월 1일부터 2021년 2월 15일까지) 평활법 3 방법의 추정값과 원 데이터 시간도표를 그리시오.

```
import matplotlib.pyplot as plt
plt.figure(figsize=[10,6])
plt.title('SamSung Elec.')
plt.plot(df,label='original',linewidth=0.3)
plt.plot(ssm2.fittedvalues,label=('Simple Smoothing alpha=0.7'),linewidth=0.3)
plt.plot(fitted2.fittedvalues,label=('Holt Winters(mul,add)'),linewidth=0.3)
plt.plot(holt3.fittedvalues,label=('Holt Winters(mul,add)'),linewidth=0.3)
plt.legend(loc=2)
plt.show()
```

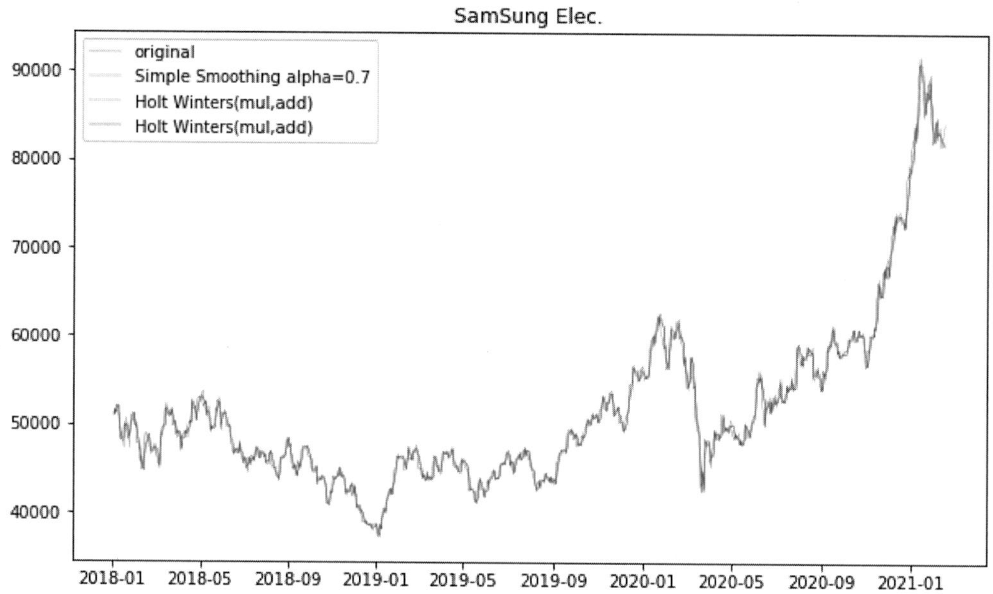


## 5.5.13 ARMA 모형

### (1) 개념

George Box, Gwilym Jenkins 제안한 ARIMA 시계열 모형으로 시계열 데이터 $\{Y_t\}$ 의 과거 관측값$\{Y_t, Y_{t-1}, ...\}$이 설명변수인 자기회귀(AR, auto-regressive) 모형과 과거 관측치가 설명하지 못하는 부분에 해당되는 오차항$\{e_{t-1}, e_{t-2}, \cdots\}$들이 설명변수인 이동평균(MA, moving average) 모형, 그리고 차분을 나타내는 integrate의 합성어이다.

### (2) ARMA(p,d,q) 모형

$$Y_t = \mu + \alpha_1 Y_{t-1} + \alpha_2 Y_{t-2} + \cdots + \alpha_p Y_{t-p} + \beta_1 e_{t-1} + \beta_2 e_{t-2} + \cdots + \beta_q e_{t-q} + e_t \sim AR(p,q)$$

- (가정) $e_t \sim iid\, N(0, \sigma^2)$
- 차수 $p$: 자기회귀의 차수로 과거 $p$개 관측치로 현재 관측치를 설명한다.
- 차수 $q$: 이전 관측치가 설명하지 못하는 변동을 과거 $q$개 잔차 관측치로 현재 관측치를 설명한다.
- 차수 $q$: 차분을 의미하며 $B^d = Y_{t-d}$에 $AR(p,q)$을 적용하면 $ARIMA(p,d,q)$ 모형이다.

- 일반적으로 $p, q$최대 차수는 3이다.

### (3) 추정과정

① 사전진단

- 백색잡음 검정: 시계열 데이터 $\{Y_t\}$가 백색 잡음이면 ARMA 모형설정이 불가능하므로 백색잡음 가설이 기각되어야 한다.
- 정상 프로세스 검정: 단일근 프로세스, 추세 정상이지 않는 프로세스는 ARMA 모형 인식이 불가능하다.

② 모형식별

(a) 자기상관함수 auto correlation function(ACF)

- 정의: $\rho(j) = \dfrac{COV(Y_t, Y_{t-j})}{V(Y_t)}$, j차 자기상관함수
- $j=0$: $\rho(0)=1$
- 백색잡음 자기상관함수는 모든 j에 대하여 0이다. $\rho(j)=0$, $\text{for } all\ j$
- $Y_t = \mu + \alpha Y_{t-1} + e_t \sim AR(1)$: $\rho(1)=\alpha$, $\rho(j)=0 \ \text{for} j \geqq 2$
- $Y_t = \mu + \alpha_1 Y_{t-1} + \alpha_2 Y_{t-2} + e_t \sim AR(2)$: $\rho(1) = \dfrac{\alpha_1}{1-\alpha_1}$, $\rho(j)=0 \ \text{for} j \geqq 3$
- $AR(p) \sim Y_t = \mu + \alpha_1 Y_{t-1} + \alpha_2 Y_{t-2} + \cdots + \alpha_p Y_{t-p} + e_t$ 가역성: $1 - \alpha_1 M - \alpha_2 M^2 - \cdots - \alpha_p M^p = 0$을 만족하는 근의 절대값이 1보다 클 경우 $MA(\infty)$모형으로 변환 가능하다.
- 가역성을 만족하는 $AR(p)$모형의 ACF는 지수적으로 감소한다.
- $MA(q)$모형의 ACF는 $q$차까지는 유의한 값(회귀계수 $\beta_j$ 값에 의존)을 가지나 이후에는 0으로 떨어진다.

(b) 부분자기상관함수 partial auto correlation function(PACF)

- 정의: 종속변수 $Y_t$ <- (회귀모형)설명변수 $\{Y_{t-1}, Y_{t-2}, ...\}$의 잔차와 $Y_{t-j}$ <- (회귀모형)설명변수 $\{Y_{t-j-1}, Y_{t-j-2}, \cdots\}$의 잔차의 상관계수를 $j$차 부분상관계수라 하고 $\phi(j)$로 표현한다.

- 백색잡음 부분자기상관함수는 모든 j에 대하여 0이다. $\rho(j)=0$, for *all j*
- $Y_t=\mu+\beta e_{t-1}+e_t \sim MA(1)$: $\phi(1)=\dfrac{\beta}{1-\beta^2}$, $\phi(j)=0$ for $j \geqq 2$
- $Y_t=\mu+\beta_1 e_{t-1}+\beta_2 e_{t-2}+e_t \sim MA(2)$: $\phi(1), \phi(2)>0$, $\phi(j)=0$ for $j \geqq 3$
- $MA(q) \sim Y_t=\mu+\beta_1 e_{t-1}+\beta_2 e_{t-2}+\cdots+\beta_q e_{t-q}+e_t$ 가역성: $1-\beta_1 M-\beta_2 M^2-\cdots-\beta_q M^q=0$을 만족하는 근의 절대값이 1보다 클 경우 $AR(\infty)$모형으로 변환 가능하다.
- 가역성을 만족하는 $MA(q)$모형의 PACF는 지수적으로 감소한다.
- $AR(p)$모형의 PACF는 $p$차까지는 유의한 값(회귀계수 $\alpha_j$값에 의존)을 가지나 이후에는 0으로 떨어진다.

| 모형 | 자기상관함수 ACF | 부분자기상관함수 PACF |
|---|---|---|
| $AR(p)$ | 지수적으로 감소 | 차수 $p$차 이후 0 |
| $MA(q)$ | 차수 $q$차 이후 0 | 지수적으로 감소 |
| $ARMA(p,q)$ | 지수적으로 감소 | 지수적으로 감소 |

③ 모형추정

- MLE 추정방법에 의해 모형의 회귀계수를 추정한다.

④ 모형진단 및 활용

- 추정된 회귀계수의 유의성을 검정한다.
- 잔차의 백색잡음 검정을 한다. 진단된 ARMA 모형이 적절하면 모형이 설명하고 남은 부분인 잔차에는 인식할 수 있는 패턴이 없어야 하므로 잔차는 백색잡음이어야 한다.
- 회귀계수가 유의하고 잔차가 백색잡음이면 추정된 ARMA 모형을 활용하여 향후 데이터를 예측하면 된다.

**예제** 삼성전자 종가(2018년 1월 1일부터 2021년 2월 15일까지) 백색잡음 진단을 하시오.

```
import statsmodels.api as sm
sm.stats.acorr_ljungbox(df,lags=[20])
```

```
(array([11813.92599919]), array([0.]))
```

- 귀무가설: 삼성전자 시계열 데이터는 백색잡음이다. $Y_t = e_t$ (ARMA 모형 적합은 가능하지 않다)
- 대립가설: 삼성전자 시계열 데이터는 백색잡음이 아니다.
- Ljung-Box 통계량은 백색잡음 검정 방법이다. 검정통계량 11813, 유의확률 〈0.001 이므로 귀무가설이 기각되어 백색잡음 가설이 기각된다.

**예제** 삼성전자 종가(2018년 1월 1일부터 2021년 2월 15일까지) ARMA 모형을 진단하시오.

```
import statsmodels.api as sm
import matplotlib.pyplot as plt
fig = plt.figure(figsize=(10,6))
ax1 = fig.add_subplot(211)
fig = sm.graphics.tsa.plot_acf(df, lags=20, ax=ax1)
ax2 = fig.add_subplot(212)
fig = sm.graphics.tsa.plot_pacf(df, lags=20, ax=ax2)
```

ACF는 직선적으로 감소(지수적 감소는 아님)하고 PACF는 1차에서만 0이상이고 2차 이후는 0(진한 부분은 유의수준 5%에서 유의하지 않는 영역, 채택역(acceptable region)을 나타낸 것임)이므로 진단결과 $AR(1)$이다. 단, 앞에서 삼성전자 주가는 랜덤워크 모형(단일근)이었음을 상기하기 바란다.

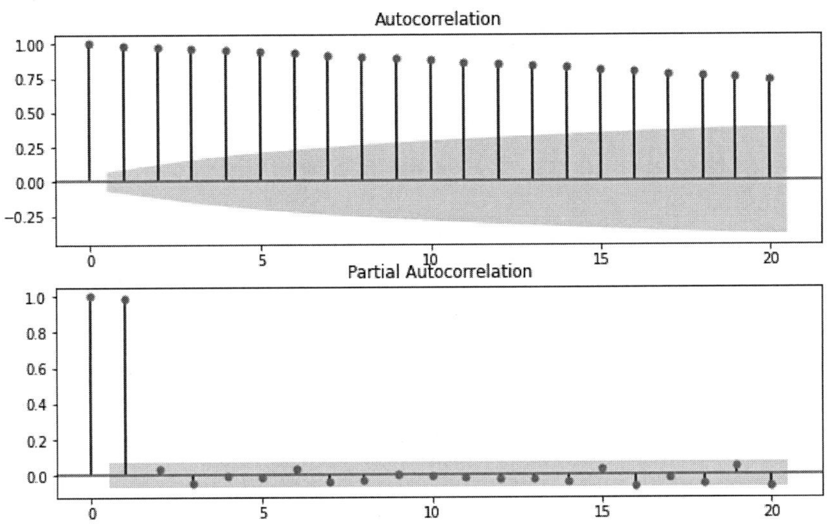

**예제** 삼성전자 종가(2018년 1월 1일부터 2021년 2월 15일까지) AR(1) 모형을 적합하고 잔차에 대한 백색잡음도 검정하시오.

```
from statsmodels.tsa.arima_model import ARIMA
model=ARIMA(df,order=(1,0,0))
model_fit=model.fit()
print(model_fit.summary())
```

추정 결과 $Y_t = 51550 + 0.9984\,Y_{t-1}(AR(1))$이고 회귀계수도 유의하나 0.9984로 거의 1에 가깝다. 실제 단일근 검정 결과도 단일근 가설이 채택되었다.

```
==============================================================
                   coef    std err          z      P>|z|
--------------------------------------------------------------
const         5.155e+04      3e+04      1.720      0.086
ar.L1.Close      0.9984      0.004    240.026      0.000
```

**예제** 삼성전자 종가(2018년 1월 1일부터 2021년 2월 15일까지) $Y_t = 51550 + 0.9984\,Y_{t-1}$ 잔차에 대한 백색잡음 검정하시오.

```
import statsmodels.api as sm
sm.stats.acorr_ljungbox(model_fit.resid,lags=[20])
```

- 귀무가설: 잔차는 백색잡음이다.
- 대립가설: 잔차는 백색잡음이 아니다.
- Ljung-Box 33.6, 유의확률 0.029이므로 귀무가설이 기각되어 잔차는 백색잡음이 아니다. 즉, 모형 적합이 완전하지 않다.

```
(array([33.63169107]), array([0.02872682]))
```

**예제** 삼성전자 종가(2018년 1월 1일부터 2021년 2월 15일까지) 차분 필요성을 검정하시오.

```
!pip install pmdarima
```

```
from pmdarima.arima import ADFTest
adf_test=ADFTest(alpha=0.05)
adf_test.should_diff(df)
```

```
(0.9322600814298257, True)
```

차분이 필요하다. 랜덤워크 모형(단일근)이므로 차분해야 정상 프로세스가 된다.

**예제** 삼성전자 종가(2018년 1월 1일부터 2021년 2월 15일까지) 1차 차분하고 ARMA 모형을 인식하시오.

```
df_diff=df.diff(1).dropna()
from matplotlib import pyplot
from statsmodels.graphics.tsaplots import plot_acf
plot_acf(df_diff,lags=20)
pyplot.show()
```

```
from statsmodels.graphics.tsaplots import plot_pacf
plot_pacf(df_diff,lags=20)
pyplot.show()
```

ACF, PACF 모두 0이므로 1차 차분 데이터는 백색잡음 모형이다.

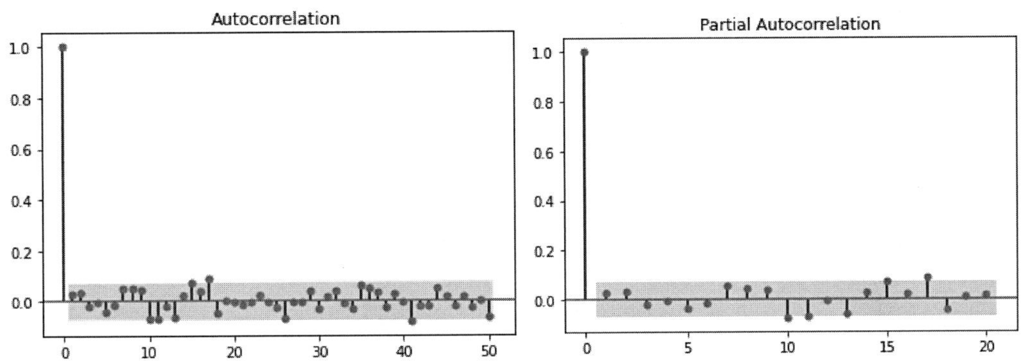


**예제** 삼성전자 종가(2018년 1월 1일부터 2021년 2월 15일까지) auto ARMA 적합하시오

```
!pip install pmdarima
```

```
import pmdarima as pm
fit_auto=pm.auto_arima(df)
print(fit_auto.summary())
```

```
                              SARIMAX Results
==============================================================================
Dep. Variable:                      y   No. Observations:                  767
Model:               SARIMAX(0, 1, 0)   Log Likelihood               -6344.228
Date:                Wed, 24 Feb 2021   AIC                          12690.457
Time:                        01:32:07   BIC                          12695.098
```

1차 차분 백색잡음 모형($ARMA(0,1,0)$)으로 추정하였다. 잔차 백색잡음 결과 유의확률 0.99로 귀무가설(백색잡음)이 채택되어 모형 설정이 적합하다.

```
import statsmodels.api as sm
sm.stats.acorr_ljungbox(fit_auto.resid(),lags=[20])
```

```
(array([4.99337607]), array([0.99972549]))
```

**예제** 삼성전자 종가(2018년 1월 1일부터 2021년 2월 15일까지) auto ARMA 적합된 RMSE 계산하고 향후 5일 주가를 예측하시오.

```
fit_auto.predict_in_sample() # 적합치
```

```
array([    0., 51020., 51620., 51080., 52120., 52020., 50400., 48840.,
       48240., 48200., 48540., 50000., 49620., 49900., 49320., 48240.,
       49160., 49340., 50260., 50780., 51220., 49800., 49900., 49820.,
```

```
((fit_auto.resid()**2).sum()/df.shape[0])**0.5
```

지수 평활법 방법(RMSE=955)보다 많이 크다.

```
2075.4779220590053
```

```
fit_auto.predict(n_periods=5)
```

1차 차분 백색잡음 모형 추정하여 모든 예측값은 동일하다.

```
array([84200., 84200., 84200., 84200., 84200.])
```

PART 06

# 관계분석

6.1 개요
6.2 상관분석
6.3 회귀분석
6.4 분산분석
6.5 교차분석

"

*If you don't love it, you're going to fail.*

*- Steve Jobs*

"

*It's more fun to be a pirate than to join the Navy.*

*- Steve Jobs*

"

*The only thing you have in your life is time. If you invest that time in yourself to have great experiences that are going to en-rich you, then you can't possibly lose.*

*- Steve Jobs*

# PART 06 관계분석

## 6.1 개요

(1) 자료분석 측면 변수종류

- 측정형 변수(metric, measurable, quantitative): 측정 가능한 특성 - 키, 몸무게, 평점, IQ, 교통량, 사망자 수가 그 예이다. 연속형 변수는 모두 측정형 변수, 교통 사고 건수 등은 이산형이며 측정형 변수
  (a) 비율 ratio - 값의 배율이 의미 있음, 몸무게: $100kg$은 $50kg$의 두 배
  (b) 구간 interval - 배율 의미 없음, 온도: 온도 20도는 10도보다 2배 덥다고 할 수 없음
- 분류형(범주형) 변수(non-metric, categorical, qualitative): 개체를 분류하기 위해 설정된 변수
  (a) 명목형(nominal): 개체를 분류만 한다. 성별, 결혼여부, 학력
  (b) 순서형(ordinal): 순서를 가진다. 성적(A, B, ..) 소득수준(상, 중, 하), 리커트 척도 (5점, 매우 만족, 만족, 보통, 불만족, 매우 불만족)

(2) 인과관계(함수, 모형): $y=f(x)+e$ – 함수$f$ 형태 중 해석이 용이하고 간단한 모형이 선형모형

- 변수명 X - 통계 모형의 인과 관계(casual relationship)에서 원인이 되는(영향을 주는) 변수를 설명변수(exploratory variable), 독립변수(independent), 목표변수(target), 외생변수(exogenous)
- 변수명 Y - 결과나 영향을 받는 변수를 종속변수(dependent), 반응변수(response), 내생변수(endoge- nous) - 분산 분석에서 설명 변수는 처리 효과, 요인으로 불리어 진다.
- 인과 관계는 이론적, 경험적 타당성에 근거하여 데이터 수집 전에 이론이나 경험에 의해 설정되는 것이지 분석 후 설정되는 것은 아님

이변량($X$, $Y$) 방법론 요약

| $X$ | $Y$ | |
|---|---|---|
| | 범주형 | 측정형 |
| 측정형 | 이진형 로지스틱 | 상관분석, 회귀분석(모형) |
| 범주형 | 교차분석 | 분산분석모형 |

## 6.2 상관분석

### 6.2.1 개념

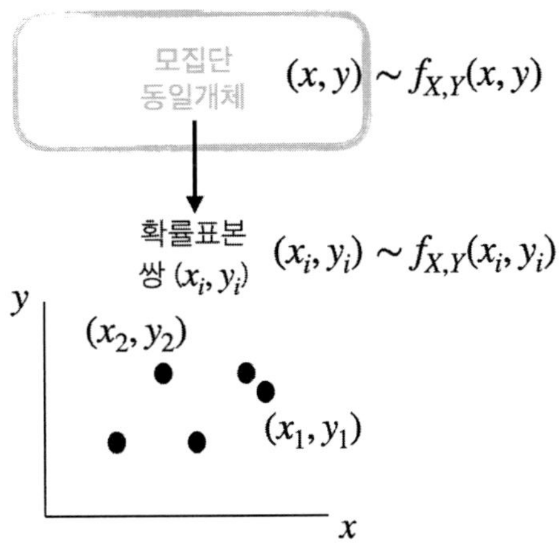


- 동일 개체로부터 측정된 상이한 두 측정형(적어도 순서형) 변수의 선형(직선)관계에 대한 척도이다.
- 관측 데이터는 $(x_i, y_i)$ 쌍으로 활용되어야 하며 변수간의 관계를 시각적으로 표현하는 산점도를 통하여 두 변수 간의 함수관계 $y = f(x)$를 보여준다.

(1) 산점도

- 산점도(scatter plot)는 두 측정형 변수의 함수관계를 표현한 2차원 그래프이다.
- 만약 두 변수간에 인과관계가 존재한다면 종속변수(목표변수)에 해당되는 변수를 Y-축, 설명변수(예측변수)에 해당되는 변수를 X-축에 그린다.

(2) 수리적 접근

$(Y = a + bX + e \sim N(0, \sigma^2))$

$X = x$에 대하여 $Y$는 정규분포를 따른다고 가정하자.

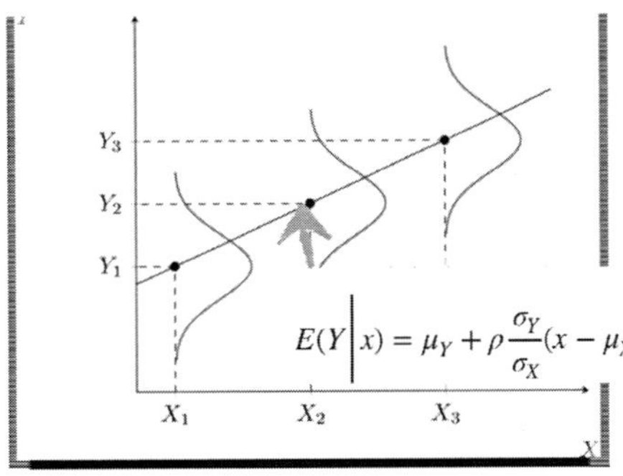


- $Y|x$ $Normal$
- $E(Y|x) = \mu_Y + \rho\dfrac{\sigma_Y}{\sigma_X}(x - \mu_X)$
- $V(Y|x) = \sigma_Y^2$

## 6.2.2 산점도

(1) 정의

앞에서 살펴본대로 2개의 측정형 변수 데이터를 2차원 공간에 표현하여 두 변수의 함수 관계를 예상하는 그래프를 산점도라 한자.

- X-축: 결정의 요인, 설명변수, 독립변수, 예측변수
- Y-축: Output, 종속변수, 목표변수

통계 소프트웨어가 발달하면서 각 축에 분포함수까지 출력할 수 있어 변수의 정규성까지 시각적으로 판단할 수 있다. 정규성까지 판단이 필요한 이유는 변수 간의 관계 분석 시 정규성을 만족해야 두 측정형 변수의 관계(함수)에 대한 왜곡이 발생하지 않는다.

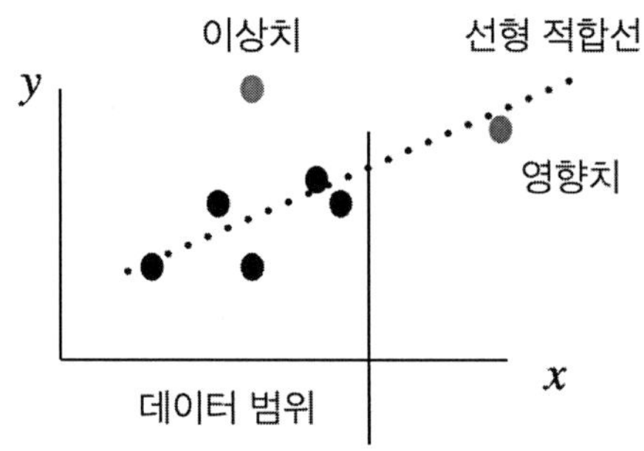


변수의 정규성에 대한 통계량 검정은 앞에서 설명한 Shapiro Wilks, Anderson Darling 방법 등을 사용하면 된다.

(2) 활용

① 함수관계

- 두 변수의 함수 관계를 판단한다. 선형 모형에서는 두 변수가 직선(선형)의 관계가 있는지를 판단한다.

② 이상치

- 데이터에서 선형함수 관계 적합한 직선을 많이 벗어난 관측치를 이상치(outlier)라 정의한다. 위의 그림에서 붉은 점이다. 이상치는 적합 직선에서 벗어난 정도가 크다.
- (진단) 오차의 추정치인 수튜던트 잔차가 ±2 벗어나는 관측치이다.
- (해결) 이상치는 삭제하고 분석한다. 이상치는 삭제하면 두 변수의 직선관계의 척도인 상관계수, 결정계수(상관계수 제곱) 값은 커지고 직선 관계 정도는 높아진다.

③ 영향치

- 관측치가 X-축 기준으로 데이터 범위에서 다소 멀리 떨어진 경우 이를 영향치(influence)라 정의한다. 위의 그래프에서 초록 점처럼 적합 직선상에 있는 경우에

는 (순수) 영향치이고 직선에서 벗어난 경우는 이상치이면서 영향치이다.

- 순수 영향치: 함수 회귀 추정 식 상에 있어 함수 관계(기울기 변동)에는 영향을 주지 않으나 결정계수 높여 설명변수의 설명 능력을 과다하게 높은 것으로 판단하게 하는 결과를 왜곡한다.
- 이상치&영향치: 결정계수, 함수관계 모두를 왜곡한다.
- (진단) 잔차분석의 Hat(레버레지) 통계량을 활용한다.
- (해결) 영향치 주변의 관측값을 추가 수집 후 분석, 영향치 값이 실제 발생 가능하지 않은 경우 제외한다.

---

이상치 진단

---

일변량 Box-whisker 상자-수염 box whisker 그림

- $IQR$(Inter Quartile Range 사분위 범위) = $Q_3 - Q_1$
- $\pm 1.5*IQR$ - mild 약한 이상치
- $\pm 3*IQR$ - severe 강한 이상치

함수관계: 산점도 진단

- 산점도에 의한 시각적 진단
- 최종 회귀모형 추정 후 잔차진단에서 잔차 residual 관련 통계량 활용

---

이상치와 치우침 중 어느 것을 먼저 해결해야 하나? 치우침을 해결하면 이상치도 정상적인 관측치에 포함될 가능성이 있으므로(극심한 이상치가 아니라면) 치우침을 먼저 해결하는 것이 적절하다.

---

### 6.2.3 상관계수 종류

(1) 피어슨 (Pearson 상관계수

- 측정형 변수 간의 선형관계 척도이다.
- 계산식: $\rho = \frac{COV(X,Y)}{\sqrt{V(X)}\sqrt{V(Y)}}$, 공분산 $COV(X,Y) = E(X-E(X))(Y-E(Y))$
- (표본) 데이터 공분산: $COV(X,Y) = \frac{\sum(x_i - \bar{x})(y_i - \bar{y})}{n-1}$

- (표본) 피어슨 상관계수: $\hat{\rho} = r = \dfrac{\sum(x_i - \overline{x})(y_i - \overline{y})}{\sqrt{\sum(x_i - \overline{x})^2}\sqrt{\sum(y_i - \overline{y})^2}}$
- 공분산은 단위를 가지지만 상관계수는 단위의 표준화로 절대단위의 값이다.
- 상관계수 분모는 확률변수의 표준편차이므로 상관계수의 부호를 결정하는 분자 항이다.
- $(x_i - \overline{x})(y_i - \overline{y})$의 부호는 그림(수평선은 $Y$의 평균, 수직선은 $X$의 평균, 오른쪽의 관측치 5개를 제외한 경우)에서 시각적으로 확인할 수 있다.

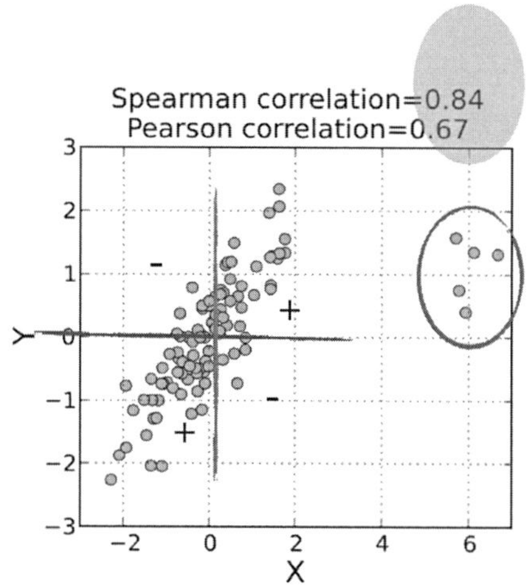


(2) 스피어맨 Spearman 순위 상관계수

- 순서형 변수(측정형 변수도 순위 변환 후) 간의 선형 관계 척도이다.
- (계산식 1) $r_s = Corr(R_{X_i}, R_{Y_i})$ where $R_{X_i}$는 $X_i$의 순위이며, $R_{y_i}$는 $y_i$의 순위이다.
- (계산식 2) $r_s = 1 - \dfrac{6\sum d^{2_i}}{n(n^2-1)}$, $d_i = R_{X_i} - R_{Y_i}$

---

대부분의 데이터 범위 밖에 있는 관측치(타원형 내 관측치)는 상관계수 값을 높이는 역할을 한다. 그러므로 상관계수를 계산하기 전에 반드시 산점도를 그려 데이터의 범위를 많이 벗어난 관측치가 있는지 확인하여 상관분석의 활용도를 높일 필요가 있음.
순위 상관계수는 순위에 의한 상관(직선) 관계 척도이므로 이상치에 영향을 받지 않아 피어슨 상관관계 보다 낮아진다. 만약 5개 점이 위로 이동하여 붉은 타원에 있어 직선 상에 존재한다면(이상치가 아닌 영향치가 된다면) 피어슨 상관계수가 커진다. 그러므로 상관계수 값을 구하기 전에 산점도를 그려 사전 판단을 통하여 상관계수 해석의 왜곡을 없애야 한다.

---

(3) Kendall Tau 순위 상관계수

- 순서형 변수 간의 선형 관계 척도로 concordant(쌍의 관측치 값의 크기와 순위의 크기가 일치하는 정도로 판단함)을 활용하여 계산한다.
- (계산식) $\tau = \dfrac{\#of\_concordant\_pairs - \#of\_disconcordant\_pairs}{n(n-1)/2}$

- 만약 $(x_i > x_j)$, $(y_i > y_j)$이거나 $(x_i < x_j)$이면, $(y_i < y_j)$이면 두 관측치는 concordant 쌍이라 정의한다.
- $\tau$값이 클수록 데이터 순위의 일치도는 높아지므로 상관관계가 높아진다.

## 6.2.4 상관계수 추론

여기서는 피어슨 상관계수를 활용하여 두 측정형 변수의 직선 함수관계를 추론하는 과정을 설명하기로 한다.

### (1) 1집단 상관계수 유의성 검정

가설

- 귀무가설: 두 변수의 직선 관계는 유의하지 않다. ⇔ 서로 독립이다. $\rho = 0$
- 대립가설: 두 변수의 직선 관계는 유의하다. $\rho \neq 0$

데이터 검증

- 데이터는 이변량 정규분포에 근사해야 한다. 단 $n > 20$인 대표본에서는 정규분포 가정이 필요하지 않다.
- 산점도를 그려 데이터 범위($x$축 기준) 밖의 관측치(영향치) 존재 여부를 체크한다. 영향치는 상관계수 값을 크게 하여 유의성에 영향을 주므로 제외하고 상관계수를 구하거나 영향치 근처 관측치를 추가 수집하여 구한다.
- 적합 직선을 많이 벗어난($y$축 기준) 관측치(이상치) 존재 여부를 체크한다. 이상치는 상관계수 값을 작게 하여 유의성에 영향을 주므로 제외하고 상관계수를 구하는 것을 권한다.

검정통계량

$$TS = \frac{(r-0)}{\sqrt{(1-r^2)/(n-2)}} \sim t(n-2),\ n = \text{표본크기},\ r = \text{상관계수}$$

해석

유의확률 $P(t(n-2) > |TS|)$이 유의수준보다 작다면 귀무가설을 기각하여 상관관계의 유의하다고 결론 내리고 표본상관계수의 부호를 이용하여 해석한다.

- 귀무가설이 기각, 표본상관계수 양의 부호: 두 변수는 양의 상관관계가 있고 한 변수의 값이 증가(감소)하면 다른 변수의 값도 증가(감소)한다.
- 귀무가설이 기각, 표본상관계수 음의 부호: 두 변수는 음의 상관관계가 있고 한 변수의 값이 증가(감소)하면 다른 변수의 값은 감소(증가)한다.

다음 판단 기준은 측정형 데이터, 표본크기가 20개 이상(동일 값의 관측값 거의 없다는 가정)인 경우 적용 가능하다.

- −1과 1사이의 값이다.
- 1에 가까우면 양의 선형 (상관)관계가 존재한다. 한 변수의 값이 증가(감소)하면 다른 변수 값도 증가(감소)한다.
- −1에 가까우면 음의 선형 관계가 존재한다. 한 변수의 값이 증가(감소)하면 다른 변수 값은 감소(증가)한다.
- 두 변수의 상관관계가 높다는 것은 두 변수가 동일한(comparable) 개념을 측정한다는 의미도 담고 있다(두 변수가 개체의 동일한 속성을 측정하는 유사 변수임을 의미임). 그러므로 변수를 축약하거나 개체를 분류하는데 사용되는 다변량 분석에서는 공분산, 혹은 상관계수 개념을 이용한다.
- 상관 계수가 0에 가깝다는 것은 선형 관계가 없다는 것이지 함수 관계가 없다는 것은 아니다. 아래 그림에서 두 변수는 함수 관계(이차식, 4차식, 원 모양 등)는 존재하지만 상관계수는 0이다.

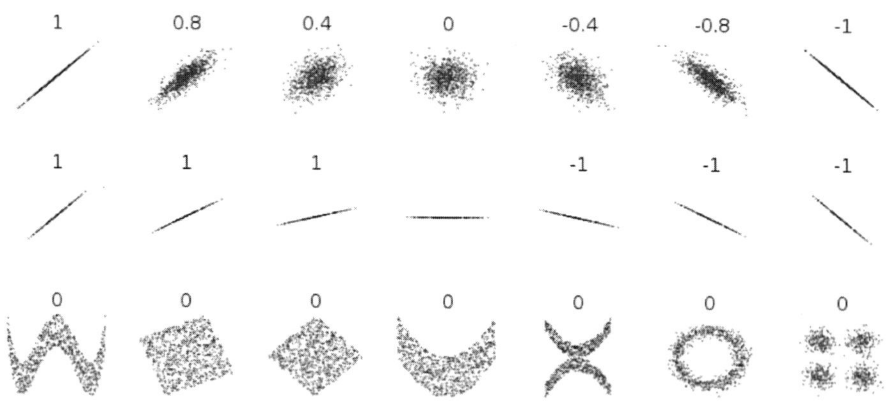

- $|r| = 0$: 두 변수는 독립이다. 직선(상관) 관계가 없다.
- $0 < |r| < 0.2$: 매우 약한(very weak) 직선(상관) 관계가 존재한다.
- $0.2 \leq |r| < 0.4$: 약한(weak) 직선(상관) 관계가 존재한다.
- $0.4 \leq |r| < 0.6$: 약간 강한(little strong) 직선(상관) 관계가 존재한다.
- $0.6 \leq |r| < 0.8$: 강한(strong) 직선(상관) 관계가 존재한다.
- $0.8 \leq |r| < 1$: 매우 강한(very strong) 직선(상관) 관계가 존재한다.
- $|r| = 1$: 완벽한 직선(상관) 관계가 존재한다. 모든 관측치가 직선 상에 놓이게 되어 수학 직선방정식에 의해 관측치가 표현된다.

(2) 단일 집단 상관계수 일정 값 갖는지에 대한 검정

- 귀무가설: $H_0 : \rho = \rho_0$
- 대립가설: $H_0 : \rho \neq \rho_0$
- 활용: 미국 대학생의 경우 공부시간과 학점의 상관계수는 0.7이었다. 그럼 한국 대학생의 경우 상관계수는 미국과 동일한가?
- 검정통계량: $TS = \frac{1}{2} ln(\frac{1+r}{1-r}) \sim N(\frac{1}{2} ln(\frac{1+r}{1-r}),\ \sqrt{\frac{1}{n-3}}\ )$

두 독립 모집단 상관계수 차이 검정에도 활용된다.

- 귀무가설: $H_0 : \rho_1 = \rho_2$: 두 모집단 상관계수 크기는 동일하다.
- 검정통계량: $TS = \frac{1}{2} ln(\frac{1+r_1}{1-r_1}) - \frac{1}{2} ln(\frac{1+r_2}{1-r_2}) \sim N(0,\ \sqrt{\frac{1}{n_1-3} + \frac{1}{n_2-3}}\ )$

(3) 회귀계수와 상관계수 관계

상관계수는 두 측정형 변수($X$, $Y$)의 직선(상관) 관계에 대한 유의성을 검정한다. ⇔ 단순 회귀모형($Y_i = a + bX_i + e$)의 회귀계수, 기울기에 대한 유의성 검정($b = 0$)과 동일하다.

회귀계수 $b$의 부호와 상관계수 $r$의 부호는 동일하고 다음의 관계가 존재한다.

$$\hat{b} = \sqrt{\frac{S_{XY}}{S_{XX}}}\, r,\ S_{XX} = \sum (x_i - \bar{x})^2,\ S_{XY} = \sum (x_i - \bar{x})(y_i - \bar{y})$$

### (4) 단순회귀모형 결정계수와 관계

결정계수

- 단순 회귀모형에서 결정계수(Determination Coefficient)

$$R^2 = \frac{\sum(y_i - \hat{y_i})^2}{\sum(y_i - \bar{y})^2}, \ \hat{y_i} = \hat{a} + \hat{b} x_i (\text{OLS 추정적합식})$$

- 종속변수 총변동 중 회귀변동(모형)이 설명하는 변동 비율: 모형의 적합 정도를 나타낸다.
- 상관계수는 결정계수의 제곱근이다. $r = \pm\sqrt{R^2}$
- 상관계수 부호는 직선의 기울기와 동일하다.

## 6.2.5 사례연구

보스턴 517 타운(지역) 주택가격을 예측하는 변수

- CRIM: 타운 주민 일인당 범죄율
- ZN: 2500평당 이상 단지 중 주거용지 비율
- INDUS: 타운 비소매 상업지 비율
- CHAS: 찰스강 주변 여부(더미변수), 1=찰스강 주변, 0=찰스강 주변 아님
- NOX: 오염물질 농도
- RM: 주택 평균 방 개수
- AGE: 1940년 전 건축 주택 비율
- DIS: 보스턴 고용센터와 가중거리
- RAD: 도시 고속도로 접근성 지표
- TAX: 보유세(단위 1000불)
- PTRATIO: 학생교사 비율
- B: 흑인 거주지 비율 지표
- LSTAT: 저소득 가구 비율
- PRICE: 보스턴 타운 평균 주택가격

```
from sklearn.datasets import load_boston
import pandas as pd
boston=load_boston()
df=pd.DataFrame(boston.data)
df.columns=boston.feature_names
df['PRICE'] = boston.target
df.info()
```

```
<class 'pandas.core.frame.DataFrame'>
RangeIndex: 506 entries, 0 to 505
Data columns (total 14 columns):
 #   Column   Non-Null Count  Dtype
---  ------   --------------  -----
 0   CRIM     506 non-null    float64
 1   ZN       506 non-null    float64
 2   INDUS    506 non-null    float64
 3   CHAS     506 non-null    float64
 4   NOX      506 non-null    float64
 5   RM       506 non-null    float64
 6   AGE      506 non-null    float64
 7   DIS      506 non-null    float64
 8   RAD      506 non-null    float64
 9   TAX      506 non-null    float64
 10  PTRATIO  506 non-null    float64
 11  B        506 non-null    float64
 12  LSTAT    506 non-null    float64
 13  PRICE    506 non-null    float64
```

## (1) 보스톤 주택가격과 (학생-교사비율) 관계

### ① 산점도

```
from matplotlib import pyplot as plt
import plotly.express as px
import pandas as pd
fig= px.scatter(df,x='PTRATIO',y='PRICE',color='CHAS', marginal_x='box', marginal_y='histog
ram',trendline='ols')
fig.show()
```

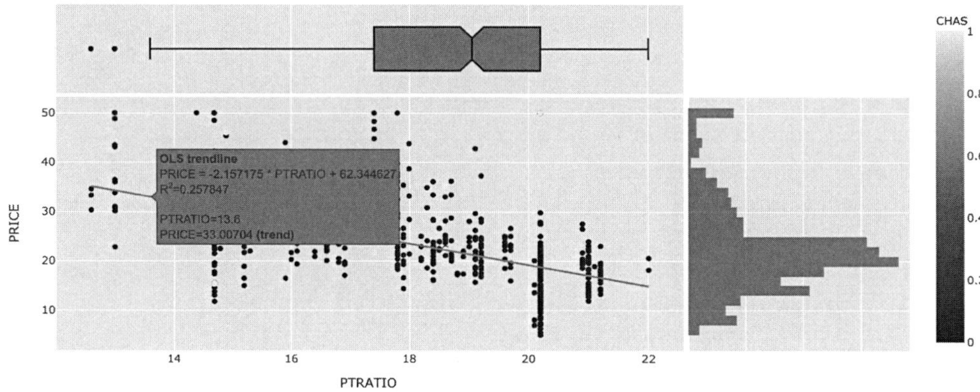


- 주택가격, 학생교수비율 분포는 모두(약간 mild) 좌로 치우친 형태이다.
- 학생대비 교사 비율이 높을수록(즉 교사 일인당 학생 수가 많아질수록) 타운 주택 가격은 낮아진다.
- 찰스강 주변 지역의 주택가격이 (노란색 점) 그렇지 않은 지역에 비해 약간 높아 보인다. 동일한 학생교사 비율($x$축 기준)을 보면 파랑색 점보다 노랑색 점들이 위에 있음을 알 수 있다.

② 상관계수

- (주택가격, 학생교수 비율) 피어슨 상관계수 −0.51, 스피어맨 상관계수 −0.56(산점도에 볼 수 있듯이 적합 직선을 벗어난 이상치가 존재하는 경우 앞에서 언급하였듯이 스피어맨 상관계수의 크기가 크다), 그리고 켄달타우 상관계수 −0.399, 모두 유의확률이 매우 작으므로 음의 상관관계가 존재한다고 결론 내릴 수 있다. 즉, 교사 일인당 학생 수가 많을수록 주택 가격은 떨어진다.

```
import scipy.stats as stats
stats.pearsonr(df['PRICE'],df['PTRATIO'])
```

```
(-0.5077866855375619, 1.609509478472518e-34)
```

```
stats.spearmanr(df['PRICE'],df['PTRATIO'])
```

```
SpearmanrResult(correlation=-0.5559046822691174, pvalue=2.224971669470621e-42)
```

```
stats.kendalltau(df['PRICE'],df['PTRATIO'])
```

```
KendalltauResult(correlation=-0.39878862213643146, pvalue=7.610857660296044e-38)
```

### (2) 범주형 변수(지시변수) 수준별 상관계수 행렬 구하기

**예제** 범주형 변수 찰스강 주변여부에 따른 (주택가격과 학생교사비율) 피어슨 상관계수를 구하시오. (method에 spearman, kendall 사용할 수 있음)

찰스강 주변 타운의 경우 주택가격과 학생교사비율의 상관계수 −0.54(약간 강한 상관), 주변 지역이 아닌 경우 −0.064(매우 약한 상관관계)이다. 학생교사비율이 주택가격에 영향을 미치는 지역은 찰스강 주변지역이다.

```
df.groupby('CHAS')[['PRICE','PTRATIO']].corr(method='pearson')
```

| CHAS | | PRICE | PTRATIO |
|---|---|---|---|
| 0.0 | PRICE | 1.000000 | -0.540655 |
| | PTRATIO | -0.540655 | 1.000000 |
| 1.0 | PRICE | 1.000000 | -0.063987 |
| | PTRATIO | -0.063987 | 1.000000 |

### (3) 3개 이상 다변량 변수 상관계수 행렬 구하기

**예제** (주택가격, 범죄율, 주거용지 비율, 상업지 비율, 학생교사비율) 피어슨 상관계수 행렬과 산점도 행렬을 구하시오.

```
import seaborn as sns
import matplotlib.pyplot as plt
sns.pairplot(df.iloc[:,[0,1,2,10,13]],kind='reg',diag_kind='kde')
```

산점도 행렬은 모든 측정형 변수 산점도를 쌍으로 보여 준다. 첫 열 마지막 행(왼쪽 가장 아래 그림) 산점도는 주택가격(y-축)과 범죄율(x-축) 관계를 표현하였다. 적합 직선의 기울기가 아래로 향하므로 두 변수는 음의 관계가 있다. 관측값들이 직선 상에서 많이 벗어나 있으므로 상관관계 정도는 크지 않을 것으로 판단된다.

각 행에 표현된 히스토그램은 해당 변수의 분포를 알 수 있다. 오른쪽 가장 아래 히스토그램은 주택 가격의 히스토그램으로 약한 쌍봉 형태를 이루고 있음을 알 수 있다. 주거용지 비율은 우로 치우친 분포 형태를 갖추고 있으므로 로그 변환이나 제곱근 변환한 데이터를 이용하여 향후 분석을 실시하는 것이 적절하다.

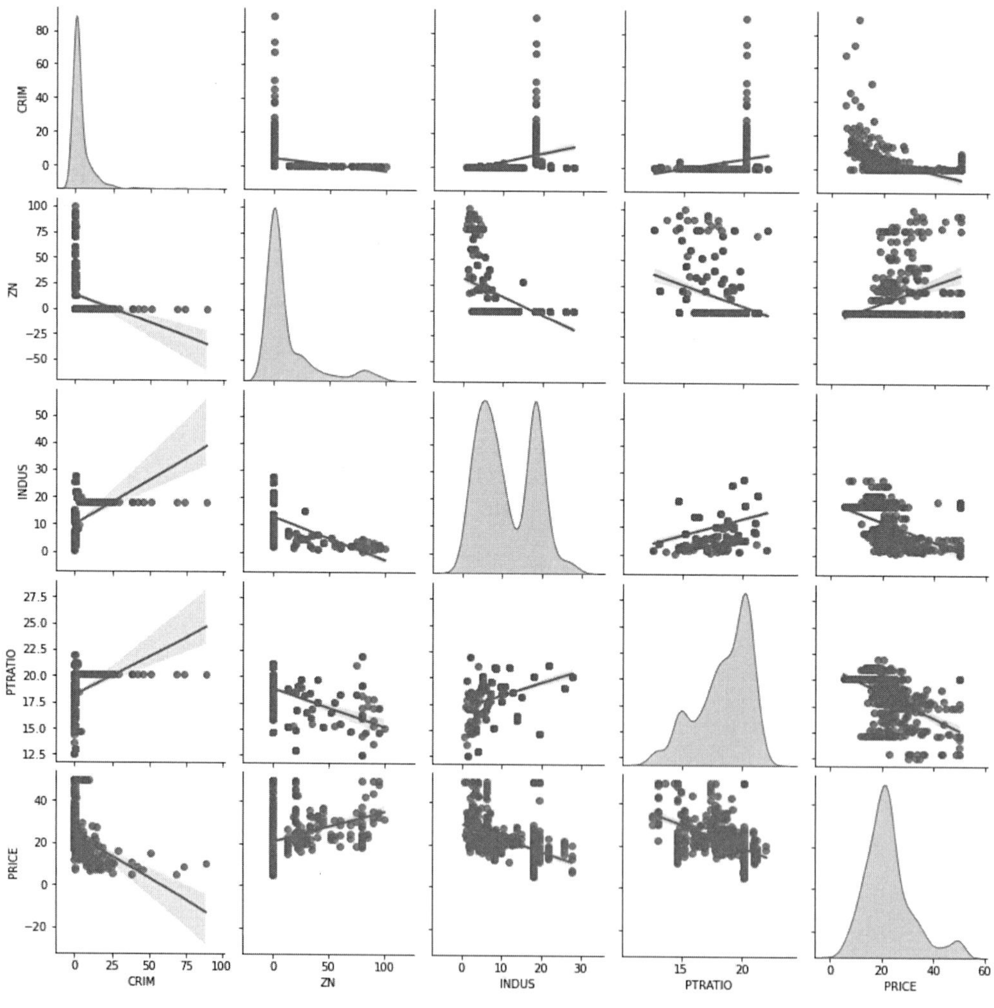

```
df.iloc[:,[0,1,2,10,13]].corr(method='pearson')
```

마지막 행은 주택가격과 다른 변수들 간의 상관계수 값이 출력되어 있다. 주택가격과 상관관계가 가장 높은 변수는 학생교사 비율이다. 그리고 주택가격과 양의 상관관계를 갖는 변수는 ZN(주거용지 비율)만이다. 주택가격과 상관관계가 유의한지는 유의성 검정을 실시하거나 다음 절에서 설명하는 회귀분석을 통하여 주택 가격에 유의한 영향을 주는 변수, 어느 변수가 가장 중요한 영향을 주는지 검정하게 된다.

| | CRIM | ZN | INDUS | PTRATIO | PRICE |
|---|---|---|---|---|---|
| **CRIM** | 1.000000 | -0.200469 | 0.406583 | 0.289946 | -0.388305 |
| **ZN** | -0.200469 | 1.000000 | -0.533828 | -0.391679 | 0.360445 |
| **INDUS** | 0.406583 | -0.533828 | 1.000000 | 0.383248 | -0.483725 |
| **PTRATIO** | 0.289946 | -0.391679 | 0.383248 | 1.000000 | -0.507787 |
| **PRICE** | -0.388305 | 0.360445 | -0.483725 | -0.507787 | 1.000000 |

## 6.3 회귀분석

### 6.3.1 개념

① 회귀모형

종속변수($Y$)와 설명변수($X's$) 간의 함수관계를 도출: $y = f(x_1,\ x_2,\ \cdots,\ x_p)$

- 설명변수 중 종속변수를 설명하는 유의한 변수 검정
- 유의한 설명변수 중 종속변수에 영향을 가장 많이 미치는(중요도) 변수 도출
- 설명변수의 값이 주어졌을 때 종속변수의 예측값과 신뢰구간

② 함수 형태 중 선형을 가장 선호 $y = a + b_1x_1 + b_2x_2 + \ldots + b_px_p$

해석이 용이: 모수(회귀계수 $b_1,\ b_2,\ \cdots$)는 기울기, 설명변수 한단위 증가(감소)할 때 종속변수의 단위 변화량

로그변환을 통하여 선형으로 변환 가능: Cobb-Douglas 생산함수 $Q = \alpha K^{\beta} L^{\lambda} u$($Q$=생산량, $K$=자본, $L$=투입노동, $\alpha,\ \beta,\ \lambda$ 모수), 인구성장모형 $P_t = \alpha e^{\beta T} e_t$($P$=인구수, $T$=시간, $\alpha,\ \beta$ 모수) 모두 양변에 로그를 취하여 선형함수로 만들 수 있음

### (1) 회귀모형 순서

① 모형 설정

- 이론, 경험에 의해 $Y$(종속변수, 목표변수) 변동에 영향을 미치는 변인(설명변수, 예측변수)을 설정한다. 예측변수 개수는 p개이다.
- 회귀모형 설정: $y_i = \alpha + \beta_1 X_{1i} + \beta_2 X_{2i} + ... + \beta_p X_{pi} + e_i$
- 수집 데이터 $(x_{ki}, y_i)$는 반드시 쌍으로 있어야 한다.

② 데이터 변수 정규성 검정

- 정규분포를 따르지 않는 데이터는 정규변환 필요: 로그, 제곱근 위주(왜냐하면 필드 데이터는 대부분 우로 치우친 형태이기 때문이다)

③ 산점도(행렬) 그리기

- 변수들 간의 함수(직선 위주)관계에 대한 시각적 판단에 활용한다.
- 목표변수와 예측변수의 직선관계 정도를 파악하고 이상치/영향치 존재여부를 사전 진단한다.
- 예측변수들의 직선관계 정도를 파악하여 다중공선성 발생 가능성을 사전 진단한다.

④ 모형 추정: 회귀계수 추정

- MLE, OLS 방법 등 추정 방법을 이용하여 회귀 모형의 모수(회귀계수)를 추정한다. $\hat{\alpha}, \hat{\beta_1}, \hat{\beta_2}, ..., \hat{\beta_p}$ (모수의 개수는 절편 포함 (p+1)개이다.)

⑤ 모형 진단

- 모형의 적합성(회귀계수 유의성)을 검정한다.
- 이상치/영향치 진단한다.

⑥ 결론 및 활용

- 최종 모형의 (표준화)회귀계수 부호와 크기 및 결정계수 위주로 해석한다.
- 설명변수 임의 값이 주어진 경우 종속변수 값을 추정(신뢰구간 포함)한다.

## 6.3.2 단순회귀모형

### (1) 모형

- 단순회귀모형: $y_i = \alpha + \beta x_i + e_i$, $i = 1, 2, ..., n$
- 목표변수 $Y$, 예측변수 $X$라 하고 첨자(subscript) $i$는 관측치를 표현하며 데이터 개수를 $n$이다.
- $\alpha$: 회귀계수(regression coefficient), 모수, 절편(intercept)
- $\beta$: 회귀계수, 예측변수 $X$의 기울기, 예측변수 $X$가 한 단위 증가할 때마다 목표변수 $Y$의 증가량(미분 계수), 다중회귀모형에서는 편미분 계수이다.
- $x$: 예측변수이며 결정변수 deterministic(즉 확률변수가 아님)
- $e_i$: 오차항(error term), 회귀직선 $(y_i = \alpha + \beta x_i)$에 의해 설명되지 못하는 부분, 오차항이 없으면 통계모형이 아니라 수학모형이다.

### (2) 가정

- 선형성: 예측변수와 목표변수 간 함수관계는 선형(직선함수)이다.
- 모수인 회귀계수 $\alpha$, $\beta$는 미지이지만 하나의 상수 값으로 확률변수가 아니다.
- 설명변수는 결정변수로 오차없이 측정할 수 있다.
- 오차항 가정, $e_i \sim iidN(0,\ \sigma^2)$: 오차항은 독립성, 정규성, 등분산성을 갖는다.

### (3) 오차항 가정 필요 이유

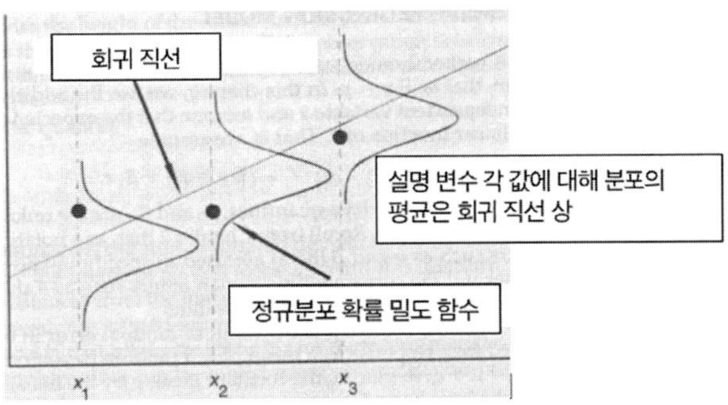


- 독립성(independent): 오차항은 서로 독립이다. 즉 각 오차는 서로 영향을 주지 않는다. 독립성 가정은 시계열 데이터(시간적 순서를 갖는 데이터) 경우에만 체크한다.
- 정규성(normality): 오차항은 정규분포를 따른다. 이 가정은 분산분석 검정통계량은 F-분포, 회귀계수 유의성 검정통계량은 t-분포를 따르기 위하여 반드시 필요하다. 오차항이 정규분포를 따르므

로 종속변수도 정규분포를 따르고 다음이 성립한다. $y_i \sim iidN(\alpha+\beta x_i,\ \sigma^2)$

- 등분산성(Homoscedasticity): 오차항의 분산은 동일하다. 분산이 일정하다는 가정의 주어진 설명변수 값 에서 관측되는 $Y$의 값의 분산이 일정하다는 의미와 같다. 분산이 다르면 설정된 회귀 모형이 적절함에도 불구하고 관측치가 직선에 모여 있지 않게 된다. 즉, 이상치 발생은 직선의 적합성 결여 혹은 분산이 크므로 벗어나는지 알 수 없어 이상치 진단이 어려워진다.

### (4) 데이터 정규변환

오차항 가정이 정규분포를 가정하므로 종속변수도 정규분포를 따르는 것이 회귀모형 추정의 결과의 신뢰성을 높인다. 이는 모든 데이터 분석에 적용된다. 하여, 데이터 분석 전 치우친 분포를 갖는 데이터에 대한 정규변환은 필수적이다.

자연현상, 사회현상으로부터 수집되는 대부분의 데이터는 좌우 대칭이거나 우로 치우친 형태를 갖는다(통계학 주요 확률분포함수 중 베타분포(수명이 상이한 두 부품의 수명 비)를 제외하고는 우로 치우친 형태이다. 하여, 통계학의 유명한 확률분포함수는 대부분 지수(e) 항을 갖는다.

## 6.3.3 추정

### (1) 개념

데이터 $(x_i,\ y_i)$활용하여 회귀계수 $(\alpha,\ \beta)$를 추정한다.

- 추정된 회귀계수 $\hat{\alpha}$, $\hat{\beta}$를 이용하여 주어진 설명변수 값에서 종속변수 추정 $\hat{y_i}=\hat{\alpha}+\hat{\beta}x_i$(적합치)
- 오차항 추정 $\hat{e_i}=y_i-\hat{y_i}$

### (2) 최소자승법

관측점들을 가장 대표하는 직선(best fit)을 어떻게 구할 것인가? 관측점$(y_i)$과 직선 $(\alpha+\beta x_i)$의 거리를 최소화 하는 방법으로 구하였다. 거리를 직선 기준 수평선으로 하나? 수직선으로 하나? 종속변수의 변동을 설명하는 것이므로 수직 거리를 최소화 하는 직선을 구하게 된다(Francis Galton 아이디어 도출, Karl Pearson 수리이론 정립하였음).

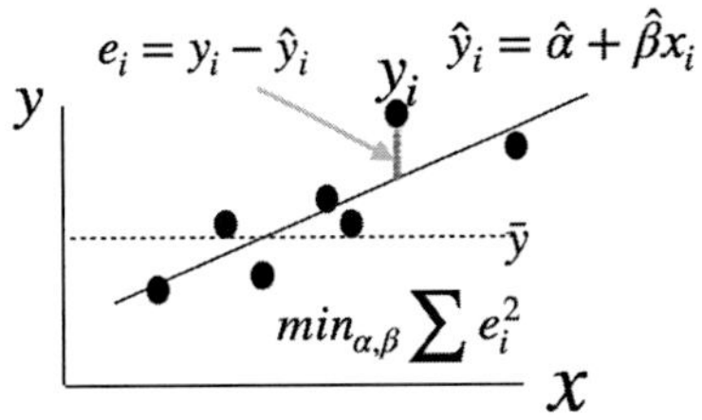


$\min_{\alpha,\beta}\sum_{i=1}^{n} e_i^2 = \min_{\alpha,\beta}\sum_{i=1}^{n}(y_i - \hat{y_i})^2$ 오차 제곱합을 최소화 하는 추정량을 최소자승법(OLS, ordinary least square) 추정량이라 한다.

- OLS 추정식: $\min_{\alpha,\beta} Q(\alpha, \beta)$,
  $Q = \sum(y_i - \alpha - \beta x_i)^2$
- 정규방정식: $\frac{\partial Q}{\partial \alpha} = -2\sum(y_i - \alpha - \beta x_i) = 0$, $\frac{\partial Q}{\partial \beta} = -2\sum x_i(y_i - \alpha - \beta x_i) = 0$
- OLS 추정량: $\hat{\beta} = \frac{S_{XY}}{S_{XX}} = \frac{\sum(x_i - \overline{x})(y_i - \overline{y})}{\sum(x_i - \overline{x})^2}$, $\hat{\alpha} = \overline{y} - \hat{\beta}\overline{x}$

(3) 최대우도추정량

$y_i \sim iidN(\alpha + \beta x_i,\ \sigma^2)$이므로 우도함수는 다음과 같으므로 우도함수 최대화하는 것과 OLS 추정식과 동일하다.

$$L(\alpha, \beta; x_1, x_2, \ldots, x_n) = \Pi \frac{1}{\sqrt{2\pi}\,\sigma} exp(-\frac{(y_i - \alpha - \beta x_i)^2}{2\sigma^2})$$
$$= (\frac{1}{\sqrt{2\pi}\,\sigma})^n \exp(-\frac{\sum(y_i - \alpha - \beta x_i)^2}{2\sigma^2})$$

(4) OLS 추정치 성질

GAUSS-MARKOV Theorem: 회귀계수에 대한 OLS 추정치는 BLUE(Best Linear Unbiased Esti-mator)이다. 즉 모든 선형, 불편 추정량 중 최소 분산(minimum variance)를 갖는다. 분포함수가 지수족 이므로 MLE는 CSS이고 불편추정량이므로 Rao-Blackwell 정리에 의해 MVUE이다.

(5) 잔차 = 오차의 추정량 $r_i = \hat{e_i} = y_i - \hat{y_i}$

- $\sum r_i = 0$잔차의 합은 0이다.
- $\sum x_i r_i = 0$(관측치 $\hat{x_i}$을 가중치로 한 잔차의 가중치 평균은 0이다)
- $\sum \hat{y_i} r_i = 0$(예측치 $\hat{y_i}$을 가중치로 한 잔차의 가중치 평균은 0이다)
- 적합된 회귀직선은 $(\overline{x},\ \overline{y})$을 지난다.

## 6.3.4 회귀계수 추론

(1) 개념

- 회귀계수 기울기 유의성 검정($H_0 : \beta = 0$) ⇔ 예측변수 $X$가 목표변수를 설명하지 못한다. ⇔ 설정한 회귀모형은 유의하지 않다.
- $H_0 : \beta = 0$ 귀무가설이 채택되면 $y_i = \alpha + e_i <- \hat{\alpha} = \hat{y}$이므로 목표변수를 설명하는 항은 목표변수의 총 평균만이 존재한다. 즉, 예측변수의 변동 값을 목표변수는 더 이상 예측(적합)하지 못한다.
- 절편 $\alpha$에 대한 가설검정은 언제하나? 회귀직선이 원점을 통과하는가? 혹은 비용함수에서 절편은 고정비용이므로 이를 추정할 필요가 있을 경우만 관심을 갖는다.

(2) 회귀계수 기울기 가설검정

- 귀무가설 $H_0 : \beta = \beta_0$(설명변수 $X$의 유의성 검정 할 때 $H_0 : \beta = 0$)
- 대립가설 $H_0 : \beta \neq \beta_0$

(3) OLS 추정량(MVUE): $\hat{\beta} = \frac{S_{XY}}{S_{XX}} = \frac{\sum(x_i - \overline{x})(y_i - \overline{y})}{\sum(x_i - \overline{x})^2}$

(4) OLS의 샘플링 분포

① $\hat{\beta}$는 $y_i$의 선형함수이고($\hat{\beta} = \sum k_i(y_i - \overline{y})$, $k_i = \frac{(x_i - \overline{x})}{\sum(x_i - \overline{x})^2}$)

$y_i \sim iidN(\alpha + \beta x_i,\ \sigma^2)$(오차항 정규분포 가정)이므로 $\frac{\hat{\beta} - \beta_0}{s(\hat{\beta})} \sim t(n-2)$,

$s^2(\hat{\beta}) = \frac{\sigma^2}{S_{XX}}$이다.

② 오차항의 분산 $\sigma^2$을 모르므로 추정해야 하는데 $\widehat{\sigma^2} = MSE$(상세 내용은 다음 절에서 설명하는 분산분석을 참고하기 바란다)

③ 그러므로 $\hat{\beta}$의 분산($V(\hat{\beta})$)의 추정량은 $\widehat{s^2(\beta)} = \frac{MSE}{S_{XX}}$이다.

(5) 검정통계량: $TS = \frac{\hat{\beta} - \beta_0}{MSE/S_{XX}} \sim t(n-2)$

(6) 목표변수 적합치 추정 및 신뢰구간과 예측구간

① 적합치 $\hat{y_i} = \hat{\alpha} + \hat{\beta} x_i$

목표변수의 적합치를 구하거나 활용할 때 수집된 데이터의 예측변수 범위 구간을 벗어난 영역에서는 하지 말아야 한다. 범위를 벗어난 관측점이 1~2개 있는 경우 이를 활용하여 직선을 적합하게 되면 이 관측점의 영향이 추정 결과를 왜곡하는 문제가 발생한다.

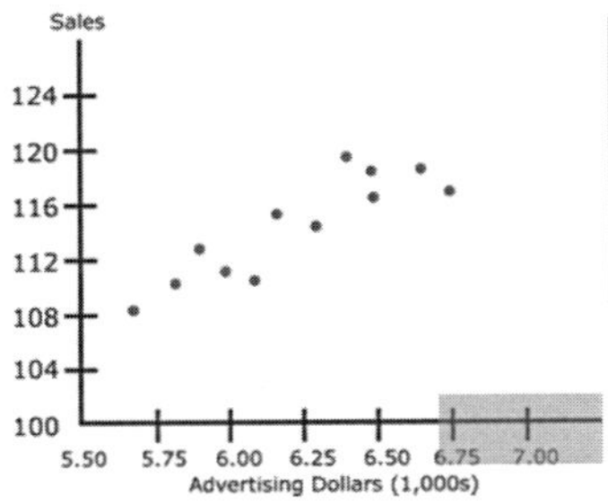


이후 설명변수 값에서는 (광고액과 판매량)이 직선의 관계가 있는지 어떤 근거도 없음

그러므로 수집된 데이터의 설명변수의 영역 (5.5, 6.75)에서만 적합모형을 활용하는 것이 적절함

② 신뢰구간: $E(y_0)$

- 예측변수 값이 $x_0$로 주어졌을 때 목표변수의 기대값 $E(y_0) = \alpha + \beta x_0$에 대한 신뢰구간(confidence interval)이다.
- 점추정치: $\hat{E}(y_0) = \hat{\alpha} + \hat{\beta} x_0$
- 샘플링분포: $\frac{(\hat{\alpha} + \hat{\beta} x_0) - (\alpha + \beta x_0)}{s(\hat{\alpha} + \hat{\beta} x_0)} \sim t(n-2)$,

$$s^2(\hat{\alpha} + \hat{\beta} x_0) = MSE\left(\frac{1}{n} + \frac{(x_0 - \bar{x})^2}{S_{XX}}\right)$$

③ 예측구간: $y_h$

- 새로운 예측변수 값이 $x_{new}$로 주어졌을 때 목표변수 값 $y_h = \alpha + \beta x_{new} + e_0$에 대한 예측구간(prediction interval)이다.
- 점추정치: $\hat{y}_h = \hat{\alpha} + \hat{\beta} x_{new}$(기대값의 추정치와 동일함)

- 샘플링분포: $\dfrac{(\hat{\alpha}+\hat{\beta}x_{new})-(\alpha+\beta x_{new})}{s(\hat{\alpha}+\hat{\beta}x_{new})} \sim t(n-2)$,

$$s^2(\hat{\alpha}+\hat{\beta}x_{new}) = MSE(1+\frac{1}{n}+\frac{(x_{new}-\overline{x})^2}{S_{XX}})$$

신뢰구간과 예측구간의 점 추정치는 $\hat{\alpha}+\hat{\beta}x_0$ 동일하지만 추정분산이 예측구간의 경우 MSE 만큼 넓어진다.

## 6.3.5 분산분석적 접근

### (1) 개념

종속변수의 분산(변동)을 모형설명변동과 설명하지 못하는 변동으로 나누어 설명하지 못하는 변동 대비 설명하는 변동이 충분히 크면 모형이 유의하다고 판단한다. 변동은 데이터 값의 변화에 대한 측정이므로 데이터의 정보와 동일하다.

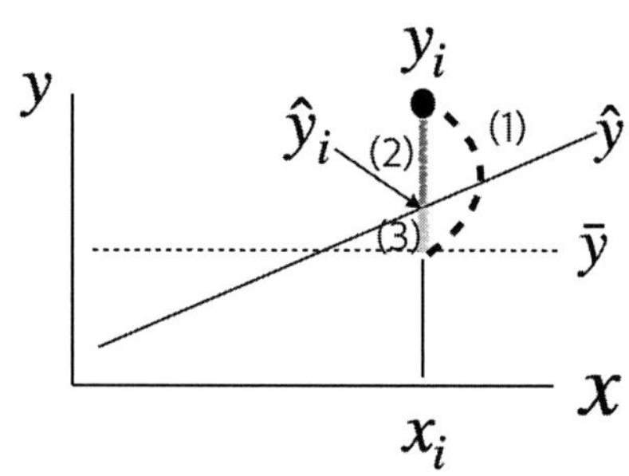


정규분포를 따르는 확률변수(목표변수 $y_i$가 이에 해당)의 변동(분산 계산과 동일)은 카이제곱분포를 따르고 변동의 비(카이제곱분포의 비)는 $F-$분포를 따르므로 이를 이용하여 모형의 유의성을 검증하게 된다.

### (2) 변동분할

- (1) 총변동 Total Sum of Square $SST=\sum(y_i-\overline{y})^2$: 목표변수의 변동합으로 모형에 의해 설명되어야 하는 총량이다.
- (3) 모형변동 Regression(Model) SS $SSR=\sum(\hat{y_i}-\overline{y})^2$: 목표변수 변동 중 설정된 모형에 의한 설명 부분이다. 예측변수 값이 $x_i$ 주어졌을 때 목표변수는 $y_i$ 값이 관측되었는데 이 중 $\hat{y_i}$ 부분까지는 적합 모형에 의해 설명되었다. $\overline{y}$까지는 목표변수의 총평균(절편)에 의해 설명된 것이고 (3)부분은 모형에 설정된 예측변수에 의해 설명된 것이다.

- (2) 오차변동 Error SS $SSE = \sum(y_i - \hat{y}_i)^2$: 설정된 모형에 의해 설명되지 못하는 부분이다. 관측값 $y_i$의 값에 대하여 모형이 설명한 $\hat{y}_i$(적합선)을 벗어난 변동을 의미하며 모형에 의해 설명되지 못한 변동이다.

### (3) 변동의 분포

① 총변동 분포

오차항의 가정에 의해 $y_i \sim iidN(\alpha + \beta x_i,\ \sigma^2)$이므로 $\dfrac{SST}{\sigma^2} \sim \chi^2(n-1)$

② 오차변동 분포

$y_i \sim iidN(\alpha + \beta x_i,\ \sigma^2)$, $\hat{\alpha} \sim N(\alpha, s(\hat{\alpha}))$, $\hat{\beta} \sim N(\beta, s(\hat{\beta}))$이므로 $\dfrac{SSE}{\sigma^2} \sim \chi^2(n-2)$

③ 설명변동 분포

$SST = SSR + SSE$이므로 카이제곱 분포의 가법성에 의해 $\dfrac{SSR}{\sigma^2} \sim \chi^2(1)/$

### (4) 자유도 분할: Cochran 정리

- 총변동의 자유도(관측치 중 자유로운 개수, 관측치 하나 하나는 독립적이고 정보를 갖고 있다)는 평균이 추정되었으므로 $(n-1)$이다.
- SSE의 자유도는 $(n-2)$이다. 왜냐하면 모수 $(\alpha,\ \beta)$ 두 개 추정되었기 때문이다.
- SSR의 자유도는 SST 자유도로부터 SSE 자유도를 뺀 값으로 1이다.

### (5) 평균변동 Mean of(SSR, SSE) 및 기대평균변동 Expected MSE

① 평균회귀변동 MSR(Mean Sum of Squares for Regression)

$MSR = \dfrac{SSR}{df=1}$: 총변동 중 모형이 설명하는 변동 평균이다.

$E(MSR) = \sigma^2 + \beta^2 \sum(x_i - \bar{x})^2$, $\sigma^2 + \beta^2 \sum(x_i - \bar{x})^2$

② 평균오차변동 MSE(Mean Sum of Squares for Error)

$MSE = \dfrac{SSE}{df = n-2}$ - 총변동 중 모형이 설명하지 못하는 변동 평균이다.

오차 분산 $\sigma^2$의 추정치 $E(MSE)=\sigma^2$

(6) F 검정

- 회귀모형 $y_i=\alpha+\beta x_i$ 의 유의성 검정이다.
- 검정통계량 $TS=\dfrac{MSR}{MSE}\sim F(1,\ n-2)$
- 검정통계량이 1보다 커진다 $\Leftrightarrow$ $\beta$가 0이 아니거나, 설명변수 관측값이 평균으로부터 많이 벗어난다는 것을 의미한다.
- 검정통계량이 충분히 크다 $\Leftrightarrow$ $\beta$가 0이 아님($H_0:\beta=0$ 기각) $\Leftrightarrow$ 설정한 회귀모형은 유의하다.
- 설명변수의 분산이 커지는 경우 $\beta$가 유의하지 않아도 $F-$값이 유의할 수 있음, 그리고 결정계수(모형의 적합성 척도)도 커지게 되므로 반드시 산점도를 그려 설명변수 값의 범위에 주목할 필요가 있음

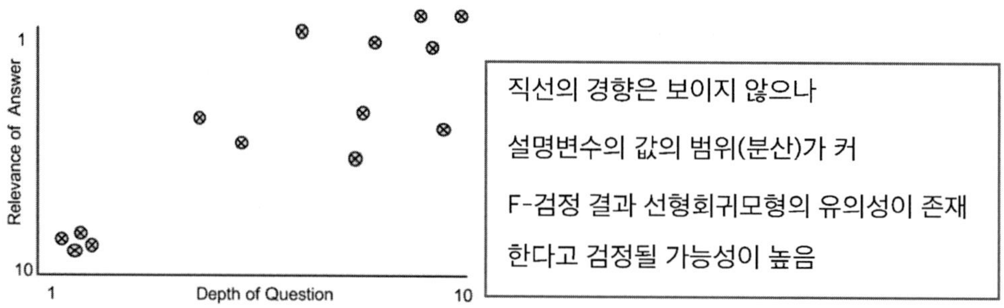


- 확률분포함수의 관계: 분산분석의 회귀모형 유의성($H_0:y_i\neq\alpha+\beta x_i$) 검정통계량의 샘플링 분포 $F(1,\ n-2)=$회귀계수 유의성($H_0:\beta=0$) 검정통계량의 샘플링분포 $t(n-2)$의 제곱이다.

(7) 분산분석표 ANOVA table

- 귀무가설: 설정한 $y_i=\alpha+\beta x_i$가 유의하지 않음 $\Leftrightarrow$ ($H_0:\beta=0$)(설명변수 유의하지 않음)
- 대립가설: 설정한 $y_i=\alpha+\beta x_i$가 유의하다.

| 변동 | 자승합 | 자유도 | 평균자승합 | F-통계량 |
|---|---|---|---|---|
| 회귀변동 | SSR | 1 | $MSR = \frac{SSR}{1}$ | $\frac{MSR}{MSE} \sim F(1, n-2)$ |
| 오차변동 | SSE | n-2 | $MSE = \frac{SSE}{n-2}$ | |
| 총변동 | SST | n-1 | | |

| 변수 | 추정계수 | 추정오차 | t-통계량 |
|---|---|---|---|
| 절편 | $\hat{\alpha}$ | $s(\hat{\alpha})$ | $\frac{\hat{\alpha}}{s(\hat{\alpha})} \sim t(n-2)$ |
| 기울기 | $\hat{\beta}$ | $s(\hat{\beta})$ | $\frac{\hat{\beta}}{s(\hat{\beta})} \sim t(n-2),\ t^2(n-2) = F(1, n-2)$ |

### 6.3.6 결정계수

- 정의: $R^2 = \frac{SSR}{SST}$: 총변동 중 회귀변동의 비율(%), $0 < R^2 < 100(\%)$
- 종속변수 $y_i$와 적합치 $\hat{y_i}$의 상관계수 제곱이다. $r(Y, \hat{Y}) = \sqrt{\frac{SSR}{SST}}$
- 단순선형 모형에서 목표변수와 예측변수 상관계수의 제곱은 결정계수이다.

(1) 해석

총변동 중 설정된 회귀모형이 설명하는 변동이므로 선택된 예측변수가 목표변수를 설명하는 능력을 비율로 나타낸 것이다.

결정계수가 낮은 경우: 목표변수를 보다 잘 설명하는 다른 설명변수가 존재한다.

결정계수가 70%(상관계수가 0.8이상이면 두 변수간의 상관관계가 매우 강하다고 판단하므로) 이상이면 설정된 회귀모형이 종속변수를 충분히 설명하므로 더 이상 다른 설명변수를 찾을 필요는 없다(회귀모형을 예측치 구하는 목적으로 사용하는 경우).

### 6.3.7 원점을 지나는 회귀선

원점을 지나는 회귀 모형은 $y_i = \beta x_i + e_i$이므로 이 경우 회귀 계수 $\beta$의 OLS는 $\hat{\beta} = \frac{\sum x_i y_i}{\sum x_i^2}$이다. 일반 선형 회귀 모형 $y_i = \alpha + \beta x_i + e_i$에서 절편 $\alpha$이 0인 경우이다.

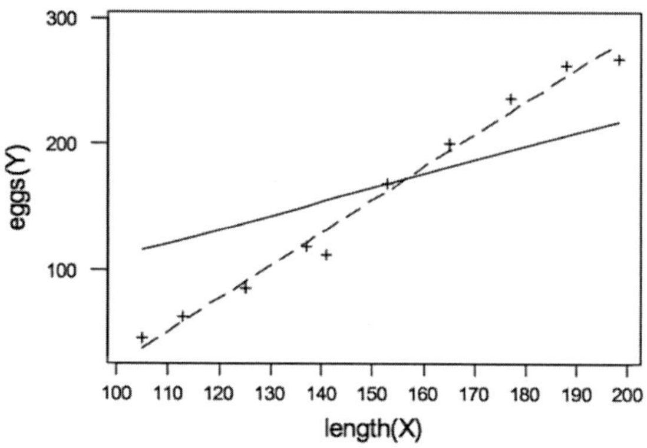


선형 회귀 모형에서 절편에 대한 가설($H_0 : \alpha = 0$) 검정을 실시하여 가설이 채택되면 원점을 지나는 회귀직선을 사용하면 된다. 일반적으로 절편에 대해 관심이 없으므로(주로 기울기, 설명 변수의 영향) 절편에 대한 추정, 검정은 실시하지 않는다. 대신 분석하려는 상황(데이터)이 원점을 지나는 회귀 모형을 고려해야 한다면 처음부터 원점 을 지나는 회귀 모형을 설정한다.

비용과 생산량과의 관계에서 고정비용을 고려할 경우에는 절편은 고정비용에 해당되므로 원점을 지나는 회귀모형이 아니다.

### 6.3.8 사례문제

상관분석에서 사용하였던 보스톤 주택가격 데이터에서 주택가격(PRICE)을 목표변수로 학생교사비율(PTRATIO)을 예측변수로 하여 예측모형을 추정하자.

(1) 산점도

```
from matplotlib import pyplot as plt
import plotly.express as px
import pandas as pd
fig= px.scatter(df,x='PTRATIO',y='PRICE',marginal_x='box', marginal_y='histogram',trendline
='ols')
fig.show()
```

학생-교사 비율은 좌로 치우친 분포형태, 주택가격은 약간 좌로 치우친(쌍봉으로도 보임) 좌우 대칭으로 보인다. 두 변수 간의 직선 관계는 약한 음의 경향을 보이고 있다. 학생교사 비율변수는 정규변환이 필요한가? (시각적 판단으로) 심하지 않으므로 필요하지 않다.

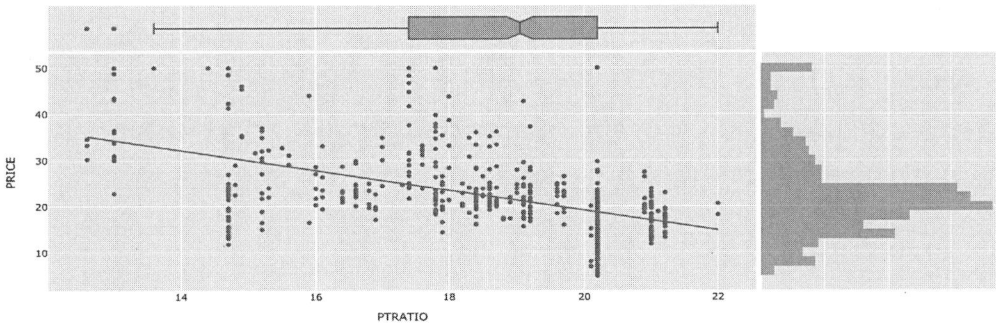


## (2) 회귀계수 추정

```
import statsmodels.api as sm
y=df['PRICE']
X=sm.add_constant(df['PTRATIO']) #add intercept
fit=sm.OLS(y, X).fit()
print(fit.summary())
```

(산점도에서 보인 약한 직선 관계임에도 불구하고) 학생-교사비율은 보스턴 주택가격을 매우 유의하게(예측변수 유의성 검정 유의확률은 0.000으로 〈0.001〉 설명하나 설명비율은 25.8%밖에 되지 않는다. 주택가격을 설명할 다른 예측변수 도출이 필요하다. 잠정 추정모형: $주택가격 = 62.3446 - 2.1572(학생교사비율)$

- 학생교사비율이 높을수록 주택가격은 낮아진다.
- 보스턴 주택 평균 가격은 62만불이다.
- 학생교사 비율이 1% 높아지면 주택가격은 2.15만불 하락한다.

```
                            OLS Regression Results
==============================================================================
Dep. Variable:                  PRICE   R-squared:                       0.258
Model:                            OLS   Adj. R-squared:                  0.256
Method:                 Least Squares   F-statistic:                     175.1
Date:                Mon, 08 Mar 2021   Prob (F-statistic):           1.61e-34
Time:                        01:53:26   Log-Likelihood:                -1764.8
No. Observations:                 506   AIC:                             3534.
Df Residuals:                     504   BIC:                             3542.
Df Model:                           1
Covariance Type:            nonrobust
==============================================================================
                 coef    std err          t      P>|t|      [0.025      0.975]
------------------------------------------------------------------------------
const         62.3446      3.029     20.581      0.000      56.393      68.296
PTRATIO       -2.1572      0.163    -13.233      0.000      -2.477      -1.837
==============================================================================
Omnibus:                       92.924   Durbin-Watson:                   0.725
Prob(Omnibus):                  0.000   Jarque-Bera (JB):              191.444
Skew:                           1.001   Prob(JB):                     2.68e-42
Kurtosis:                       5.252   Cond. No.                         160.
==============================================================================
```

### 6.3.9 최종 모형진단

회귀분석은 이론이나 경험으로 얻어진 사실을 기반한 객관 타당성에 의해 설정된 회귀모형을 데이터를 통하여 유의성을 판단하는 분석방법이다. 회귀분석 시작 시 오차항에 대한 가정과 함수의 선형성을 가정하였다.

- 오차의 정규성 가정 하에 회귀계수에 대한 검정통계량의 샘플링분포도 구하였고 회귀계수에 대한 추론실시 하였다.
- 하여, 회귀모형에 의해 설정된 가정이 만족되는지 분석할 필요가 있다. 이를 회귀진단(잔차분석)이라 한다.

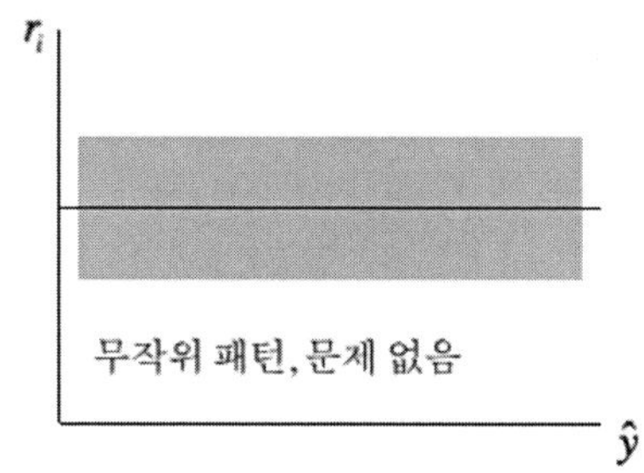


선형성 가정은 회귀모형 유의성 검정 결과와 동일하므로 잔차분석이라 함은 오차항에 대한 3가지 가정(정규성, 등분산성, 독립성)을 진단하고 문제를 해결하는 방법이다.

- 독립성 진단은 시계열 자료에서만 하게 된다.
- 추가적으로 회귀모형 추정 결과에 영향을 주는(이상치, 영향치) 진단까지 잔차분석에 포함된다.

최종 회귀모형 확정 전 회귀추론의 기본가정인 오차가정(정규성, 이분산성, 독립성), 회귀모형의 선형성, 그리고 회귀모형의 결정계수(모형 설명력)에 영향을 미치는 이상치(영향치) 진단이 필요하다.

(1) 잔차

① 잔차 정의

- $r_i = y_i - \hat{y_i}$: 잔차는 목표변수 관측치와 회귀모형 적합치의 차이인 오차의 추정치이다.
- 회귀모형 오차항($e_i$)의 MVUE: $\hat{e_1} = r_i$

② 잔차 성질

- 잔차의 평균은 0이고 분산 $\sigma^2$이다.

- 잔차는 서로 독립이다? 아니다. 회귀계수 OLS추정($\beta = (X'X)^{-1}X'y$)에는 $(x_{i,}\ y_i)$ 모든 관측치가 포함되어 있기 때문이다.
- $\sum x_i r_i = 0$: 예측변수와 잔차의 곱의 합은 0이다. 설명변수와 잔차는 독립이다. 예측변수에 의해 설명되고 남은 부분(잔차)은 서로 독립이다.
- $\sum \hat{y_i} r_i = 0$: 적합치와 잔차의 곱의 합은 0이다. 적합치는 예측변수에 의해 설명된 부분이므로 설명되지 않은 잔차 부분와는 서로 독립이다.

③ 표준화 잔차

- 정의: $sr_i = \dfrac{r_i}{s(r_i)} \sim (0,\ 1)$
- 표준화(standardized) 잔차는 추정 회귀식으로부터 관측치가 얼마나 떨어져 있나를 나타내는 것으로 ±2(표준정규분포의 경우 ±1.96 구간 안에는 95% 관측치가 있음)보다 크면 이상치로 판단한다.

④ 스튜던트 잔차

- 정의: $sr_i = \dfrac{r_i}{MSE\sqrt{1-h_{ii}}}$, $h_{ii}$는 $H = X(X^TX)^{-1}X^T$행렬의 대각 원소로 레버리지(leverage)로 정의되며 영향치 판단에 사용된다.
- 스튜던트(studentized) 잔차는 전차를 t-분포를 따르도록 통계량으로 만든 것으로 $\pm 2$이면 이상치(혹은 영향치)로 판단한다.

### (2) 잔차진단 도구

① 표준화/스튜던트 잔차($y$-축)와 설명변수 산점도

설명변수와 잔차의 산점도는 함수 형태를 가져서는 안된다. 왜냐하면 오차와 설명변수가 종속변수를 설명하지 못하는 부분에 해당되기 때문이다. 단순회귀에서는 설명변수가 하나이므로 설명변수와 종속변수가 동일하므로(동일한 형태) 단순회귀에서는 이 산점도를 사용하지 않는다. 다중회귀에서는 오차의 등분산성 진단을 위하여 가끔 사용하기도 하지만 유효성이 의심되어 이 산점도는 다중회귀 잔차분석에서도 거의 사용하지 않는다.

② 표준화/스튜던트 잔차($y$-축)와 종속변수 추정치 산점도

잔차를 $Y$축, 종속변수의 예측치를 $X-$축으로 하여 산점도를 그린다. 잔차는 추정된 회귀 모형이 종속 변수의 변동을 설명하지 못하는 부분에 해당하므로 산점도에 일정한 패턴이 있으면 안되고 평균 0을 중심으로 무작위(random) 하게 흩어져 있어야 한다. 그리고 잔차가 크다는 것은 그 관측치가 이상치 가능성 있다. 또한 이 산점도에 의해 등분산성, 선형성도 진단한다.

```
import seaborn as sns
import matplotlib.pyplot as plt
sns.residplot(fit.fittedvalues,fit.resid_pearson,lowess=True)
plt.title('scatter plot of (yhat vs standard_res)')
plt.axhline(2)
plt.axhline(-2)
plt.show()
```

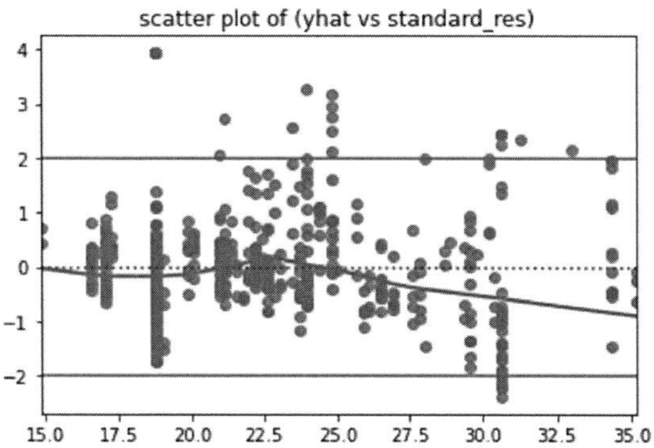


- 산점도의 특이 패턴은 존재하지 않음
- 표준화 잔차 ±2를 넘는 이상치가 많이 존재한다. - 산점도에서 인지한 사실이다.

### (3) 선형성 진단

목표변수와 예측변수 간의 함수관계는 선형(직선)이다. 선형 회귀모형의 기본 가정이다.

회귀모형 전처리 작업(종속변수와 해당 설명변수의 산점도)에서 사전 진단 후 해결하였고 회귀모형(선형) 유의성 검정을 거쳐 선형성 검정은 필요 없으나 변수들간의 관계가 복잡하게 얽힌 경우 통합적 선형성 검정 분석방법이 필요하다.

Harvey A. and Collier P. (1977); Testing for Functional Misspecification in Regression Analysis, Journal of Econometrics 6, 103--119. Johnston, J. (1984); Econometric Methods, Third Edi- tion, McGraw Hill Inc.

예측변수가 하나인 단순 회귀모형은 예측변수의 유의성 결과와 동일한 결과를 얻는다.

- 귀무가설: 회귀모형은 선형이 적절하다.
- 대립가설: 선형모형이 아니다.
- 유의확률이 매우 높아 선형 회귀모형이 적절하다.

```
import statsmodels.stats.api as sms
sms.linear_harvey_collier(fit)
```

```
Ttest_1sampResult(statistic=-0.04531878810597142, pvalue=0.9638
```

(4) 오차 가정 진단

잔차는 오차의 MVUE 추정량이므로 잔차를 이용하여 오차의 가정을 검정한다.

① 정규성 검정

오차의 가정 중 하나로 이를 기반으로 모형 전체의 유의성 검정인 분산분석 F-검정, 예측변수의 유의성 검정인 $t$−검정을 사용하는데 필요한 기본 가정이다.

- 귀무가설: 데이터는 정규분포를 따른다.
- 대립가설: 정규분포를 따르지 않는다.
- 유의확률이 매우 작아 귀무가설이 기각된다. 이는 앞의 산점도에서 목표변수가 약간 좌로 치우침이 있었던 사실을 기억할 것이다. 그러므로 잔차 역시 정규분포를 따르지 않는다. 데이터의 개수가 많은 대표본의 경우에는 정규성 가정을 반드시 만족할 필요는 없다.

```
from scipy.stats import shapiro
shapiro(fit.resid)[0:2]
```

```
(0.942956268787384, 4.966550716696549e-13)
```

② 등분산성 검정

예측변수가 어떤 값이든 예측변수의 분산이 동일해야 적합선으로부터 많이 벗어난 관측치를 이상치로 진단할 수 있는 기본 가정이다.

잔차와 예측치 산점도가 나팔(fan) 모양이면 종속변수의 값에 의존하여 분산이 커지거나 작아진다는 것을 의미한다. 등분산 가정이 무너지면 분산이 큰 부분에서 종속변수의 값이 적합선을 많이 벗어난 것이 적합 정도가 떨어진다고 결론 내릴 수 없다.

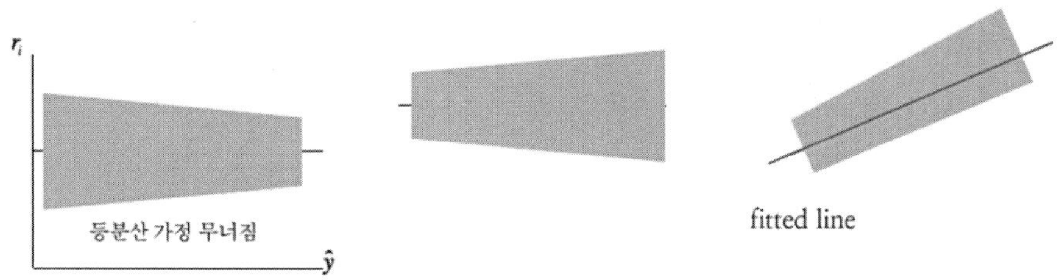


- 귀무가설: 데이터는 등분산성을 갖는다.
- 대립가설: 데이터는 등분산성을 갖지 않는다.
- 유의확률이 0.45이므로 귀무가설이 채택되어 등분산을 갖는다. 이는 이전 잔차산점도가 팬 모양 등 특이 모형을 갖지 않으므로 등분산 가정을 만족됨을 사전 인지할 수 있었다.

```
import statsmodels.stats.api as sms
sms.het_goldfeldquandt(fit.resid,fit.model.exog)[0:2]
```

```
(1.0136337654493062, 0.45732985881000465)
```

[해결방안] 등분산 가정이 무너진 경우에는 문제가 되는 예측변수로 회귀모형을 나누어 회귀모형을 추정하거나 WLS(weight least square) 방법을 사용한다.

- 원 회귀모형: $y_i = \alpha + \beta x_i + e_i$
- 변형 회귀모형: $\dfrac{y_i}{x_i} = \dfrac{\alpha}{x_i} + \beta + \dfrac{e_i}{x_i} = \beta + \alpha\dfrac{1}{x_i} + e_i^*$
- WLS 추정: $\min Q = \sum w_i (y_i - \alpha - \beta x_i)^2,\ w_i = \dfrac{1}{\hat{y}_i}$

③ 독립성 검정: 시계열 데이터 모형에만 진단

시계열 데이터의 경우 오차항이 전 차항의 오차들에 의해 영향을 받게 되면 오차의 독립성이 파괴된다. 오차항 독립이 아니면 종속변수에 설정된 설명변수가 설명하지 못하는 일정의 패턴이 존재하므로 회귀추정이 불완전해진다.

[진단도구] Durbin Watson 통계량 $DW = \frac{\sum(e_t - e_{t-1})^2}{\sum e^{2_t}}$: $DW$ 검정통계량의 값은 $2(1-r)$에 근사한다. 상관계수 $r$은 $(e_t, e_{t-1})$의 상관계수로 오차의 1차 자기상관계수이다. 오차가 독립이면 $r=0$이고 $DW=2$에 근사한다.

fit=sm.OLS(y, X).fit(); print(fit.summary()) 회귀모형 추정식 아래 자동 출력된다. 다시 강조하지만 DW 독립성 검정은 시계열 데이터에만 국한한다.

```
PTRATIO        -2.1572      0.163    -13.233      0.000      -2.477      -1.837
==============================================================================
Omnibus:                       92.924   Durbin-Watson:                   0.725
```

[해결방안] 목표변수의 차분$(Y_t - Y_{t-1})$을 목표변수로 사용하거나 이전 목표변수 관측값$(Y_{t-1})$을 예측변수로 사용한다.

(5) 영향치 및 이상치 진단

이상치 outlier: 설명변수 관측치 범위 내에 존재하며 적합 회귀선에서 벗어난 관측치 -(문제) 회귀모형 적합정도, 결정계수를 떨어뜨림(해결) 삭제 후 회귀모형 적합

영향치 influential: 설명변수 관측값 범위를 벗어났으며, 적합 회귀선 상에 있는 관측값 -(문제) 결정계수 값을 과하게 높이고 회귀계수 유의성 매우 높임 - 잘못된 결론(해결) 설명변수 관측값 주변 관측치를 더 수집한 후 분석, 혹은 제외 후 모형 적합

[진단도구]

- 원 변수 산점도, 잔차-적합치 산점도
- 표준화 잔차나 스튜던트 잔차(선호): $+2$ 이상이면 이상치
- 레버리지 통계량: $h_{ii}$, $H = X(X^T X)^{-1} X^T$행렬의 대각 원소
- Cooked 거리(레버리지): 2*(예측변수 개수+1)/(데이터 크기)를 넘으면 영향치로 판단한다.

[해결방안]

- 이상치: 삭제한다. 회귀모형의 적합성 높아진다(결정계수 높아짐).
- 영향치: 결정계수를 과다 추정하는 경향이 있으므로 제외하고 추정 모형을 예측하는 것이 적절하다.

```
import statsmodels.stats.api as sms
import matplotlib.pyplot as plt
fig, ax=plt.subplots(figsize=(12,8))
fig=sm.graphics.influence_plot(fit, ax=ax, criterion="cooks")
plt.axhline(2)
plt.axhline(-2)
plt.axvline(4/506)
plt.title('outliers and influentials')
plt.show()
```

이상치($y$-축 값이 ±2를 벗어난 관측치)와 영향치(레버리지 값이 수직선, 4/506보다 큰 관측치)가 많이 존재한다.

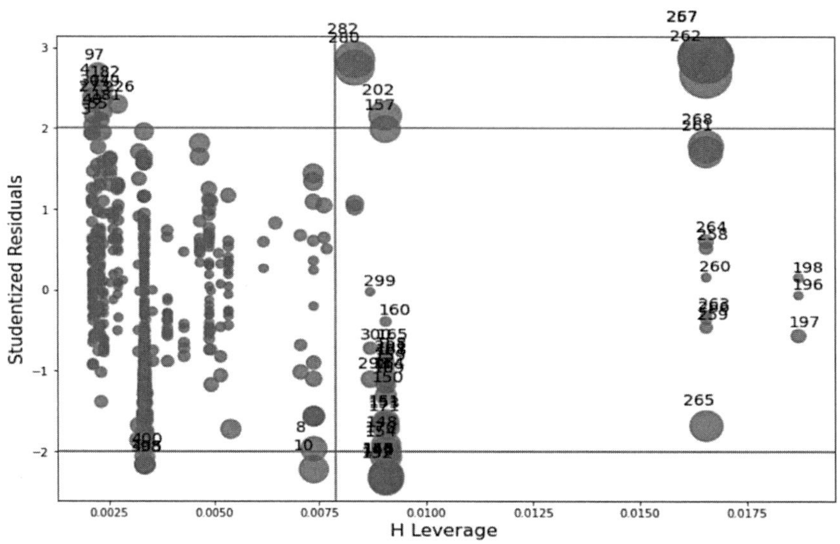


```
infl=fit.get_influence() #영향치, 이상치 관련통계량
df.cook=infl.cooks_distance[0] # cook 거리
df.stres=infl.resid_studentized #스튜던트 잔차
df2=df[(df.stres<2) & (df.stres>-2)] #이상치 제외
df2.shape
```

스튜던트 잔차가 ±2를 넘는 이상치를 제외한 데이터 개수는 506개에서 477개로 줄어든다.

```
(477, 14)
```

### (6) 최종 추정 모형

df2 데이터(이상치 제외) 한 후 주택가격 = 59.6 − 2.06*학생교사비율 , 결정계수는 25.8%에서 34.3%로 높아졌다. 다시 이상치가 발생할 것이고 이를 제외하면 결정계수는 계속 증가한다.

- 학생교사비율이 낮을수록 주택가격은 상승한다. 학생교사 비율이 1단위 낮아지면 그 타운 주택가격은 2.06만불 올라간다.

```
import statsmodels.api as sm
y=df2['PRICE']
X=sm.add_constant(df2['PTRATIO']) #add intercept
fit2=sm.OLS(y, X).fit()
print(fit2.summary())
```

```
                            OLS Regression Results
==============================================================================
Dep. Variable:                  PRICE   R-squared:                       0.343
Model:                            OLS   Adj. R-squared:                  0.342
Method:                 Least Squares   F-statistic:                     248.4
Date:                Mon, 08 Mar 2021   Prob (F-statistic):           2.51e-45
Time:                        04:00:42   Log-Likelihood:                -1534.3
No. Observations:                 477   AIC:                             3073.
Df Residuals:                     475   BIC:                             3081.
Df Model:                           1
Covariance Type:            nonrobust
==============================================================================
                 coef    std err          t      P>|t|      [0.025      0.975]
------------------------------------------------------------------------------
const         59.6514      2.444     24.408      0.000      54.849      64.454
PTRATIO       -2.0622      0.131    -15.762      0.000      -2.319      -1.805
==============================================================================
Omnibus:                        4.679   Durbin-Watson:                   0.795
Prob(Omnibus):                  0.096   Jarque-Bera (JB):                4.465
Skew:                           0.226   Prob(JB):                        0.107
Kurtosis:                       3.141   Cond. No.                         165.
==============================================================================
```

다음 모듈을 이용하면 add_constant() 함수를 사용하지 않아도 자동 상수항이 삽입된다.

```
from statsmodels.formula.api import ols
results=ols('PRICE~PTRATIO',data=df2).fit()
results.summary()
```

| | | | | | |
|---|---|---|---|---|---|
| **Df Model:** | 1 | | | | |
| **Covariance Type:** | nonrobust | | | | |

| | coef | std err | t | P>\|t\| | [0.025 | 0.975] |
|---|---|---|---|---|---|---|
| **Intercept** | 59.6514 | 2.444 | 24.408 | 0.000 | 54.849 | 64.454 |
| **PTRATIO** | -2.0622 | 0.131 | -15.762 | 0.000 | -2.319 | -1.805 |

| | | | |
|---|---|---|---|
| **Omnibus:** | 4.679 | **Durbin-Watson:** | 0.795 |

(7) 예측구간, 신뢰구간 구하기

- 예측변수 X 관측값에 대한 예측구간(obs_), 신뢰구간(mean_)은 다음 함수에 의해 구한다. 만약 (학생교수비율이 21.3인 타운의 주택가격에 대한 추정치와 신뢰구간을 구하려면 다음과 같이 하면 된다.)

```
p=fit2.get_prediction(X)
p.summary_frame()
```

| | mean | mean_se | mean_ci_lower | mean_ci_upper | obs_ci_lower | obs_ci_upper |
|---|---|---|---|---|---|---|
| **0** | 28.099980 | 0.508500 | 27.100792 | 29.099169 | 16.173290 | 40.026670 |
| **1** | 22.944519 | 0.294231 | 22.366363 | 23.522675 | 11.045703 | 34.843335 |
| **2** | 22.944519 | 0.294231 | 22.366363 | 23.522675 | 11.045703 | 34.843335 |
| **3** | 21.088553 | 0.277541 | 20.543194 | 21.633912 | 9.191286 | 32.985821 |

```
fit2.get_prediction([1,12.3]).summary_frame()
```

학생교사 비율이 12.3인 타운 주택가격 추정치는 34.29만불이고 95% 신뢰구간은 (32.6만불, 36만불)이다.

| | mean | mean_se | mean_ci_lower | mean_ci_upper | obs_ci_lower | obs_ci_upper |
|---|---|---|---|---|---|---|
| **0** | 34.286534 | 0.864522 | 32.587774 | 35.985293 | 22.280979 | 46.292088 |

## 6.3.10 회귀모형 활용

단순 회귀모형 활용 방법을 다음 사례를 통하여 살펴보자.

(1) 구단 운영 최소 연봉 및 1승을 위하여 지불해야 하는 연봉?

- 데이터: Keller 『Managerial Statistics』 9판 예제 데이터, MLB 리그 팀 연봉, 승수

```
import pandas as pd
df=pd.read_csv('http://wolfpack.hnu.ac.kr/2015_Fall/D4BE/baseball.csv')
df.info()
```

```
<class 'pandas.core.frame.DataFrame'>
RangeIndex: 30 entries, 0 to 29
Data columns (total 3 columns):
 #   Column   Non-Null Count  Dtype
---  ------   --------------  -----
 0   Team     30 non-null     object
 1   Payroll  30 non-null     float64
 2   Wins     30 non-null     int64
```

구단 연봉이 승수에 영향을 미치므로 목표변수가 승수, 예측변수가 구단 연봉이 되어야 하지만 위의 질문에 답하기 위해서는 목표변수를 구단 연봉으로 해야 한다.

```
import plotly.express as px
fig = px.scatter(df,y='Payroll',x='Wins',text='Team', marginal_y="box",marginal_x="box",tren
dline="ols")
fig.show()
```

추정회귀모형: 구단연봉= 18.14+0.395*(승수) (결정계수 30.1%) 승수=0일 때 18.14 백만불은 구단을 운영하기 위하여 지불하는 최소 연봉이다. 회귀계수 기울기 0.395는 한계 연봉으로 구단이 한 게임을 이기기 위하여 지불해야 하는 연봉은 0.4백만불이다. 승수가 구단 연봉을 30.1%밖에 설명하지 못한다.

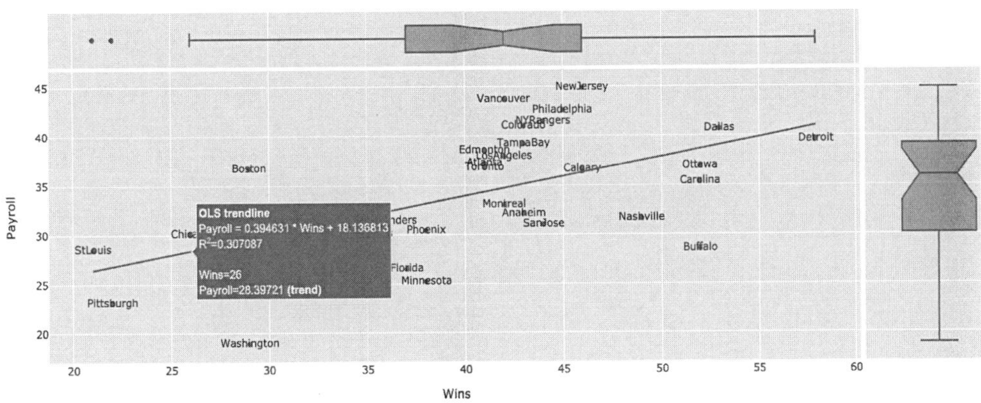

(2) 코스피와 삼성전자 주가

FDR 모듈을 활용하여 2020년 코스피 일 변동, 삼성전자 일 변동 데이터를 불러온 후 df 데이터를 만들고 코스피를 목표변수, 삼성전자를 예측변수로 하여 회귀모형을 추정하였다.

```
!pip install -U finance-datareader
import FinanceDataReader as fdr
df_krx=fdr.StockListing('KRX')
```

```
import pandas as pd
kospi=fdr.DataReader('KS11','2020-01-01','2020-12-31') #코스피
SE=fdr.DataReader('005930','2020-01-01','2020-12-31') #삼성전자
df=pd.concat([kospi['Change'],SE['Change']],axis=1)
df.columns=(['kospi','samsung'])
df.info()
```

```
Data columns (total 2 columns):
 #   Column   Non-Null Count  Dtype
---  ------   --------------  -----
 0   kospi    248 non-null    float64
 1   samsung  248 non-null    float64
```

```
import plotly.express as px
fig = px.scatter(df,y='kospi',x='samsung',trendline="ols")
fig.show()
```

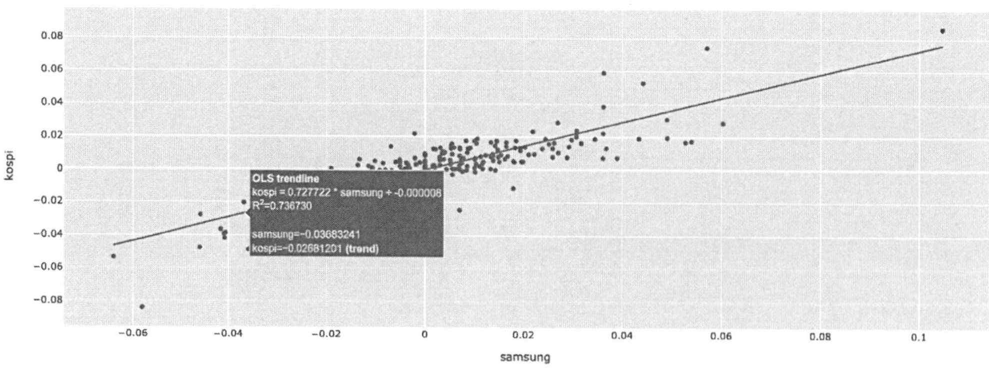


추정회귀모형: $kospi = -0.000008 + 0.728*(samsung)$, 결정계수 73.7%

• 삼성전자 수익 1% 증가는 코스피 수익 0.7% 증가를 가져온다. 삼성전자에 투자하

는 것보다 시장에 투자하는 것이 적절하다. 기울기가 1보다 크다는 것은 관련 주가의 위험이 시장보다 크다는 것을 의미한다.

- 삼성전자 수익률(변동)의 73.7%는 시장 관련된 것이고 나머지 26.3%만 시장 이외 삼성전자 자체에 내재된 위험도이다.

```
import statsmodels.api as sm
from statsmodels.formula.api import ols
results=ols('kospi~samsung',data=df).fit()
results.summary()
```

**Covariance Type:** nonrobust

| | coef | std err | t | P>\|t\| | [0.025 | 0.975] |
|---|---|---|---|---|---|---|
| **Intercept** | -8.247e-06 | 0.001 | -0.014 | 0.989 | -0.001 | 0.001 |
| **samsung** | 0.7277 | 0.028 | 26.237 | 0.000 | 0.673 | 0.782 |

## 6.3.11 예측변수가 지시변수인 회귀모형

(1) 개념

회귀모형에서 예측변수의 형태가 분류형(범주형) 변수인 경우 이 변수를 질적변수(qualitative variable), 지시변수(indicator variable), 혹은 가변수(dummy variable)라 하고 자료 입력 방법이나 결과 해석 방법이 측정형 설명 변수와는 다르다. 설명변수가 모두 범주형 변수인 경우에 대한 분석은 분산분석(ANOVA)을 실시하면 된다. 이 경우 설명변수를 요인(factor)이라 한다(다음 절에 설명).

측정형 예측변수의 경우 회귀 계수는 다른 설명 변수들이 고정인 경우 예측변수 한 단위 증가가 종속 변수를 얼마나 증가(혹은 감소) 시키는가를 나타내는 값이나 지시 설명변수는 그룹에 따른 절편의 차이나 기울기의 차이를 볼 수 있다. 회귀모형에서 지시변수는 여러 개 사용할 수 있으나 너무 많아지면 모형 해석이 용이하지 않으므로 1~2개가 적절하다. 만약 여러 개 지시변수가 있는 경우에는 절편의 차이만을 보거나 관심의 대상이 되는 1-2개의 설명변수와의 기울기 차이를 보는 것이 적절하다.

회귀모형에 사용되는 지시변수의 수준은 2개(0 혹은 1)이어야 하며 3수준 이상이 경우에는 수준 개수보다 하나 적은 지시변수가 필요하다. 이는 지시변수의 역할은 개체의 집단 분류를 의미하기 때문이다. 예를 들어 예측변수가 소득 수준으로 (상, 중, 하)인 경우 지시변수는 개체의 집단을 나누는 역할을 하므로 하나의 지시변수를 사용하면

($D=0,1,2$) 불충분하다. 그러므로 상=(0,0), 중=(1,0), 하=(0,1)로 하는 두 개의 지시변수를 사용해야 한다.

(1) 절편에 영향을 미치는 경우

- 모형: $y_i = \alpha + \gamma D_i + \beta X_i + e_i$, $D_i = 0,\ 1$
- D=0인 경우: $y_i = \hat{\alpha} + \hat{\beta} X_i$
- D=1인 경우: $y_i = (\hat{\alpha} + \hat{\gamma}) + \hat{\beta} X_i$

**예제** 보스턴 주택가격(목표변수)에 대한 예측변수로 학생교사비율과 찰스강(주변지역=1, 그렇지 않은 지역=0) 주변여부를 고려해 보자.

```
from matplotlib import pyplot as plt
import plotly.express as px
fig = px.scatter(df,x='PTRATIO',y='PRICE',color=df['CHAS'].astype(str),
 marginal_y='box',marginal_x='box', trendline="ols")
fig.show()
```

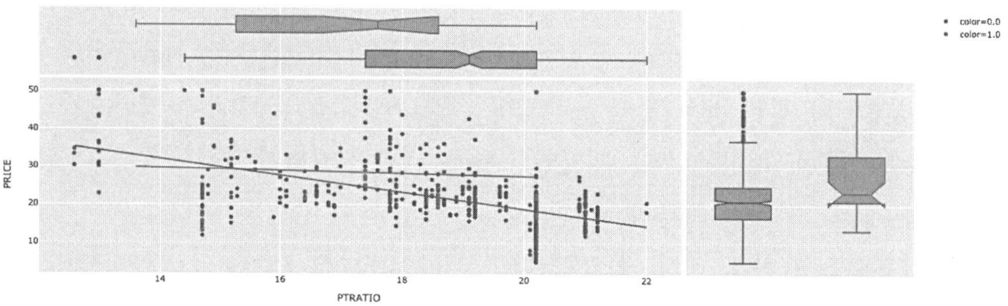


추정모형: (찰스강 주변 지역) 주택가격 = (60.96 + 4.18) − 2.098*(학생교사비율)

(찰스강 주변이 아닌 지역) 주택가격 = 60.96 − 2.098*(학생교사비율)으로 동일한 학생교사 비율이 지역에서 찰스 강 주변 지역의 주택가격이 평균 4.18만불 높다(유의확률이 0.003이므로 매우 유의한 차이).

```
from statsmodels.formula.api import ols
results=ols('PRICE~PTRATIO+C(CHAS)',data=df).fit()
results.summary()
```

| | coef | std err | t | P>\|t\| | [0.025 | 0.975] |
|---|---|---|---|---|---|---|
| Intercept | 60.9579 | 3.041 | 20.048 | 0.000 | 54.984 | 66.932 |
| C(CHAS)[T.1.0] | 4.1735 | 1.389 | 3.005 | 0.003 | 1.445 | 6.902 |
| PTRATIO | -2.0977 | 0.163 | -12.874 | 0.000 | -2.418 | -1.778 |

결정계수 27.1%

(2) 기울기에 영향을 미치는 경우

- 모형: $y_i = \alpha + \gamma D_i + \beta X_i + \lambda D_i X_i + e_i,\ D_i = 0,\ 1$
- D=0인 경우: $y_i = \hat{\alpha} + \hat{\beta} X_i$
- D=1인 경우: $y_i = (\hat{\alpha} + \hat{\gamma}) + \hat{\beta} + \hat{\lambda} X_i$

**예제** 보스턴 주택가격(목표변수)에 대한 예측변수로 학생교사비율과 찰스강(주변지역=1, 그렇지 않은 지역=0) 주변여부를 고려해 보자. 산점도를 보면 기울기도 달라보이므로 기울기 차이 유의성도 검정해 보시오.

```
from statsmodels.formula.api import ols
results=ols('PRICE~PTRATIO+C(CHAS)+PTRATIO*C(CHAS)',data=df).fit()
results.summary()
```

추정모형: (찰스강 주변)

주택가격 = (63.13 − 28.33) + (1.85 − 2.098)*(학생교사비율)

(찰스강 주변이 아닌 지역) 주택가격 = 63.25 − 2.215*(학생교사비율)이다. 찰스강 주변 지역과 그렇지 않은 지역의 절편(유의확률=0.016), 기울기(유의확률=0.006) 차이는 모두 유의하다. 찰스 강 주변 지역의 학생교사비율의 기울기 -0.36(-2.215+1.85), 주변 지역인 아닌 경우 -2.215로 학생교사비율에 따른 주택가격 하락 정도는 낮다. 즉 찰스 강 주변 지역의 주택 가격은 학생교수비율의 영향이 낮다.

| | coef | std err | t | P>\|t\| | [0.025 | 0.975] |
|---|---|---|---|---|---|---|
| Intercept | 63.1253 | 3.119 | 20.238 | 0.000 | 56.997 | 69.253 |
| C(CHAS)[T.1.0] | -28.3322 | 11.761 | -2.409 | 0.016 | -51.440 | -5.224 |
| PTRATIO | -2.2147 | 0.167 | -13.243 | 0.000 | -2.543 | -1.886 |
| PTRATIO:C(CHAS)[T.1.0] | 1.8515 | 0.665 | 2.783 | 0.006 | 0.544 | 3.159 |

결정계수 28.2%

## 6.3.12 다중회귀모형

(1) 개념

목표변수의 변동을 예측변수 하나만으로 설명력이 부족하고 유의한 예측변수 간 영향력 비교가 요구된다.

- 모형: $\underline{y} = X\underline{\beta} + \underline{e}$

- 목표변수 관측치 벡터: $\underline{y}_n = \begin{bmatrix} y_1 \\ y_2 \\ \vdots \\ y_n \end{bmatrix}$

- 예측변수 행렬: $X_{(n\times(p+1))} = \begin{bmatrix} 1 & x_{11} & x_{12} & \cdots & x_{1p} \\ 1 & x_{21} & x_{22} & \cdots & x_{2p} \\ & & \vdots & & \\ 1 & x_{n1} & x_{n2} & \cdots & x_{np} \end{bmatrix}$, 예측변수 벡터: $\underline{x_k}_n = \begin{bmatrix} x_{k1} \\ x_{k2} \\ \vdots \\ x_{kn} \end{bmatrix}$

- 회귀계수 벡터: $\underline{\beta}_{(p+1)} = \begin{bmatrix} \alpha \\ \beta_1 \\ \vdots \\ \beta_p \end{bmatrix}$, 모수 개수 (p+1)개

- 가정: $\underline{e} \sim MVN(\underline{0}, \sigma^2 I_n)$ => 목표변수 분포: $\underline{y} \sim MVN(X\underline{\beta}, \sigma^2 I_n)$

(2) 추정

- OLS 추정: $\hat{\underline{\beta}} = (X'X)^{-1}X'\underline{y}$
- 적합치: $\hat{\underline{y}} = H\underline{y}$, $H = X(X'X)^{-1}X'$ (Hat 행렬, 멱등행렬임)
- 잔차: $\underline{r} = \hat{\underline{e}} = (I - H)\underline{y}$, ($(I-H)$도 멱등행렬임)
- 회귀계수($H_0 : \beta_k = 0$) 유의성 검정: $\dfrac{\hat{b_k}}{s(\hat{\beta_k})} t(n-p-1)$

- $s(\hat{\beta_k})$: $MSE(X'X)^{-1}$의 $k-1$ 번째 대각원소, $MSE = \hat{\sigma^2}$

- 총변동 total sum of squares: $SST = \underline{y}'(I - (\frac{1}{n})J)\underline{y}$, $J$는 1행렬

- 오차변동 error sum of squares: $SSE = \underline{y}'(H - I)\underline{y}$, $MSE = \dfrac{SSE}{n-p-1}$

- 회귀변동 Regression sum of squares: $SSR = \underline{y}'(H - (\frac{1}{n})J)\underline{y}$

**예제** 보스턴 주택가격(목표변수)에 대한 예측변수로 찰스강(주변지역=1, 그렇지 않은 지역=0) 주변여부를 제외한 측정형 변수 모두를 고려하여 모형 추정을 해 보자.

```
import statsmodels.api as sm
y=df['PRICE']
X=sm.add_constant(df.iloc[:,[0,1,2,4,5,6,7,8,9,10,11,12]])
fit=sm.OLS(y, X).fit()
print(fit.summary())
```

추정결과 유의하지 않은 변수(비소매 상업지 비율-INDUS, 1940년 이전 건축 주택비율-AGE) 포함 추정 결과가 출력된다. 경고문에는 다중공선성(multicollinearity) 문제가 발생하고 있음이 출력된다.

| | coef | std err | t | P>\|t\| | [0.025 | 0.975] |
|---|---|---|---|---|---|---|
| const | 36.8920 | 5.147 | 7.168 | 0.000 | 26.780 | 47.004 |
| CRIM | -0.1131 | 0.033 | -3.417 | 0.001 | -0.178 | -0.048 |
| ZN | 0.0471 | 0.014 | 3.398 | 0.001 | 0.020 | 0.074 |
| INDUS | 0.0403 | 0.062 | 0.653 | 0.514 | -0.081 | 0.162 |
| NOX | -17.3670 | 3.851 | -4.509 | 0.000 | -24.934 | -9.800 |
| RM | 3.8505 | 0.421 | 9.137 | 0.000 | 3.023 | 4.678 |
| AGE | 0.0028 | 0.013 | 0.209 | 0.834 | -0.023 | 0.029 |
| DIS | -1.4854 | 0.201 | -7.383 | 0.000 | -1.881 | -1.090 |
| RAD | 0.3283 | 0.067 | 4.934 | 0.000 | 0.198 | 0.459 |
| TAX | -0.0138 | 0.004 | -3.653 | 0.000 | -0.021 | -0.006 |
| PTRATIO | -0.9910 | 0.131 | -7.542 | 0.000 | -1.249 | -0.733 |
| B | 0.0097 | 0.003 | 3.600 | 0.000 | 0.004 | 0.015 |
| LSTAT | -0.5342 | 0.051 | -10.459 | 0.000 | -0.635 | -0.434 |

| | | | |
|---|---|---|---|
| Omnibus: | 190.856 | Durbin-Watson: | 1.016 |
| Prob(Omnibus): | 0.000 | Jarque-Bera (JB): | 898.352 |
| Skew: | 1.619 | Prob(JB): | 8.42e-196 |
| Kurtosis: | 8.668 | Cond. No. | 1.51e+04 |

```
Warnings:
[1] Standard Errors assume that the covariance matrix of the errors is correctl
[2] The condition number is large, 1.51e+04. This might indicate that there are
strong multicollinearity or other numerical problems.
```

### (3) 유의한 변수 선택

목표변수에 영향을 줄 것으로 판단하여 설정한 예측변수들이 모두 유의한 영향을 미치지는 않는다. 그러므로 유의한 수준의 영향력을 갖는 예측변수들을 선택은 필요하다.

유의하지 않은 예측변수도 적합성(결정계수 값을 항상 크게 함) 측면에서는 유지하는 것이 적절하나 Occam's Razor(단순한 것이 복잡한 것보다 선호된다. 통계학에서 유의성 검정하는 근거)에 의해 유의한 변수를 선택하는 것이 필요하다.

전통적인 변수선택 방법은 전진삽입(목표변수와 가장 유의한 예측변수를 유의한 예측변수 없을 때까지 단계적으로 하나씩 삽입하는 방법), 후진제거(모든 예측변수를 삽입한 상태에서 가장 유의하지 않은 변수를 모두 유의한 예측변수가 남을 때까지 하나씩 제거하는 방법) 등이 있다. 일반적으로 후진제거 방법이 많이 사용되나 예측변수가 많은 경우(10개 이상)에는 전진삽입이 더 적합하다.

빅데이터에서 변수선택은 Features Selection이라 하며, 변수의 중요도를 판단하는 LASSO 방법, 최적 모형을 선택하는 Univariate 선택, Recursive Features 선택 방법 등이 있다.

① 전진삽입 forward

설정한 예측변수 중 목표변수와 설명력이 가장 큰(F-통계량이 가장 크다 ↔ 유의확률이 가장 낮다) 예측변수를 선택한다. 일단 유의한 변수가 선택되면 그 변수가 목표변수의 변동을 설명하고 남은 변동을 가장 많이 설명하는 예측변수를 차례로 선택한다. 이미 선택된 예측변수의 유의성을 재검정 하는 방법을 단계삽입(stepwise) 방법이라 한다.

**예제** 보스턴 주택가격(목표변수)에 대한 예측변수로 찰스강(주변지역=1, 그렇지 않은 지역=0) 주변여부를 제외한 측정형 변수 모두를 고려하여 전진삽입 방법으로 유의변수를 선택하시오.

유의수준을 10%로 하는 이유는 충분히 많은 예측변수를 선택한 후, 다중공선성 진단, 이상치&영향치 진단 후 최종 예측모형을 얻는 것이 적절하다.

```
#forward selection
import statsmodels.api as sm
def forward_selection(data, target, significance_level=0.1):
  initial_features = data.columns.tolist()
  best_features = []
while (len(initial_features))>0):
  remaining_features = list(set(initial_features)-set(best_features))
```

```
  new_pval = pd.Series(index=remaining_features)
for new_column in remaining_features:
  model = sm.OLS(target, sm.add_constant(data[best_features+[new_column]])).fit()
  new_pval[new_column] = model.pvalues[new_column]
  min_p_value = new_pval.min()
  if(min_p_value<significance_level):
  best_features.append(new_pval.idxmin())
else:
break
return best_features
```

반드시 아래 그림처럼 코딩의 indent를 맞추어야 한다.

```
#forward selection
import statsmodels.api as sm
def forward_selection(data, target, significance_level=0.1):
    initial_features = data.columns.tolist()
    best_features = []
    while (len(initial_features)>0):
        remaining_features = list(set(initial_features)-set(best_features))
        new_pval = pd.Series(index=remaining_features)
        for new_column in remaining_features:
            model = sm.OLS(target, sm.add_constant(data[best_features+[new_column]])).fit()
            new_pval[new_column] = model.pvalues[new_column]
        min_p_value = new_pval.min()
        if(min_p_value<significance_level):
            best_features.append(new_pval.idxmin())
        else:
            break
    return best_features
```

유의수준 10%에서 유의한 예측변수는 아래 10개이다. 그 10개 예측변수를 이용하여 추후 분석을 하려면 이를 다음과 같이 활용하면 된다.

```
y=df['PRICE']
X=df.drop(columns=['CHAS','PRICE'])
forward_selection(X,y)
```

```
['LSTAT', 'RM', 'PTRATIO', 'DIS', 'NOX', 'B', 'ZN', 'CRIM', 'RAD', 'TAX']
```

```
df_x=df[forward_selection(X,y)]
```

② 후진제거 backward

설정한 모든 예측변수 중 목표변수와 설명력이 가장 낮고 유의하지 않은(F-통계량이 가장 크고 유의확률이 설정한 유의수준보다 큼) 예측변수를 제거한다. 동일한 방법으로 유의하지 않은 순서대로 제거한다.

**예제** 보스턴 주택가격(목표변수)에 대한 예측변수로 찰스강(주변지역=1, 그렇지 않은 지역=0) 주변여부를 제외한 측정형 변수 모두를 고려하여 후진제거 방법으로 유의변수를 선택하시오.

유의수준을 10%로 유의하지 않은 예측변수를 제거한 결과는 다음과 같다. 코딩의 indent에 주의해야 한다.

```
#Backward Elimination
import statsmodels.api as sm
y=df['PRICE']
X=df.drop(columns=['PRICE','CHAS'])
sig_level=0.1; cols = list(X.columns); pmax = 1
while (len(cols)>0):
  p= []
  X_1 = X[cols]
  X_1 = sm.add_constant(X_1)
  model = sm.OLS(y,X_1).fit()
  p = pd.Series(model.pvalues.values[1:],index = cols)
  pmax = max(p)
  feature_with_p_max = p.idxmax()
  if(pmax>sig_level):
  cols.remove(feature_with_p_max)
else:
break
selected_features_BE = cols
print(selected_features_BE)
```

```
#Backward Elimination
import statsmodels.api as sm
y=df['PRICE']
X=df.drop(columns=['PRICE','CHAS'])
sig_level=0.1; cols = list(X.columns); pmax = 1
while (len(cols)>0):
```

```
    p= []
    X_1 = X[cols]
    X_1 = sm.add_constant(X_1)
    model = sm.OLS(y,X_1).fit()
    p = pd.Series(model.pvalues.values[1:],index = cols)
    pmax = max(p)
    feature_with_p_max = p.idxmax()
    if(pmax>sig_level):
        cols.remove(feature_with_p_max)
    else:
        break
selected_features_BE = cols
print(selected_features_BE)
```

```
['CRIM', 'ZN', 'NOX', 'RM', 'DIS', 'RAD', 'TAX', 'PTRATIO', 'B', 'LSTAT']
```

③ Recursive Features Selection

설정한 예측변수 개수 기준 목표변수의 변동을 가장 잘 설명하는(결정계수 가장 큰, 분산분석의 F-통계량이 가장 큼) 예측변수 군을 선택한다. 최적 예측변수 5개 군은 (NOX, RM, DIS, PTRATIO, LSTAT)이다.

```
#Recursive Feature Elimination
from sklearn.feature_selection import RFE
from sklearn.svm import SVR
estimator = SVR(kernel="linear")
selector = RFE(estimator,5, step=1)
selector = selector.fit(X, y)
pd.concat([pd.DataFrame(X.columns),pd.DataFrame(selector.support_)],axis=1)
```

|  | 0 | 0 |
|---|---|---|
| 0 | CRIM | False |
| 1 | ZN | False |
| 2 | INDUS | False |
| 3 | NOX | True |
| 4 | RM | True |
| 5 | AGE | False |
| 6 | DIS | True |
| 7 | RAD | False |
| 8 | TAX | False |
| 9 | PTRATIO | True |
| 10 | B | False |
| 11 | LSTAT | True |

④ LASSO 방법

Least Absolute Shrinkage and Selection Operator는 목표변수에 대한 예측변수의 영향도 크기에 따라 회귀계수의 크기를 상대적으로 나타내어 중요한 변수를 선택하게 한다. 회귀계수를 추정하는 방법은 $OLS(L(y_i, \hat{y_i})) + \lambda \sum |\beta_i|$(제약조건 $\sum | \beta_j | \leq p$)이다. 만약 $\lambda = 0$이면 OLS 추정치와 동일하고 $\lambda$ 값을 증가하면 추정 편이가 증가하고 제거되는 예측변수의 개수가 많아진다.

```
from sklearn import linear_model
import matplotlib.pyplot as plt
lassoReg=linear_model.Lasso(alpha=0.1, fit_intercept=True, normalize=True)
fit=lassoReg.fit(X,y)
plt.title('Reg. Coefficients of (Motality)')
plt.plot(fit.coef_)
plt.show()
```

가장 영향력이 큰 변수는 RM, 그 다음은 LSTAT, PTRATIO 순이다.

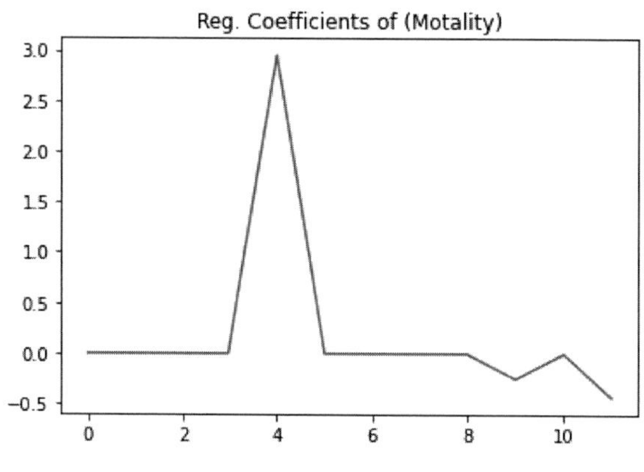


| | Var | Coeff |
|---|---|---|
| 0 | CRIM | -0.000000 |
| 1 | ZN | 0.000000 |
| 2 | INDUS | -0.000000 |
| 3 | NOX | -0.000000 |
| 4 | RM | 2.954695 |
| 5 | AGE | -0.000000 |
| 6 | DIS | 0.000000 |
| 7 | RAD | -0.000000 |
| 8 | TAX | -0.000000 |
| 9 | PTRATIO | -0.247958 |
| 10 | B | 0.000000 |
| 11 | LSTAT | -0.428174 |

```
var_nm=pd.Series(X.columns,name='Var')
coeff=pd.Series(fit.coef_,name='Coeff')
pd.concat([var_nm,coeff],axis=1)
```

### (4) 다중공선성 진단

다중회귀모형은 목표변수와 예측변수들 간의 관계에 대한 유의성 검정(F-검정)과 각 예측변수의 유의성(t-검정)에 대한 관심과 더불어 다음이 중요하다.

- 서로 다른 예측변수의 상대적 중요 정도는 무엇인가? (표준화 회귀계수)
- 목표변수에 대한 예측변수의 설명력의 크기는 얼마인가? (OLS 추정 회귀계수 예측 변수의 한 단위 증감 시 목표변수는 $\widehat{\beta_k}$만큼 변동한다.

이런 해석은 다른 예측변수들이 고정되었다는 가정이 필요하다. 즉, 예측변수가 서로 독립(상관계수 0)이면 예측변수의 회귀계수에 의해 위의 질문에 답이 가능하다. 그러나 현실에서 예측변수가 완벽하게 독립인 경우는 없다. 예측변수들 간 상관계수가 낮으면 (유의하지 않으면) 여전히 회귀계수 해석이 적절하다.

그러나 만약 예측변수 간에 상관관계가 높으면(유의하면) OLS 추정과 검정(추정 분산이 변함)이 쓸모가 없게 되는데 이를 다중공선성(Multicollinearity) 문제라 한다. 예측변수 간의 상관관계가 높다는 것은 (변수의 유사성이 높다는 것이고) 목표변수를 설명하는 부분이 겹친다는 것이다.

예측변수(X) 간의 상관관계가 높으면(예: 두 설명변수의 상관관계가 높으면 (데이터 행렬의 한 열(변수)이 다른 열(변수와 상관계수가 큰 변수) $|X'X| \approx 0$되고 $(X'X)^{-1}$의 값은 불안정하게 되어 OLS 추정치, $\hat{\beta}=(X'X)^{-1}X'y$가 불안정해진다. 그리고 추정분산 $s^2(\hat{\beta}) = MSE(X'X)^{-1}$ 매우 커져 회귀계수의 부호까지 바뀌는 문제가 발생한다. 회귀계수 추정오차가 커지면 추정 정확도가 떨어지고 더 이상 회귀계수 유의성을 판단하는 유의확률 (p-값)에 대한 신뢰성도 낮아진다.

#### ① 진단통계량: 분산팽창지수

k번째 예측변수, $X_k$을 종속변수($Y$)로 하고 나머지 예측변수를 설명변수로 하여 회귀분석의 결정계수($R^{2_k}$)를 구한다. 결정계수, $R^{2_k}$ 값이 크다는 것은 $X_k$가 다른 예측변수들에 의해 충분히 설명되고 있다는 것을 의미하므로 다중공선성 문제가 발생할 수 있다는 증거이다.

- 분산팽창지수(Variance Inflation Index): $VIF_k = \dfrac{1}{1-R_k^2}$

- 일반적으로 VIF 진단 기준값은 상이함
- 10 이상: (Hair, J. F. Jr., Anderson, R. E., Tatham, R. L. & Black, W. C. (1995). Multivariate Data Analysis (3rd ed). New York: Macmillan.)
- 5이상: Ringle, Christian M., Wende, Sven, & Becker, Jan-Michael. (2015)

```
from statsmodels.stats.outliers_influence import variance_inflation_factor
vif = pd.DataFrame()
X=df[['CRIM', 'ZN', 'NOX', 'RM', 'DIS', 'RAD', 'TAX', 'PTRATIO', 'B', 'LSTAT']]
vif["VIF Factor"] = [variance_inflation_factor(X.values, i) for i in range(X.shape[1])]
vif.index=X.columns; print(vif)
```

전진변수 선택방법에 의해 유의한 예측변수 'CRIM', 'ZN', 'NOX', 'RM', 'DIS', 'RAD', 'TAX', 'PTRATIO', 'B', 'LSTAT', 'CRIM', 'ZN' 만으로 다중공선성 문제 진단 결과 CRIM, ZN을 제외하고는 다중공선성 문제를 발생시키고 있다(기준값=5).

```
         VIF Factor
CRIM       2.090951
ZN         2.767375
NOX       62.254662
RM        71.529618
DIS       11.997899
RAD       13.897005
TAX       49.266217
PTRATIO   83.098675
B         19.947226
LSTAT      9.819912
```

② 진단통계량: 상태지수

- 예측변수의 공분산(상관계수)행렬을 이용하여 고유값($\lambda_k$)을 구한다.
- 상태지수(Condition Index): $CI = \sqrt{\dfrac{\lambda_{max}}{\lambda_k}}$
- 고유값은 원변수(설명변수)의 선형결합에 의해 만들어진 주성분 변수의 원변수 변동에 대한 설명력이므로 고유값이 크다는 것은(상태지수 값이 큰 값) 주성분의 원변수 변동에 설명력이 크다는 것을 의미한다. 즉 고유벡터 내의 부하크기가 상대적으로 큰 변수들 간에는 상관관계가 높다는 것을 의미한다.

• 상태지수가 10이상(일반적으로 30이상)인 부하벡터에서 부하계수가 상대적으로 큰 변수들에 의해 다중공선성 문제가 발생한다고 진단할 수 있다.

```
import statsmodels.api as sm
y=df['PRICE']
x=df[['CRIM', 'ZN', 'NOX', 'RM', 'DIS', 'RAD', 'TAX', 'PTRATIO', 'B', 'LSTAT']]
X=sm.add_constant(x)
fit=sm.OLS(y, X).fit()
print(fit.summary())
```

위의 회귀모형 추정함수를 실행하면 다중공선성 문제가 발생한 경우 분석결과 하단에 다음의 경고가 자동 출력된다.

```
Warnings:
[1] Standard Errors assume that the covariance matrix of the errors is correctly
[2] The condition number is large, 1.51e+04. This might indicate that there are
strong multicollinearity or other numerical problems.
```

③ 해결방법

• 제거: 다중공선성 문제를 일으킨 예측변수를 제거한다. 가장 널리 추천되는 방법이다.
• 주성분분석 활용: 예측변수들을 이용하여 주성분변수(서로 독립이며 원 예측변수의 선형결합)를 도출하고 주성분변수를 예측변수로 하여 회귀분석 실시한다. 주성분 변수에 대한 속성(이름 부여) 탐색이 어려워 권하지 않는 방법이다.
• 능형회귀분석: $\hat{\beta}=(X'X+cI)X'y$ (편기추정량, $c=0$이면 OLS 추정량)를 이용하여 $MSE$ 최소화 하는 추정방법으로 이 역시 $c$값을 설정하는 것이 주관적이어서 널리 사용되지 않는다.

④ 자동진단 및 제거

분산팽창지수 5을 기준으로 다중공선성 문제를 진단한 결과이다.

```
x=df[['CRIM', 'ZN', 'NOX', 'RM', 'DIS', 'RAD', 'TAX', 'PTRATIO', 'B', 'LSTAT']]
from statsmodels.stats.outliers_influence import variance_inflation_factor
def calculate_vif_(X, thresh=5.0):
 variables = list(range(X.shape[1]))
 dropped = True
while dropped:
 dropped = False
```

```
vif = [variance_inflation_factor(X.iloc[:, variables].values, ix) for ix in range(X.iloc[:, variables].shape[1])]
 maxloc = vif.index(max(vif))
if max(vif) > thresh:
print('dropping ₩'' + X.iloc[:, variables].columns[maxloc] +'₩' at index: ' + str(maxloc))
del variables[maxloc]
 dropped = True
print('Remaining variables:')
print(X.columns[variables])
return X.iloc[:, variables]
X0=calculate_vif_(X)
```

```
dropping 'PTRATIO' at index: 7
dropping 'NOX' at index: 2
dropping 'TAX' at index: 5
dropping 'RM' at index: 2
dropping 'B' at index: 4
Remaining variables:
Index(['CRIM', 'ZN', 'DIS', 'RAD', 'LSTAT'], dtype='object')
```

(5) 회귀진단

```
import statsmodels.api as sm
y=df['PRICE']
x=df[['CRIM', 'ZN', 'DIS', 'LSTAT']]
df2=pd.concat([y,x],axis=1)
X=sm.add_constant(x)
fit=sm.OLS(y, X).fit()
print(fit.summary())
```

RAD 예측변수는 유의확률이 0.198이어서 최종 모형에서 제외하였다. 최종 회귀진단에 사용한 데이터프레임은 df2이다.

| | coef | std err | t | P>\|t\| |
|---|---|---|---|---|
| const | 39.5195 | 0.971 | 40.711 | 0.000 |
| CRIM | -0.1351 | 0.035 | -3.889 | 0.000 |
| ZN | 0.0985 | 0.015 | 6.528 | 0.000 |
| DIS | -1.4542 | 0.179 | -8.129 | 0.000 |
| LSTAT | -0.9562 | 0.045 | -21.312 | 0.000 |

결정계수 60.4%

① 정규성 검정

여전히 정규분포를 따르지 않는다. 목표변수(주택가격) 분포함수에서 치우침 발견하지 못했고 데이터 크기가 충분히 크므로 정규성 가정이 무너져도 큰 문제는 없다. 단 주택가격이 찰스강 주변여부에 따라 차이가 있으므로(쌍봉 분포형태) 이를 예측변수로 고려하면 정규성 문제를 해결할 수 있을 것이다.

```
from scipy.stats import shapiro
shapiro(fit.resid)[0:2]
```

```
(0.9005125761032104, 1.2354495005128654e-17)
```

② 등분산 검정 검정

등분산 가정을 만족한다.

```
import statsmodels.stats.api as sms
sms.het_goldfeldquandt(fit.resid,fit.model.exog)[0:2]
```

```
(1.0853054850038595, 0.25983996048303826)
```

③ 이상치 영향치 진단

영향치 진단 기준은 $\frac{2(p+1)}{n}$, 이상치 진단 기준은 ±2이다.

```
import statsmodels.stats.api as sms
import matplotlib.pyplot as plt
fig, ax=plt.subplots(figsize=(12,8))
fig=sm.graphics.influence_plot(fit, ax=ax, criterion="cooks")
plt.axhline(2)
plt.axhline(-2)
plt.axvline(10/506)
plt.title('outliers and influentials')
plt.show()
```

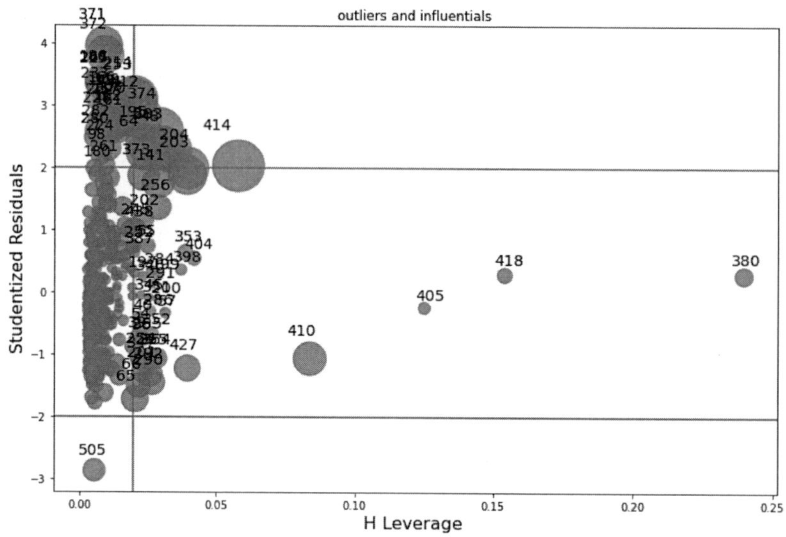


```
infl=fit.get_influence() #영향치, 이상치 관련통계량
df2.cook=infl.cooks_distance[0] # cook 거리
df2.stres=infl.resid_studentized #스튜던트 잔차
df3=df2[(df2.stres<2) & (df2.stres>-2)] #이상치 제외
import statsmodels.api as sm
y=df3['PRICE']
x=df3[['CRIM', 'ZN', 'DIS', 'LSTAT']]
X=sm.add_constant(x)
fit=sm.OLS(y, X).fit()
print(fit.summary())
```

| | coef | std err | t | P>\|t\| |
|---|---|---|---|---|
| const | 35.3272 | 0.781 | 45.238 | 0.000 |
| CRIM | -0.1556 | 0.025 | -6.295 | 0.000 |
| ZN | 0.0924 | 0.011 | 8.483 | 0.000 |
| DIS | -1.0555 | 0.135 | -7.832 | 0.000 |
| LSTAT | -0.8177 | 0.036 | -22.970 | 0.000 |

결정계수=69.8%

# 6.4 분산분석

## 6.4.1 개념

서로 독립인 모집단이 3개 이상인 경우 평균을 비교하거나(일원 분산 분석) 범주형 설명 변수(이를 요인, 처리 효과라 함)가 2개 이상인 인과 관계(이원, 다원 분산 분석) 분석을 분산 분석이라 한다. 분산 분석의 개념은 Fisher에 의해 정립되었으며, 분석 데이터는 주로 실험 계획에 의해 수집된다.

요인의 수준이 $k$인 일원 배치 실험과 $k$개의 모집단 중앙 위치에 대한 비교를 위한 자료 수집을 비교하면 다음과 같다.

| | 일원 배치 설계 | | | | 모집단 중앙 |
|---|---|---|---|---|---|
| 요인 | 1 | 2 | … | 반복 수 | 위치 비교 |
| 1 | $y_{11}$ | $y_{12}$ | $\dots y_{1n1}$ | $n_1$ | $y_{11}$ $y_{12}$ $\cdots$ $y_{1n1}$ |
| 2 | $y_{21}$ | $y_{22}$ | $\dots y_{2n2}$ | $n_2$ | $y_{21}$ $y_{22}$ $\cdots$ $y_{2n2}$ |
| … | … | … | | … | … |
| k | $y_{k1}$ | $y_{k2}$ | $\dots y_{knk}$ | $n_k$ | $y_{k1}$ $y_{k2}$ $\cdots$ $y_{1nk}$ |

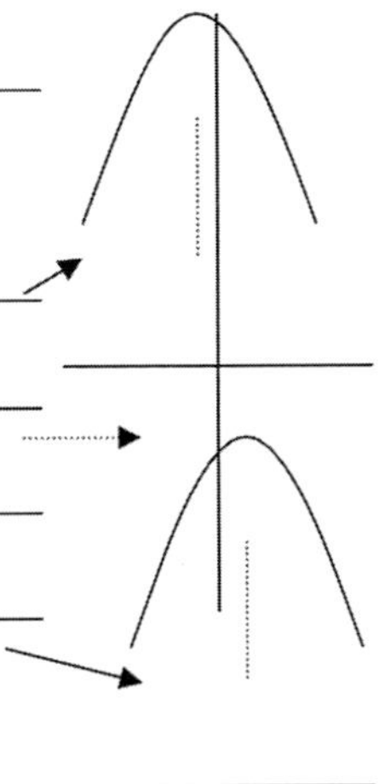

총 평균 (grand mean)

표본 평균을 이용하여 모집단의 평균의 차이를 검정한다. 총 평균과 각 모집단의 평균의 차이가 크면 평균의 차이가 있을 것이다. 분산분석은 자료의 총 변동(SST)을 처리 변동과(SStr: 총 평균과 각 모집단 평 균차이 제곱합) 오차 변동(SSE=SST-SStr)으로 나누고 처리 변동이 오차 변동에 비해 많이 크면 모집단 평균의 차이가 있다, 즉 처리 효과의 차이가 있다고 결론 내린다. 물론 일원 분산 분석에서도 각 모집단의 분산은 등분산이어야 한다는 가정이 필요하다. 분산 분석 방법의 경우 반복 수는 크지 않으므로 대표본 성질을 이용할 수 없고 분산(변동)의 비(ratio)가 $F-$검정을 따른다는 것을 이용하여 분석하므로 가정을 하게 되는데 이것이 정규성 가정(normality assumption)이다.

### (1) 실험

관심 대상에 대한 정보를 얻기 위한 계획된 실험 혹은 관측을 한다.

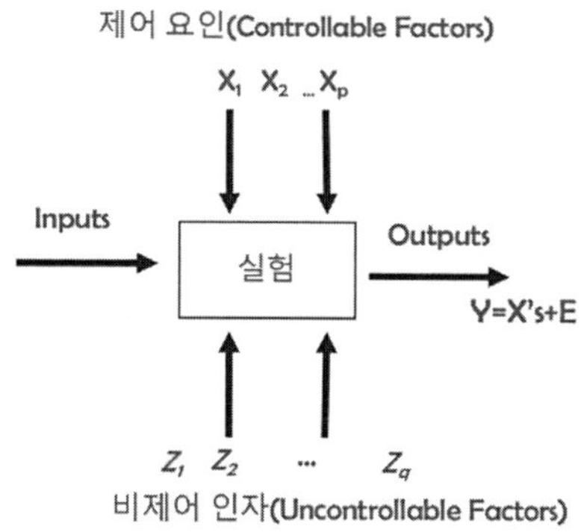


- 절대실험 absolute experiment: 3G 서비스에 대한 고객 만족도 조사와 같이 현상을 관찰(관측, 조사)하여 관심 대상에 어떤 현상이 나타나는지 분석한다.
- 비교실험 comparative experiment: 기존 마케팅 전략과 새로운 마케팅 전략 비교하는 실험이다. 관심 현상에 영향을 미치는 요인(factor)을 조절하여 반응(response) 변수의 변화를 분석한다.

### (2) 용어

**예제** 물고기 사료(기존 사료 $A$, 새로 개발된 사료= $B$)의 몸무게 증가 효과를 보기 위하여 어항 4개(성장 환경 동일), 물고기 12마리(몸무게 유사, 성장 속도 유사)를 랜덤하게 선택하여, 각 어항에 3마리 물고 기 배정 후, 2개 어항에 각각 $A$, $B$ 사료를 주고 2주 후에 몸무게를 측정하였다.

- 실험단위: 처리(실험조건, 요인 수준)가 가해지는 최소단위 - 어항
- 관찰단위: 개체의 최소단위 ; 물고기
- 반응(response): 관심 대상의 측도, output, $Y$ - 2주후 물고기 몸무게
- 요인(factor): 제어 가능하며 반응에 영향을 주는 인자 $X$ - 사료
- 수준(level): 실험에 사용되는 요인의 값 - $A$, $B$

통제집단과 실험집단

- 통제집단: 기존 방법을 적용하는 집단을 의미하며 위의 사례에서는 사료(A)를 준 물고기를 의미한다.
- 비교집단: 새로 개발된 방법을 적용한 집단을 의미하며 효과 검정의 대상이 된다. 위의 사례에서는 사료(B)을 먹인 물고기를 의미한다.

Placebo 효과

- 위염 치료 를 위하여 인공적 가스 주입이 효과가 있는 것처럼 나타나 내과에서 한

동안 이를 치료 방법으로 사용하였다. 즉, 치료를 받았기 때문에 통증이 완화되었을 것이라고 믿는 효과이다. ㉮ 노인이 병원을 자주 찾는 이유

- (해결책) Blind 실험: 위약과 치료약을 환자가 구별하지 못하게 하는 실험을 의미한다.
- 그러나 실험자가 안다면? 치료약 복용에 환자에게 주된 관심을 보임. 이를 해결하는 방법 double blind(실험자도 어느 것이 위약인지 치료약인지 모르게 함)을 사용한다.

(3) 실험설계 원리

① Randomization(랜덤화)

실험단위의 배정과 실험순서를 랜덤하게 결정하여 실험의 객관성을 보장한다.

- 관심 요인 외에 기타 원인들의 영향이 실험결과에 미치지 않게 한다.
- 시간에 따라 변하는 인자의 효과나 경향을 실험을 시간대에 대해 균일하게 배치함으로써 약화시킬 수 있다.

② Blocking(블록화)

- 랜덤화 불가능, 실험의 정도를 높인다.
- 동일한 성질을 가진 단위들의 집합(Block)이다.
- 실험전체를 시간적 혹은 공간적으로 분할하여 Block 을 만들어 주면 각 Block 내에서는 실험환경이 균일하게 되어 좀더 좋은 결과를 얻을 수 있다.
- Block 은 실험 계획시 또 다른 독립변수(요인)로 취급해야 한다.
- 실험이 이틀에 걸쳐서 수행되었다고 하면 실험일을 Block 이라 한다.

③ Replication(반복)

- 동일 처리를 2번 이상의 실험단위에 가한다.
- 실험의 재현성을 알아보기 위한 방법: 실험결과의 신뢰성을 높일 수 있다.
- 오차 변동을 계산할 수 있다.

Repetition: 같은 조건에서 여러 번 반복 실험, 관측치는 평균 하나만 사용하게 된다. 이는 실험의 정도(precision)을 높이기 위함이다. 즉 집단 내 변동의 크기를 줄이는 역할을 한다.

(4) 기타 용어

- 주효과(main effect): 요인이 각각 개별적으로 반응변수에 미치는 영향이다.
- 교호효과(interaction effect): 두 요인의 결합조건이 반응변수에 미치는 영향을 의미한다.
- 교락(confounding): 두 개 이상의 효과를 분리할 수 없는 경우를 의미한다.

### 6.4.2 실험설계 방법

(1) 완전임의설계

요인의 수준이 개이고 각 수준의 반복 수를 라고 한다면 다음과 같은 실험 설계표를 만들고 각 셀에 $1-n$까지 번호를 차례로 매긴다. 난수표에 의해 실험 순서를 정하고 실험을 실험 단위(unit)에 실시하면 된다. 그러므로 일원 분산의 실험 설계는 각 셀에 번호를 부여한 후 난수를 이용하여 실험 순서를 결정하므로 이를 완전 임의실험 설계(CRD: Completely Randomized Design)라 부르기도 한다.

비료 종류($A$, $B$, $C$)에 따른 벼 수확량의 차이를 알아보기 위하여 실험을 한다고 하자. 반복 수는 각 비료에 대해 4번을 한다면 실험을 위해 총 12곳의 경작지가 필요하다.

12 경작지가 땅의 비옥도가 동일하다면 CRD 방법을 이용하여 실험하면 된다. 난수표를 이용하여 임의로 비료를 배정할 수도 있지만 총 실험 수가 많지 않으므로 12장의 종이에 각 번호를 적고 던진 후 하나씩 선택하여 실험을 배정하면 된다. 만약 1, 5, 2, 7, 12, 10, ⋯, 3 순으로 선택하였다면 다음과 같다.

(2) 블록설계

만약 경작지 아래 개천이 흐른다면 물로부터 거리에 따라 땅의 비옥도의 차이는 있을 것이므로 CRD 방법은 적합하지 않다. 물의 위치에 따라 경작지를 나누고(블록화: block) 각 블록 내에서 각 비료를 하나씩 임의(randomized)로 배정하는 실험 계획을 실시하면 된다. 이를 Randomized Block Design이라 한다. 행이(물에서 먼 정도) 블록이 되는 RBD 설계의 예이다.

| ① | ② | ③ |
|---|---|---|
| ④ | ⑤ | ⑥ |
| ⑦ | ⑧ | ⑨ |
| ⑩ | ⑪ | ⑫ |

| ①A | ②A | ③C |
|---|---|---|
| ④B | ⑤A | ⑥B |
| ⑦A | ⑧C | ⑨C |
| ⑩B | ⑪C | ⑫B |

| A | B | C |
|---|---|---|
| A | C | B |
| C | A | B |
| B | C | A |

## 6.4.3 일원분산분석 모형

(1) 모형 및 가정

- 모형: $y_{ij}=\mu+A_i+e_{ij}$
- 첨자 $i$: 요인 A의 수준, $i=1,2,...,k$, 즉 요인(처리효과) A의 수준 수는 $k$이다.
- 총 데이터 개수 $n=\sum n_{i,} n_i$ =요인 $i-$수준(집단) 반복 수
- 첨자 $i$는 요인 수준(집단)을 나타내며 $i=1,\ 2,\ \cdots,\ k$
- 첨자 $j$는 요인하의 반복 크기를 의미하며 $j=1,\ 2,\ \cdots,\ n_i$
- $\mu$: 반응변수의 모집단 총평균
- $\mu_i=\mu+\alpha_i$: 요인 A 의 수준 $i$의 모평균
- $e_{ij}\sim iidN(0,\sigma^{2)}$ 오차항은 독립이며 정규분포를 따르고 분산은 동일하다.

(2) 모수 추정(MVUE)

- 총평균: $\overline{\mu}=\sum_i\sum_j y_{ij}/n=\overline{y}$
- 요인 수준 $i$ (모집단) 평균: $\mu_i=\sum_j y_{ij}/n_i=\overline{y_i}$

## 6.4.4 분산분석표

반응변수의 총변동을 요인의 의해 설명되는 변동(요인의 수준 평균의 차이가 설명하는 변동 크기)과 설명되지 않은 변동(오차변동)으로 나눈다.

(1) 변동분해

총변동(③)=집단간 변동(②)+집단내 변동(①)

- ③$=\sum\sum(y_{ij}-\bar{y})^2$ 반응변수의 총변동(SST)
- ②$=\sum\sum(\bar{y_i}-\bar{y})^2$ 요인 설명변동(SSBetween, SSA)
- ①$=\sum\sum(y_{ij}-\bar{y}_i)^2$ 오차변동(SSError, SSWithin)

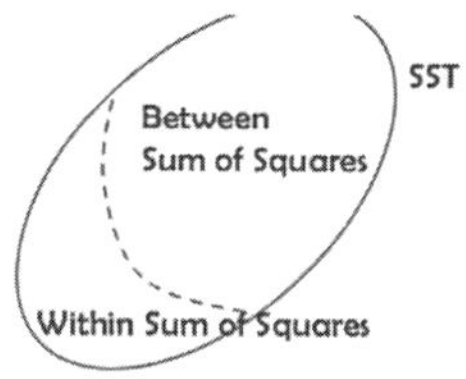


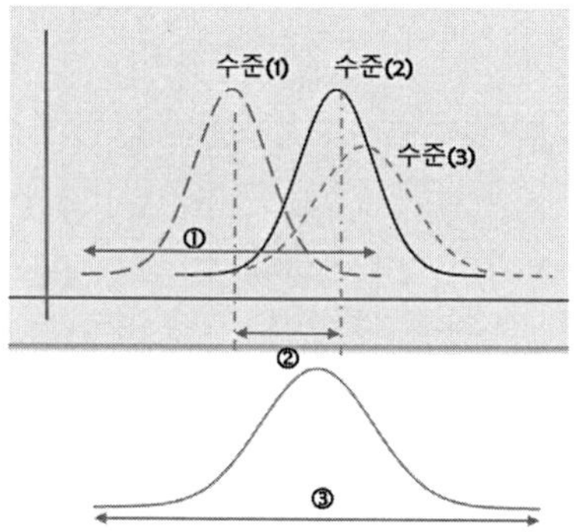


### (2) 평균 변동

- 변동(Sum of Squares) 값을 자유도로 나눈 값: 변동의 평균적 개념, $n=$총 관측값 개수, $k=$집단의 개수
- 집단간 평균변동 $MSB(MeanSSE)=SSB/(k-1)$
- 집단내 평균변동 $MSE(MeanSSW)=SSE/(n-k)$

① 변동의 분포

오차의 가정 $e_{ij}\sim N(0,\ \sigma^2)$으로부터 $y_{ij}\sim N(\mu+\alpha i,\ \sigma^2)$이므로 다음이 증명된다.

- $\frac{SSB}{\sigma^2}\sim\chi^2(n-k),\ \frac{SSE}{\sigma^2}\sim\chi^2(n-1)$
- 오차 분산의 추정치: $\hat{\sigma}^2=SSE/(n-k)=MSE$(집단 내 변동합)

② 평균변동 기대값

- $E(MSE)=\sigma^2 \mid E(MSB)=\sigma^2+\frac{\sum n_i(\mu_i-\mu)^2}{k-1}$
- 만약 모든 집단의 평균이 동일하다면 $E(MSB)$의 두 번째 항이 0이 되므로 $EMSE$와 같아지게 되므로 검정통계량은 1이 된다.

③ 분산분석표

- 귀무가설: 요인 수준별 평균은 동일하다. $H_0:\mu_1=\mu_2=\cdots=\mu_k$
- 대립가설: 적어도 하나의 집단 평균은 다르다. ⇔ 모든 집단 평균이 동일한 것은 아니다.

• 검정통계량: $TS = \frac{MSB}{MSE} \sim F(k-1,\ n-k)$

| 변동 | 변동합 | 자유도 | 평균변동합 | F-통계량 |
|---|---|---|---|---|
| 요인A (집단간) | SSB | $k-1$ | MSB | $\frac{MSB}{MSE} \sim F(k-1, n-k)$ |
| 오차(집단내) | SSE | $(n-k)$ | MSE | |
| 총변동 | SST | $n-1$ | | |

## 6.4.5 사후 검정(Post-hoc test) 혹은 다중 비교(multiple comparison)

(1) 다중 비교

분산분석의 F-검정은 단지 귀무가설 즉 전체적인 차이를 검정하는 것이다. 그러므로 수준별 차이(pair- wise: ㉠)가 있는지 혹은 수준의 선형 결합 대비(contrast: ㉠)의 차이가 있는지 검정할 필요가 있는데 이를 사후 검정 혹은 다중 비교(대비 포함)라 한다. 사후 검정이므로 비록 F-검정 결과와 관계없이(귀무가설을 채택하더라도) 시행하게 된다.

다중 비교에서는 여러 개의 가설을 동시에 검정하므로 유의수준을 조정해야 한다. 이를 조정된 실험 유의 수준이라 하고 $1-(1-\alpha)^c$이다. 여기서 $c$는 가설 수를 의미한다. $c=1$인 경우 유의수준은 alpha이지만, 요인의 수준 개수가 $a=3$개인 경우 쌍체 비교 시 검정되어야 하는 귀무가설 개수는 $3C2=3$개이므로 조정된 유의수준은 $1-(1-0.05)^3=0.14$이므로 더 이상 유의수준 5% 검정이 아니라 14% 검정이 된다.

① Fisher's Least Significant Difference: $t(\alpha/2,\ n_i+n_j-2)MSE\sqrt{\frac{1}{n_i}+\frac{1}{n_j}}$

요인 수준 $i$와 $j$의 평균 차이가 위의 값 이상이어야 유의하다고 판단한다. pairwise (두 수준별 평균 비교) 검정에 사용하나 이는 다중 비교에 해당되지는 않는다.

② Tukey HSD $HSD = \frac{q_{\alpha;k,n-k}}{\sqrt{2}}\sqrt{MSE(1/n_{i.}+1/n_{j.})}$

보수적인(귀무가설 기각하지 않음) 방법이다. 자연 과학에서 가장 많이 이용한다.

③ Scheffe's S method

대비(contrast)까지 고려하여 유의수준을 고려한 다중 비교 방법으로(Tukey 〉Scheffe 〉 Duncan 순으로 보수적) 사회 과학 분야에서 주로 사용

④ Duncan Multiple range test

- Tukey 방법과 매우 유사하나 수준별 표본 평균을 크기 순으로 나열하여 차이가 가장 큰 것을 비교해 가면서 유의 수준을 $1-(1-\alpha)^r$으로 조정해 가면서 검정한다. $r$은 검정 단계 순서이다.
- 귀무가설을 기각할 확률이 매우 높아 자주 사용하지 않는다.

⑤ Dunnett's procedure

처리 효과의 수준 하나가 control(실험 집단)인 경우(예 placebo 집단, 교육을 하지 않는 집단, 이전 약 투여 집단) 이 집단과 다른 집단들을 쌍체 비교한다.

⑥ 대비(contrast) $Q=\sum_i c_i\mu_i, \sum c_i = 1_i = 1$

- 만약 두 집단 $(i,\ j)$ 평균 비교인 경우에는 $c_i = 1,\ c_j = -1$이고 나머지는 0이다. $Q=\mu_i - \mu_j$
- 만약 집단이 3개이고 처음 2개 집단과 3번째 집단의 평균 차이를 비교한다면, $c_1 = c_2 = 1/3,\ c_3 = -2/3$으로 설정한다.
- 검정통계량: $TS=\dfrac{n(\sum c_i\overline{y_i})^2}{\sum c_i^2}/MSE \sim F(m-1;\ n-k),\ m=0$이 아닌 $c_i$개수.

### 6.4.6 사례연구: IRIS 데이터

분꽃 3종(Versicolor, Setosa, Virginica)에 대한 sepal(꽃받침) 길이, 넓이, petal(꽃잎) 길이, 넓이 데이터이다. (데이터 크기 $n=150$)

[분석 사례] 분꽃 3종에 따른 꽃잎 길이의 차이가 있는지 알아보자.

```
import pandas as pd
iris=pd.read_csv('https://vincentarelbundock.github.io/Rdatasets/csv/datasets/iris.csv')
iris.info()
```

```
<class 'pandas.core.frame.DataFrame'>
RangeIndex: 150 entries, 0 to 149
Data columns (total 6 columns):
 #   Column         Non-Null Count  Dtype
---  ------         --------------  -----
 0   Unnamed: 0     150 non-null    int64
 1   Sepal.Length   150 non-null    float64
 2   Sepal.Width    150 non-null    float64
 3   Petal.Length   150 non-null    float64
 4   Petal.Width    150 non-null    float64
 5   Species        150 non-null    object
```

```
1  iris.Species.value_counts()
```

```
versicolor    50
setosa        50
virginica     50
```

### (1) 요인별 기초통계량

```
iris.groupby(['Species'])['Petal.Length'].describe()
```

| | count | mean | std | min | 25% | 50% | 75% | max |
|---|---|---|---|---|---|---|---|---|
| **Species** | | | | | | | | |
| **setosa** | 50.0 | 1.462 | 0.173664 | 1.0 | 1.4 | 1.50 | 1.575 | 1.9 |
| **versicolor** | 50.0 | 4.260 | 0.469911 | 3.0 | 4.0 | 4.35 | 4.600 | 5.1 |
| **virginica** | 50.0 | 5.552 | 0.551895 | 4.5 | 5.1 | 5.55 | 5.875 | 6.9 |

### (2) 요인별 상자그림

```
import seaborn as sns
ax=sns.boxplot(x='Species',y='Petal.Length',data=iris)
```

품종별 꽃잎 길이는 VI종이 가장 길고(평균 0.552) SE종이(평균 0.174) 가장 짧다.

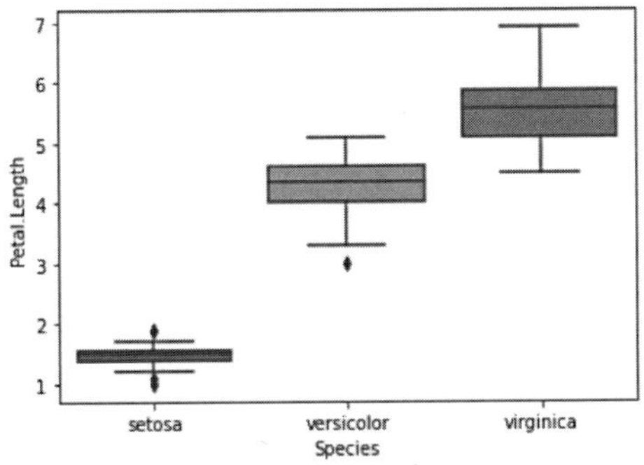


OLS Regression Results

| | | | |
|---|---|---|---|
| **Dep. Variable:** | y | **R-squared:** | 0.941 |
| **Model:** | OLS | **Adj. R-squared:** | 0.941 |
| **Method:** | Least Squares | **F-statistic:** | 1180. |
| **Date:** | Mon, 27 Apr 2020 | **Prob (F-statistic):** | 2.86e-91 |
| **Time:** | 00:15:21 | **Log-Likelihood:** | -84.847 |
| **No. Observations:** | 150 | **AIC:** | 175.7 |
| **Df Residuals:** | 147 | **BIC:** | 184.7 |
| **Df Model:** | 2 | | |
| **Covariance Type:** | nonrobust | | |

| | coef | std err | t | P>\|t\| | [0.025 | 0.975] |
|---|---|---|---|---|---|---|
| **Intercept** | 1.4620 | 0.061 | 24.023 | 0.000 | 1.342 | 1.582 |
| **C(Species)[T.versicolor]** | 2.7980 | 0.086 | 32.510 | 0.000 | 2.628 | 2.968 |
| **C(Species)[T.virginica]** | 4.0900 | 0.086 | 47.521 | 0.000 | 3.920 | 4.260 |

### (3) 분산분석

```
from statsmodels.formula.api import ols
y=iris['Petal.Length']
results=ols('y~C(Species)',data=iris).fit()
results.summary()
```

summary() 함수는 각 요인 수준에 대한 평균 추정치를 제시한다. Setosa 품종의 꽃잎 길이 평균은 1.462, Versicolor는 4.29(1.462+2.798), 그리고 Virginica는 5.552(1.462+4.09)이다.

Covariance Type: nonrobust

| | coef | std err | t | P>\|t\| | [0.025 | 0.975] |
|---|---|---|---|---|---|---|
| Intercept | 1.4620 | 0.061 | 24.023 | 0.000 | 1.342 | 1.582 |
| C(Species)[T.versicolor] | 2.7980 | 0.086 | 32.510 | 0.000 | 2.628 | 2.968 |
| C(Species)[T.virginica] | 4.0900 | 0.086 | 47.521 | 0.000 | 3.920 | 4.260 |

```
sm.stats.anova_lm(results, typ=2)
```

- 귀무가설: 품종별 꽃잎 길이는 동일하다. $H_0 : \mu_1 = \mu_2 = \mu_3$
- 대립가설: 적어도 하나의 품종은 꽃잎 길이는 다르다.
- 유의확률이 매우 작아 귀무가설이 기각되어 품종별 꽃잎 길이 차이는 있다.

| | sum_sq | df | F | PR(>F) |
|---|---|---|---|---|
| C(Species) | 437.1028 | 2.0 | 1180.161182 | 2.856777e-91 |
| Residual | 27.2226 | 147.0 | NaN | NaN |

(4) 다중비교: Tukey

```
from statsmodels.stats.multicomp import pairwise_tukeyhsd
from statsmodels.stats.multicomp import MultiComparison
mc = MultiComparison(iris['Petal.Length'],iris['Species'])
mc_results = mc.tukeyhsd()
print(mc_results)
```

- SE종과 VE종 간 꽃잎 길이 차이(meandiff +이므로 VE종의 꽃잎 길이 큼)는 유의함 (True) - 첫째 행
- 둘째, 셋째 모두 유의한 차이가 있으므로 VI종(5.55) > VE종(4.26) > SE종(1.46) 순으로 꽃잎의 길이가 유의한 차이를 보이고 있다.

```
  Multiple Comparison of Means - Tukey HSD, FWER=0.05
========================================================
  group1     group2   meandiff p-adj lower  upper  reject
--------------------------------------------------------
    setosa versicolor    2.798 0.001 2.5942 3.0018   True
    setosa  virginica     4.09 0.001 3.8862 4.2938   True
versicolor  virginica    1.292 0.001 1.0882 1.4958   True
--------------------------------------------------------
```

## 6.4.7 이원분산분석 모형

### (1) 모형 및 가정

- 모형: $y_{ijk}=\mu+A_i+B_j+(AB)_{ijk}+e_{ijk}$
- 첨자 $i$: 요인의 A의 수준, $i=1,2,\cdots,I$
- 첨자 $j$: 요인의 A의 수준, $j=1,2,\cdots,J$
- $e_{ijk}\sim iidN(0,\sigma^{2})$ 오차항은 독립이며 정규분포를 따르고 분산은 동일하다.

### (2) 모수 추정(MVUE)

- 총평균: $\overline{\mu}=\sum_i\sum_j y_{ij}/n=\overline{y}$
- 요인 A의 주효과(main effect): $\widehat{\mu+A_i}=\sum_j\sum_k y_{ijk}/n_{i..}=\overline{y_{i..}}$
- 요인 B의 주효과: $\widehat{\mu+B_i}=\sum_i\sum_k y_{ijk}/n_{.j.}=\overline{y_{.j.}}$
- 요인 AB의 상호효과(interaction effect): $\widehat{\mu+AB_{ij}}=\sum_k y_{ijk}/n_{ij.}=\overline{y_{ij.}}$

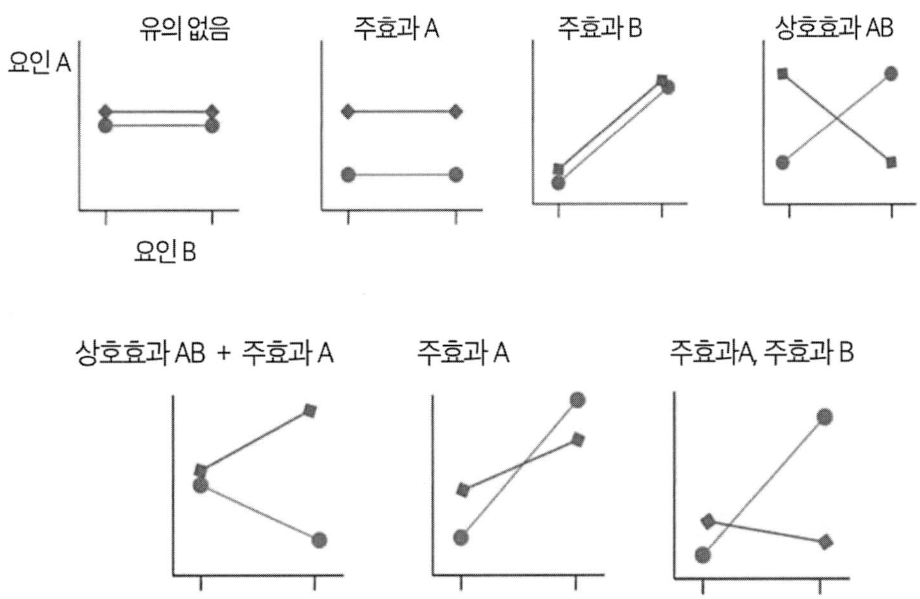

### (3) 변동 분해 및 분산분석표

| 변동 | 변동합 | 자유도 | 평균 변동합 | F-통계량 |
|---|---|---|---|---|
| 요인A | SSA<br>$\sum_i\sum_j\sum_k(\overline{y_{i..}}-\overline{y_{...}})^2$ | $I-1$ | MSA | MSA/MSE |
| 요인B | SSB<br>$\sum_i\sum_j\sum_k(\overline{y_{.j.}}-\overline{y_{...}})^2$ | $J-1$ | MSB | MSB/MSE |
| 요인AB | SSAB<br>$\sum_i\sum_j\sum_k(\overline{y_{i..}}-\overline{y_{i..}}-\overline{y_{.j.}}+\overline{y_{...}})^2$ | $(I-1)(J-1)$ | MSAB | MSAB/MSE |
| 오차 | SSE<br>=SST-SSA-SSB-SSAB | $n-1$ | MSE | |
| 총변동 | SST<br>$\sum_i\sum_j\sum_k(y_{ijk}-\overline{y_{...}})^2$ | $n-1$ | | |

### (4) 사례연구

스텝업 운동 후 힘든 정도를 파악하기 위하여 운동 후 맥박과 일반 상태에서 맥박을 측정하였다[9].

- 계단 높이 Height: 0 if step at the low (5.75") height, 1 if at the high (11.5") height
- 운동 빈도 Frequency: the rate of stepping. 0 if slow (14 steps/min), 1 if medium (21 steps/min), 2 ifhigh (28 steps/min)
- 쉬는 상태의 맥박 RestHR
- 운동 후 맥박 HR

**예제** 반응변수: 운동 후 맥박, 요인: (계단 높이, 운동빈도)로 하여 이원분산분석을 실시하여 어느 요인이 맥박에 영향을 주는지 분석하시오.

① 데이터 읽기

```
import pandas as pd
df=pd.read_csv('http://wolfpack.hnu.ac.kr/Stat_Notes/example_data/Heart.csv')
df.info()
```

9) 이 데이터 Keller "Managerial Statistics" 9판 예제 데이터에서 발췌한 것임.

```
<class 'pandas.core.frame.DataFrame'>
RangeIndex: 30 entries, 0 to 29
Data columns (total 4 columns):
 #   Column     Non-Null Count  Dtype
---  ------     --------------  -----
 0   Height     30 non-null     int64
 1   Frequency  30 non-null     int64
 2   RestHR     30 non-null     int64
 3   HR         30 non-null     int64
```

③ 나무상자 그림, 집단별 기초통계량

```
import seaborn as sns
sns.boxplot(x="Height",y="HR",hue='Frequency',notch=True,data=df)
plt.show()
```

```
from statsmodels.graphics.factorplots import interaction_plot
fig = interaction_plot(df['Height'],df['Frequency'],df['HR'])
```

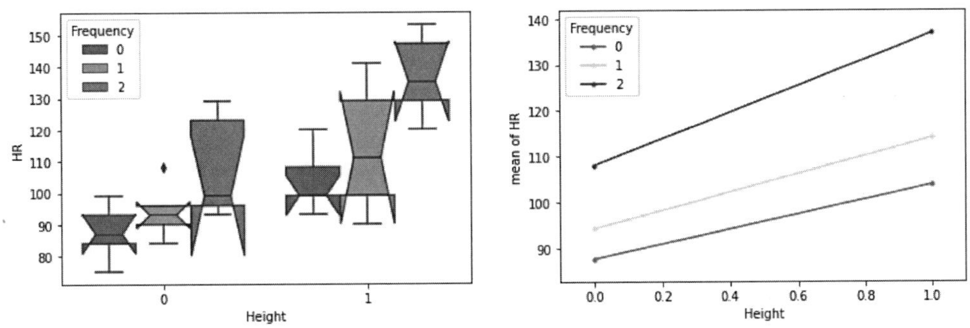


```
df.groupby(['Frequency','Height'])['HR'].describe()[['mean','std']]
```

| Frequency | Height | mean | std |
|---|---|---|---|
| 0 | 0 | 87.6 | 9.099451 |
|  | 1 | 103.8 | 10.521407 |
| 1 | 0 | 94.2 | 8.899438 |
|  | 1 | 114.0 | 21.000000 |
| 2 | 0 | 108.0 | 16.703293 |
|  | 1 | 136.8 | 13.349157 |

③ 분산분석

```
import statsmodels.api as sm
from statsmodels.formula.api import ols
y=df['HR']
results=ols('y~C(Frequency)+C(Height)+C(Frequency):C(Height)',data=df).fit()
sm.stats.anova_lm(results,typ=2)
```

| | sum_sq | df | F | PR(>F) |
|---|---|---|---|---|
| C(Frequency) | 3727.8 | 2.0 | 9.551115 | 0.000888 |
| C(Height) | 3499.2 | 1.0 | 17.930822 | 0.000291 |
| C(Frequency):C(Height) | 210.6 | 2.0 | 0.539585 | 0.589898 |
| Residual | 4683.6 | 24.0 | NaN | NaN |

빈도, 높이 주효과는 모두 유의하다. 상호효과는 유의하지 않다.

- 계단 높이가 높은 경우 운동 후 맥박은 118.2로 낮은 높이(96.6)보다 높다.
- 운동빈도가 높을수록 운동 후 맥박은 95.7 〈 104.1 〈 122.4로 높아진다.

```
df.groupby(['Frequency'])['HR'].describe()[['mean','std']]
```

| Frequency | mean | std |
|---|---|---|
| 0 | 95.7 | 12.605554 |
| 1 | 104.1 | 18.441800 |
| 2 | 122.4 | 20.823064 |

| Height | mean | std |
|---|---|---|
| 0 | 96.6 | 14.261837 |
| 1 | 118.2 | 20.309041 |

| 변동 | 변동합 | 자유도 | 평균 변동합 | F-통계량 |
|---|---|---|---|---|
| 운동빈도 | 3,727 | 2 | 1,864 | 9.55(〈0.001) |
| 높이 | 3,499 | 1 | 3,499 | 17.9(〈0.001) |
| 빈도*높이 | 210 | 2 | 105 | 0.54(0.58) |
| 오차 | 4,683 | 24 | 195.2 | |
| 총변동 | 12,121 | 29 | | |

```
results.mse_total*29
```

```
12121.2
```

총변동 계산함수

### (5) 공분산분석

① 개념

분산분석 모형에서 종속변수 값에 대한 요인들의 유의성 검정을 제대로 하기 위해 고려되는 변량(측정형 변수)을 공변량(covariate)이라 한다. 위의 예제에서 운동 후 맥박은 요인(계단 높이, 운동 빈도) 처리와 상관없이 운동 전 맥박이 영향을 미칠 것이다. 이처럼 일반적으로 종속변수의 실험 전 값이다. 공변량은 관심의 대상이 아니라 요인의 유의성 검정을 정확하기 위하여 고려하게 되므로 공변량 유의성 검정은 의미 없다. 공변량을 이용한 분산분석을 공분산분석(ANCOVA)라 한다.

② 모형 및 분산분석(사례)

- 일원(운동빈도 요인) 공분산분석모형: $y_{ij} = \mu + \alpha x_{ij} + F_i + e_{ij}$
- $F_i$: 운동빈도 $i$수준, $i = 1,2,3$
- $y_{ij}$: $i$ 수준 운동빈도의 $j$번째 개체의 운동 후 맥박
- $x_{ij}$: $i$ 수준 운동빈도의 $j$번째 개체의 운동 전 맥박

```
from statsmodels.formula.api import ols
y=df['HR']
results=ols('y~C(Frequency)+RestHR',data=df).fit()
sm.stats.anova_lm(results,typ=2)
```

- 공변량 RestHR은 매우 유의하다.

| | sum_sq | df | F | PR(>F) |
|---|---|---|---|---|
| **C(Frequency)** | 4113.47085 | 2.0 | 11.349315 | 0.000286 |
| **RestHR** | 3681.65129 | 1.0 | 20.315798 | 0.000123 |
| **Residual** | 4711.74871 | 26.0 | NaN | NaN |

# 6.5 교차분석

## 6.5.1 개념

교차표는 행은 $X$(원인)에 해당되는 변수, 열은 $Y$(결과)에 해당되는 변수의 빈도표를 서로 교차한 표이다. 각각의 범주형 변수를 $X$(일반적으로 설명변수에 해당되거나 집단에 해당되는 변수를 이곳에 넣는다)와 $Y$로 표시하고 각각 $I$, $J$ 수준을 갖고 있다고 하자. $X$를 행으로 $Y$를 열로 하여 분할표를 만들면 $I\times J$개 셀이 존재한다. 이를 $(I\times J)$ 분할표(contingency table) 혹은 교차표(cross-tabulation table)라 한다.

| | 1 | 2 | ... | C | 합 |
|---|---|---|---|---|---|
| 1 | $\pi_{11}$ | $\pi_{12}$ | ... | $\pi_{1C}$ | $\pi_{1+}$ |
| 2 | $\pi_{21}$ | $\pi_{22}$ | ... | $\pi_{2C}$ | $\pi_{2+}$ |
| | ... | | | ... | |
| R | $\pi_{R1}$ | $\pi_{R2}$ | ... | $\pi_{RC}$ | $\pi_{R+}$ |
| 합 | $\pi_{+1}$ | $\pi_{+2}$ | ... | $\pi_{+C}$ | $\pi_{++}$ |

- $\Pi_{ij}$: $(X=i,\ Y=j)$ 결합확률(밀도함수), $(X,\ Y)$가 ($i$행, $j$열)에 속할 확률
- $\Pi_{i+}$: $(X=i)$ 주변확률(밀도함수)
- $\Pi_{+j}$: $(Y=j)$ 주변확률(밀도함수)

빈도수 기호

- $n_{ij}$: i-행, $j-$열 빈도
- $n_{i+}$: $i-$행 총빈도 / $n_{+j}$: $j-$열 총빈도 / $n_{++}$: 총빈도
- $O_{ij}$: $i-$행, $j-$열 관측빈도

## 6.5.2 검정

(1) 독립성 검정

- 귀무가설: 두 변수는 서로 독립이다.
- 귀무가설이 성립하면 ($i$행, $j$열) 셀 결합확률은 ($i$행) 주변확률과 ($j$열) 주변확률의 곱이다($\pi_{ij}=\pi_{i+}\times\pi_{+j}$). (논리) 두 사건이 독립이면, $P(AB)=P(A)P(B)$이다.

### (2) 동질성 검정

- 귀무가설: 각 행의 주변확률분포함수는 동일하다. $H_0 : \pi_{ik} = \pi_{jk} \text{ for } i \neq j$
- 동질성 검정이라 집단별(행) 각 열의 분포가 동일한지 알아보는 것을 동질성 검정이라 한다. 가설 검정 방법은 독립성 검정과 동일하다.

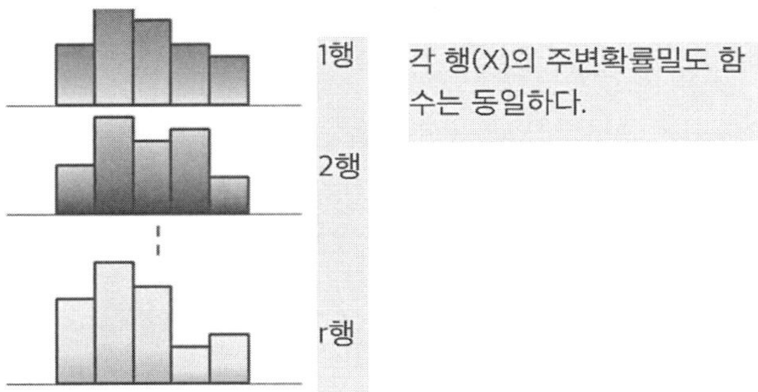


### (3) 검정통계량

각 셀($i$행, $j$열)의 관측빈도 $O_{ij}$, 귀무가설이 옳다는 가정 하에 계산된 각 셀의 기대빈도 $e_{ij}$라 하자.

- 검정통계량: $\sum_{i,j} \frac{(O_{ij} - E_{ij})^2}{E_{ij}} \sim \chi^2((R-1) \times (C-1))$
- 교차분석에 사용되는 검정통계량은 근사적으로 $x^2$(카이제곱)-분포에 따른다. 근사조건으로는 각 셀의 기대 빈도(관측 빈도가 아니다)가 5 이상이어야 한다는 것이다. Cochran은 자유도 2 이상인 경우 기대 빈도 5 미만인 셀이 전체 20%를 넘지 않으면 교차표에서 구한 검정통계량은 $x^2$(카이제곱)-분포에 근사 한다고 했다. 일반적으로 Cochran의 이론을 받아들여 사용한다.

### (4) 기대빈도 5미만 문제 해결

통계 소프트웨어는 기대 빈도가 5 미만인 셀의 비율을 출력하여 사용자에게 경고 메시지를 준다. 기대 빈도가 5 미만인 셀의 비율이 20%를 넘으면 계산된 검정통계량은 - 분포에 근사하지 않는다. 이런 경우 해결책은 무엇인가?

- ①표본의 크기 $n$을 늘리면 되지만 이미 실험 데이터 수집이 끝난 상태이므로 해결책이 되지 못한다.

- ②독립성 검정의 경우 변수의 수준을 합쳐 셀의 수를 줄이는 방법이다. 위의 예에서 변수 $X$의 수준 중 0과 1을 합쳐 하나의 수준으로 하면 이 문제는 해결된다. 셀을 합칠 경우 그룹으로 할 수 있는 것을 합친다. 예를 들어 수준이(상, 중, 하)인 경우 '상'과 '하'를 합치는 것은 정말 어리석은 일이다. 수준의 의미가 상실되기 때문이다.
- ③동질성 검정의 경우 Exact test를 시행하는 것이다. 물론 이 방법은 독립성 검정에도 적용될 수 있다. 이는 근사 통계량을 이용하는 것이 아니다. 처음 이 방법을 제안한 사람은 Fisher(2×2 분할표)이고 후에 $R \times C$ 분할표로 확대되었다.

### 6.5.3 예제 데이터

게임의 종류(1=농구, 2=야구, 3=풋볼, 4=아이스하키)에 따라 초반 승리가 게임 승리로 이어지는지, 후반 승리가 게임 승리로 이어지는지 조사하였다[10].

전반게임 승리, 게임 승리=2(농구, 풋볼 전반=1 쿼터, 아이스하키=1 피리어드, 야구 3이닝)

전반게임 승리, 게임 패배=1(농구, 풋볼 전반=3 쿼터 종료 시, 아이스하키=2 피리어드 종료, 야구 7이닝 종료)

후반게임 승리, 게임 승리=2 / 후반게임 승리, 게임 패배=1

**연구문제** 후반 시작 시 게임 리드한 팀이 게임에 승리하는 경우 종목별 차이가 있는가? 예를 들어 야구 경우 7이닝 종료 시 이긴 팀이 게임에서 승리할 확률이 매우 높다면 미리 떠나도 되지 않을까?

#### (1) 데이터 불러오기

```
import pandas as pd
df=pd.read_csv('http://wolfpack.hnu.ac.kr/Stat_Notes/elem_stat/EDA/sports.csv')
df.info()
```

10) 이 데이터 Keller "Managerial Statistics" 9판 예제 데이터에서 발췌한 것임.

```
RangeIndex: 454 entries, 0 to 453
Data columns (total 4 columns):
 #   Column        Non-Null Count  Dtype
---  ------        --------------  -----
 0   Early         417 non-null    float64
 1   Game (Early)  417 non-null    float64
 2   Late          454 non-null    int64
 3   Game (Late)   454 non-null    int64
```

(2) 교차표 만들기

```
crosstab=pd.crosstab(df['Game (Late)'],df['Late'])
crosstab
```

| Late | 1 | 2 |
|---|---|---|
| **Game (Late)** | | |
| 1 | 39 | 150 |
| 2 | 6 | 86 |
| 3 | 21 | 72 |
| 4 | 15 | 65 |

| Late | 1 | 2 |
|---|---|---|
| **Game (Late)** | | |
| 1 | 0.206349 | 0.793651 |
| 2 | 0.065217 | 0.934783 |
| 3 | 0.225806 | 0.774194 |
| 4 | 0.187500 | 0.812500 |

행 퍼센트 만들기

야구(2)는 7회말 승리한 팀이 게임에서 승리할 확률은 93.5%로 가장 높고, 풋볼(3)은 3쿼터 승리한 팀이 게임에서 승리할 확률은 77.4%로 가장 낮아 프로 스포츠 중 이변이 가장 많은 경기이다. 야구는 이변이 가장 낮은 스포츠이다.

```
crosstab.astype('float').div(crosstab.sum(axis=1), axis=0)
```

(3) 검정통계량 계산

- 귀무가설: 프로스포츠 종목별 게임 이변 가능성 차이는 없다.
- 대립가설: 프로스포츠 종목별 게임 이변 가능성 차이는 있다.
- 유의확률이 1.4%이므로 귀무가설이 기각되어 프로스포츠별 이변 가능성 차이가 있다. 풋볼이 가장 다이나믹한 종목이며 야구가 가장 낮다. (검정통계량=10.5, 유의

확률=0.015, 자유도=3)

```
from scipy import stats
stats.chi2_contingency(crosstab)
```

```
(10.518424478506528,
 0.014636432747175207,
 3,
 array([[ 33.72026432, 155.27973568],
        [ 16.41409692,  75.58590308],
        [ 16.59251101,  76.40748899],
        [ 14.27312775,  65.72687225]]))
```

# 찾아보기


[ A ]

ARIMA 모형 188
ARMA 모형 210
ASA(American Statistical Association) 2

[ F ]

$F$-분포 113

[ K ]

Kendall Tau 순위 상관계수 222

[ M ]

Maclaurin 시리즈 27

[ O ]

OLS 추정치 성질 235

[ S ]

$S$-곡선 196

[ T ]

$t$-분포 112

[ ㄱ ]

가법모형(additive model) 208
가설검정(hypothesis testing) 128
거리(Euclidean Distance) 28
경사각(angle of inclination) 28
계절추세모형(seasonal trend model) 196
고차 방정식 41
공역 29
공역(range) 30
구간(interval) 218
구간추정(interval estimator) 130
귀납적 방법(inductive reasoning) 8
그래프 요약 14
근사값 110
기대값 94, 118
기술통계 7
기함수(odd) 35

[ ㄴ ]

누적분포함수 90

[ ㄷ ]

다항 함수(polynomial function) 33
다항추세모형(polynomial trend model) 195
단순 선형(Simple Linear) 196
대립가설 195
대칭 행렬 66
데이터 분석 15
데이터 정리 13
데이터(numbered data) 2
데카르트 좌표(Cartesian Coordinate) 28

[ ㄹ ]

로그 21
로그모형 196
로그함수 46

[ ㅁ ]

명목형(nominal) 218
모수(parameter) 10, 97

모평균 추론 157
미분 가능(differential) 함수 43
미지수(unknown) 37

[ ㅂ ]

방정식(equation) 37
범위(range) 160
베르누이 시행(Bernoulli trial) 97
베이즈 정리 87, 88
베이지안추정(optional) 134
베타분포 114
벡터(vector) 65
변동계수(coefficient of variation, *CV*) 164
분석(analysis) 2
분포 적합성(Goodness of Fits) 162
분포함수 82
비율(ratio) 218
빅데이터 3

[ ㅅ ]

사분위 위치(quartile depth) 160
사분위값(quartile) 160
사칙연산 67
산점도 220
산점도(scatter plot) 219
삼각 부등식(triagular ineqaulity) 37
상관계수 119
상대 표준 편차
(relative standard deviation, *RSD*) 164
상수평균모형(constant mean model) 196
샘플링 분포 126
선형추세모형(linear trend model) 196
성장(Growth) 196
수직 31
수집(collect) 2
수평 31
순서형(ordinal) 218
순열 24
숫자요약 14
스칼라(scalar) 65
스피어맨 Spearman 순위 상관계수 222
승법모형(multiplicative model) 208
시계열 데이터 180, 195
시계열 모형 189
시계열(time series) 데이터 180

[ ㅇ ]

알파벳 20
역지수(Negative exponential) 196
역함수 196
역함수(inverse function) 35
역행렬 71
연립 방정식(simultaneous equation) 64
연산 가능(conformable) 67
연역적 방법(deductive reasoning) 7
영역(domain) 29
오목성(Concavity) 48
오일러 상수 23
우함수(even function) 35
음이항분포 99
이동 평균법(moving average) 187
이상값 14
이상값(outlier) 14
이차(Qurdratic) 196
이차추세모형(quardratic trend model) 196
인과관계(casual relationship) 12

[ ㅈ ]

적분(integral) 55
적합성(Goodness of fits) 검정 106
전치 66
점(point) 추정 130
정리(summarize) 2
정수함수(intger function) 37
정의역 29
정적분 55

제곱근(root) 196
조건부 확률 86
조합 24
종단변수(time series) 11
중심극한정리(central limit theorem) 127
중위값 위치(median depth) 160
중위값(median) 160
증가(increment) 28
지수 21
지수 평활법(exponential smoothing) 187
지수(exponential) 196
지수평활법(exponential smoothing) 203
지수함수 46
직선 함수 30

[ ㅊ ]

최대우도추정량 235
최대우도추정량(MLE) 133
최댓값(maximum) 160
최소자승법 234
최솟값(minimum) 160
추론(inference) 128
추론통계 7
추론통계학 5
추정 172
추정(estimation) 128
측정형 변수
(metric, measurable, quantitative) 218
치역(range) 29
치환적분(Integral by Substitution) 57

[ ㅋ ]

커널(kernel) 추정방법 106

[ ㅌ ]

테일러 시리즈 26
테일러(Taylor) 시리즈 26
통계량(statistic) 10
통계적 추론 124
통계학(Statistics) 2

[ ㅍ ]

파이썬 92, 100, 111
파이썬 이용하기 51
포아송분포(Poisson Distribution) 101
표현(presentation) 2
피어슨(Pearson) 상관계수 221

[ ㅎ ]

행렬 64
확률밀도(분포)함수
(probability mass/density function) 91
확률변수 82, 89
확률의 공리(axiom) 83
확률표본 125
회귀계수 236
회귀모형 188
횡단 변수(cross section) 11
히스토그램(histogram) 158

저자소개

**권 세 혁**

한남대학교 비즈니스통계학과 교수

파이썬을 이용한 **통계학 원론**

**초판발행** 2022년 3월 2일
**초판2쇄발행** 2023년 1월 5일

**지은이** 권세혁
**펴낸이** 오판근
**펴낸곳** (주)교우
**주 소** 서울시 동대문구 약령시로 8 교우빌딩 2층 (주)교우
**전 화** 02-925-2861 / **팩 스** 070-7966-8610, **편집부** 02-925-2825
**홈페이지&북스토어 www.kyowoo.co.kr / 이메일 kyowoo@kyowoo.co.kr**

**등 록** 1994년 3월 24일 제1994-000013호
**ISBN** 979-11-251-0347-9 (93310)

Published by Kyowoo Co., Ltd. Printed in Korea


**값 24,000원**

**교우미디어는 (주) 교우의 Imprint 사입니다.**
**수학정원·과학정원은 (주) 교우의 새로운 브랜드명입니다.**

잘못된 책은 구입하신 서점에서 교환해 드립니다.